KB033962

보이지 않는
심리를 읽는
마음사전

알아두면 평생 쓸모 있는
마음에 관한 모든 것

보이지 않는
심리를 읽는
마음사전

정신과 전문의 김상준 지음

보^{BOAZ}아스

"오만 가지 생각"이라는 표현이 있습니다. 그런데 우리 인간은 실제로 하루에 5만 가지의 생각을 한다고 합니다. 그 5만 가지에는 유용한 것도 있지만, 비논리적이고 쓸데없는 것들이 매우 많습니다. 우리의 삶은 우리의 이러한 생각들과 마음의 영향을 받게 됩니다. 또한 우리가 속한 모임, 집단, 사회에서도 인간의 마음은 그대로 작용합니다. 우리의 의식과 무의식은 개인의 삶뿐만 아니라 조직과 사회, 국가에 크게 영향을 미치게 됩니다.

그래서 인간의 마음이 얼마나, 그리고 어떻게 개인과 사회에 영향을 미치고 있으며, 그 생각들의 결과는 어떤 것들이 있는지 살펴보는 것은 매우 의미 있는 일일 것입니다.

이 책은 고대에서 현대까지, 그리고 역사, 정신의학, 뇌과학, 심리학, 사회학, 생물학, 철학, 영화, 신화 등 전 분야를 아우르며 우리의 마음에 관한 모든 것을 살펴봅니다.

우리의 삶과 역사를 살펴보면, 인간은 이성적인 존재라기보다 감정적이고 비논리적인 존재입니다. 그러나 현대에 들어서면서 과학과 논리는 예전의 종교의 자리를 대체하며 인간의 삶을 지배합니다. 어렸을 때부터 과학과 논리로 교육을 받은 우리는 사회라는 인간사에 나아가면 당황스럽고 혼란스러울 수밖에 없습니다. 인간사는 모순과 불가사의로 가득 차 있기 때문입니다. 그것은 우리 마음이 이성보다는 감정의 지배를 받기 때문이며, 인간사는 감정적인 존재인 우리 각 개인의 상호작용으로 이루어지기 때문입니다.

또한 우리 마음속에는 감정적인 어린아이와 이성적인 어른이 함께 공존하고 있습니다. 우리가 나이를 먹더라도 이러한 마음속의 어린아이는 나이를 먹지 않고 존재하게 됩니다. 그리고 마음속의 어린아이와 어른은 공존하며 서로 보완적인 역할을 합니다.

또 우리 누구나 마음속에 선과 악이 함께 존재합니다. 선과 악은 형제처럼 떼려야 뗄 수 없는 관계에 있음에도 우리 인간은 본능적으로 자신의 추한 부분, 탐욕, 이기심, 질투, 욕망, 남을 해치고 싶은 마음을 인정하고 싶어 하지 않습니다. 그러나 선과 악이 함께 존재하며 균형을 맞추지 않으면 오히려 큰 부작용이 생기게 됩니다. 그것은 사회적인, 또 역사적인 사실들이 증명하고 있습니다. 서양의 경우 기독교가 가장 융성했던 중세시대에 선한 것을 추구하고 악한 부분을 배척한 결과 사회적으로 악의 힘이 더욱 커지고 사람들이 매우 잔인해졌음을 볼 수 있습니다. 이 시대에 십자군과 마녀사냥으로 인해 수많은 무고한 사람이 희생되었습니다.

또한 자기 마음속의 악한 부분을 완전히 배척하면 그 결과는 지킬 박사와 하이드로 나타납니다. 지킬 박사를 보면, 선과 악이 완전히 분리되어 한 인간 안에 서로 다른 인격을 가진 두 인물이 탄생하게 되었으며, 악의 힘이 가공할 정도로 커지게 된 것입니다.

이처럼 우리 마음은 예측 불가능하며, 다변적이고, 다층적입니다.

이 책은 전 분야를 아우르며 우리 마음의 다층적인 면을 하나하나 조망하면서 그 이면에서 어떠한 심리기제가 작동하는지 보여줍니다. 또한 우리 뇌와 마음으로 인한 현상과 정신적인 질환들을 종합적으로 살펴보고 어떻게 대응하고 치유해야 하는지 설명하고 있습니다.

또한 이 책은 우리 삶에서 아동기, 청년기, 성인기, 노년기에 작동하는 마음의 기제와 그 시기에 나타나는 특징들을 정신과적 관점에서 자세하게 살펴보고 있습니다. 이는 그 시기의 타인을 보다 잘 이해할 수 있는 바탕이 되며, 보다 안정적이고 성공적인 삶을 위한 셀프 대처법을 제공할 것입니다.

우리의 마음은 겉으로 보이지 않지만, 우리 삶을 이끄는 원동력이며 주체입니다. 그리고 인간사는 사람들의 마음이 상호작용하는 결과물입니다. 그래서 내 마음을 들여다보고 이해하는 것은 나 자신을 치유할 수 있는 길이며, 보이지 않는 사람들의 심리를 읽는 것은 나 자신을 잘 방어하고 타인들과 원만한 관계를 맺어 성공적인 사회생활을 할 수 있는 지름길입니다.

이 책은 우리 마음에 관한 모든 것을 일목요연하게 읽어주는 심리학 사전으로서 삶에서 부닥치는 많은 문제에 좋은 힌트를 제공하는 안내서가 되어줄 것입니다.

DICTIONARY OF THE MIND

7

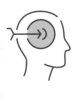

가면성 우울증:
우울증처럼 보이지 않는 우울증

우울증이라고 하면 일반적으로 기분만을 말하는 경우가 많다. 그래서 슬프고, 의기소침하며, 아무것도 하기 싫고, 절망 상태에 빠져 있으면 우울증이 아닐까 라고 생각하기 쉽다. 반면 기분의 변화가 심하지 않으면 대부분 우울증이라고 생각하지 않는다.

우울한 기분은 종종 잘 드러나지 않은 가운데 진행되어 환자 본인도 잘 알아차리지 못하는 것은 물론 의사들도 기분의 변화가 크게 나타나야 우울증이라는 진단을 내리게 된다. 그러나 연령에 따라 또는 개인에 따라 우울한 기분이 없이 우울증이 나타날 수 있는데 이것을 가면성 우울증(masked depression)이라고 한다.

특히 청소년 중에서 가면성 우울증이 나타나는 경우가 많은데, 학교에 대한 염증을 보이거나 학업을 제대로 수행하지 못하는 학생들의 경우 이런 우울증이 깔려 있는 경우가 있다. 또한 뚜렷한 행동의 변화가 없던 청소년이 갑작스레 자살을 하는 경우도 그 예라 할 수 있다. 어떤 청소년들은 자신의 우울증을 행동화하는 과정에서 비행을 저지르는 것으로 우울증을 표현하기도 한다. 예를 들면 이런 우울증을 극복하기 위해 오토바이에 탐닉해 폭주족이 되기도 하며, 결국 치명적인 사고를 당하기도 한다.

성인에서는 이런 우울증이 자신의 건강을 항상 걱정하는 건강염려증으로 나타나거나 몸이 어딘가 불편하고 아픈 신체화 장애로 표현되기도 한다. 그리고 이런 가면성 우울증 환자들은 사고 유발 가능성이 많다고 알려져 있다. 이들은 무의식적으로 자신의 자동차 정비를 소홀히 해서 사고가 나기도 하며, 난폭하게 운전을 해서 사고를 유발하기도 한다.

가면성 우울증 환자는 만성적이고 간접적인 자살의 방법을 선택하기도 하는데, 알코올, 지나친 흡연, 도박에 중독되어 결국 자신의 목숨을 단축하기도 한다.

가면성 우울증의 증상은 아주 다양해서 신체적인 검사나 의학적 검사에서는 원인이 나타나지 않는 만성통증, 특히 두통, 요통, 관절통, 불면증, 갑작스런 심계항진(가슴 두근거림), 위장관 장애, 만성피로 등으로 나타나기도 한다. 가면성 우울증 환자들은 종종 인지 행동 증상을 보이는데, 집중력 저하, 건망증, 성적 기능 장애, 무기력감 등이 나타나고, 학업을 잘 수행하지 못하고, 사회적으로 외톨이로 지내는 경우가 많다.

이렇게 우울증이 신체적인 증상만으로 나타나나는 이유는 우울증이 신체, 인지 행동증상에 영향을 주기 때문이다. 그래서 우울증 환자의 2/3는 우울증을 앓으면서 신체증상을 같이 가지고 있다. 또한 우울증이 감정과 신체적 통증을 관장하는 뇌 부위에 불균형을 일으켜 우울감이 없이도 가면성 우울증을 만드는 것이다. 또한 우울증은 사이토카인이란 물질(신체에서 통증과 염증을 일으키는 물질)과 연관을 가지고 있어 사이토카인이 신체적 증상을 유발하는 것이다.

어떤 남성이 뭐라고 설명할 수 없는 통증이 있고, 머리 전체를 죄는 느낌을 가지고 있으며, 눈에 통증이 있는 증상을 호소하며 찾아온 적이 있었다. 그는 안과와 신경과를 몇 년간 전전하면서 치료를 받았으나 병명도 나오지 않았고, 증상도 호전되지 않았다. 그래서 마지못해 정신과를 찾아오게 되었는데 상담과 항우울제를 처방받고 증상이 급속하게 호전되어 완치를 한 실제 사례가 있다.

그래서 만약 치유되지 않는 통증, 신체적 증상이 있는데 이런저런 의학적 검사를 해도 정상이라면 가면성 우울증을 의심하고 정신과에서 치료를 시작하는 것도 좋은 방법이다.

가족이나 지인의 자살로
상처받은 마음을 치유하는 법

가족이나 지인의 자살로 가장 큰 상처를 받게 되는 사람들이 있다.
바로 남겨진 사람들이다. 자식을, 아내를, 남편을, 부모를, 형제를,
친구를 잃은 사람들은 커다란 슬픔 속에 갇혀 자신의 아픔을 추슬
러야 한다. 자살로 남겨진 사람들은 가장 커다란 희생자들이다.

   이들은 사랑하는 사람을 잃었을 뿐 아니라, 편견, 소외, 사회적
낙인과도 싸워야 한다. 그런 과정에서 이들은 높은 질병률과 사망
률에 시달리기도 한다(자살로 남겨진 사람들은 그렇지 않은 사람들에 비
해 높은 사망률과 질병률을 기록한다).

   남겨진 가족들은 '도대체 내가 무엇을 잘못했지?'라고 자신의
잘못을 강박적으로 생각해보게 된다. 그리고 자신이 죽은 자를 불
행으로 이끌었으며, 소홀하게 대했다고 자책한다.

   "세월이 약이다"라는 말이 있지만, 세월이 모든 것을 치유해주
는 것은 아니다. 사랑하는 사람의 죽음은 정상적인 애도 과정을 거
치지 않으면, 남은 사람들을 계속 괴롭히며 죽은 사람의 빈자리는
크나큰 슬픔으로 메워지게 된다.

한 개인이 사랑하는 사람의 자살로 인한 상처를 극복하는 데 얼마의 시간이 걸릴지 누구도 알 수 없다. 정상적인 애도 과정은 죽은 자와 맺은 모든 것을 끊고 그 빈자리를 메워나가는 과정이다. 친밀한 관계는 보이지 않는 끈으로 연결되어 있다. 감정적인, 현실적인, 경제적인 면 등으로 결합되어 있다. 사랑하는 사람의 죽음은 이러한 보이지 않는 끈의 단절을 의미한다.

이때 사람들은 마주보고 잡고 있던 끈의 한쪽이 끊어지며 균형을 잃고 비틀거리게 된다. 어떤 사람은 빨리 균형을 잡지만, 어떤 사람은 오랫동안 비틀거리다가 결국 넘어지기도 한다. 이것이 죽은 사람의 영향으로 인해 가정과 직장에서 적응하지 못하고 결국 우울증에 빠지는 경우다. 가장 큰 부적응의 예는 사랑하는 사람을 따라 자신도 목숨을 끊는 경우라고 할 수 있다.

반면, 다시 자리를 잡고 균형을 찾으면 애도 과정을 잘 거쳐간 것이다. 이때 죽은 자와 산 자 간의 경계가 명확해지며, 남겨진 가족들은 사랑하는 그 사람 없이도 새로운 환경에 적응해나간다.

이런 애도 과정은 죽음의 이유가 분명할 때는 빠를 수 있다. 어떤 50대의 가장이 뇌일혈로 사망했다고 하자. 남겨진 가족들은 죽음의 이유에 대해 명확히 알고 있다. 또한 주변의 시선도 죽음의 이유에 대해서는 왈가왈부하지 않는다. 가족들도 가장의 죽음에 죄책감을 가질 이유가 없다. 따라서 가장의 죽음을 받아들이는 것은 어렵지 않다.

그러나 자살의 경우는 최악의 상황에 빠지게 된다. 가족들은 죽은 이의 죽음에 대한 책임, 죄책감, 분노 등을 마음속 깊은 곳에 갖게 된다. 따라서 자살로 남겨진 가족들의 애도 과정은 더욱 힘이 들고 복잡할 수밖에 없다.

사랑하는 사람의 자살로 남겨진 상처를 치유하는 것은 긴 여정을 거쳐야 한다. 자살로 남겨진 사람들은 처음에는 자살의 충격으로 인해 절망감에 빠지지만 결국 슬픔에서 벗어나게 된다. 이렇게 자살의 충격을 잊고 일상으로 돌아갔다고 안도를 하는 순간 자신도 모르는 힘에 끌려 다시 상실의 늪에 빠진다.

이렇듯 상처의 회복은 전진과 퇴보를 반복하고, 사람들은 이 과정을 거치면서 조금씩 일상으로 돌아가게 된다. 그렇다면 남겨진 가족들의 상처 회복을 지연시키는 요인은 무엇일까?

남겨진 가족들은 자신의 건강을 전혀 돌보지 않는다. 자살의 충격은 식욕을 저하시키고, 또 의욕을 떨어뜨려 적절한 운동을 할 마음도 사라지게 한다. 따라서 남겨진 가족들의 육체는 쇠약할 대로 쇠약해진다. 또한 죽음으로 인한 스트레스는 신체 증상으로 바뀌어 두통 등의 통증으로 나타난다. 이러한 신체적인 쇠약은 신체적인 질병을 쉽게 불러들인다. 또한 이런 신체 증상이 있다고 해도 병원을 찾을 마음의 여유가 전혀 없다.

심한 경우 이런 신체적인 문제를 자살을 방임한 자신에 대한 벌이라고 생각하는 사람도 있다. 자신의 신체를 혹사함으로써 벌을 받아야 한다는 무의식적인 동기가 숨어 있는 것이다. 사실 이것은 자기학대와 자기파괴라 할 수 있다.

자신의 건강을 소홀히 하면, 결국 자살로 인한 마음의 상처를 쉽게 치유할 수 없게 된다. 신체적인 질병이나 고통 상태에서는 자살로 인한 슬픔에서 벗어나려는 의욕이 생기지 않기 때문이다. 또한 의욕은 있다고 하더라도 몸이 그 사람의 의지를 따라가지 못한다.

이런 원인들이 자살로 남겨진 가족들이 일반인들에 비해 더 많은 질병을 갖게 되는 요인이 된다. 그래서 신체가 양호한 상태야말로 가장 중요한 마음의 상처를 치유하는 첫걸음이기도 하다.

또한 남겨진 사람들이 자신을 학대하는 방법으로 가장 많은 경우가 술과 약물이다. 술과 약물은 남겨진 가족들에게 고통을 일시적으로 잊게 해줄 뿐 도움이 되지 않는다. 더욱이 술과 약물 자체는 자살의 위험성을 높이는 요인이다. 알코올 중독이나 기타 약물 중독환자에게서 자살률은 상당히 높다. 그래서 남겨진 가족들의 민감한 정서 상태에서 술과 약물은 그들의 숨겨진 공격성과 우울감을 부추겨 돌이킬 수 없는 사고를 일으키기도 한다.

또 자살로 남겨진 사람들은 처음의 충격으로 멍한 상태에 빠지기도 한다. 외부에서 어떤 자극을 주어도 자신만의 세계에 빠져 지내게 된다. 또한 다른 사람들과의 관계가 귀찮게 느껴지고, 어떤 일도 즐겁게 느껴지지 않게 된다. 다시 말해, 외부의 끔찍한 상황을 받아들일 수 없기 때문에 자신의 내면으로 숨어들게 된다.

만약 이러한 상처의 치유를 방해하는 요인들을 잘 인지하게 되면 진정한 치유가 시작될 수 있다.

자살로 남겨진 가족들의 애도 과정은 복잡한 면은 있지만, 그래도 단순한 사실에서 출발한다. 가족들이 가장 먼저 느끼는 감정은 커다란 슬픔이다. 이제는 사랑하는 사람을 다시는 볼 수 없다. 손을 잡을 수도, 말을 할 수도, 힘들 때 위로를 받을 수도 없다. 현실적으로 경제적인 어려움에 처할 수도 있다.

그렇다면 이러한 슬픈 감정을 어떻게 처리해야 할까?

남겨진 가족들의 슬픔은 실컷 슬퍼하는 길밖에 없다. 남겨진 이들이 고통을 우회해서 가는 방법은 없다. 그리고 이런 슬픔과 그에 따르는 고통을 피해서도 안 된다.

슬픈 상황에서 슬픈 것은 너무나 당연하다. 이것은 병적상태가 아니라 정상적인 반응이다. 어떤 사람들은 슬픔조차 마음대로 표현하지 못한다. 자신이 남자이기 때문에 남들 앞에서 약한 모습을 보이는 것에 대한 두려움 때문이다. 또는 자신의 슬픈 감정이 지나쳐 스스로 통제하지 못해 미쳐버리지 않을까 하는 두려움 때문이다. 그러나 우리가 피곤할 때 잠을 청하듯이, 슬픈 일을 당했을 때는 실컷 소리 내어 울고 슬픔 속에 잠겨 슬픔을 풀어주어야 한다.

치유에 가장 도움이 되는 것은 같은 고통을 겪은 사람들과의 만남이다. 사실 우리나라에는 이런 모임이 활성화되어 있지 않다. 그러나 이런 모임을 통해 자신만이 이런 끔찍한 경험을 가졌다는 외로움에서 벗어날 수 있다. 또한 이미 자살의 충격에서 벗어난 경험자들을 통해 도저히 빠져나갈 수 없을 것 같은 수렁에서 벗어날 수 있다는 희망을 가지는 것이다.

공통된 경험을 가진 사람들과 서로의 고통과 아픔을 나누는 것은 자신의 심적 부담을 줄여주게 된다. 또한 같은 경험을 가진 사람들의 집단에서는 아무런 두려움 없이 자신의 감정을 솔직하게 표현할 수 있다. 여기서는 다른 사람의 눈치를 볼 필요도 없으며, 자살자의 가족이라는 남의 눈을 의식할 필요도 없다. 또한 자신이 가진 슬픔과 고통이 비정상적인 과정이 아니라 다른 사람들도 겪고 지나간 과정임을 알게 된다.

치유에서 가장 중요한 것은 자신에 대한 관용이다. 슬픔은 아쉬움과 죄책감에서 비롯되는 경우가 많다. 내가 그 당시 이렇게 했다면 막을 수 있었을 텐데, 또는 내가 그렇게 심하게 행동하지만 않았어도 그 사람은 자살하지 않았을 텐데 등의 회한은 계속 남겨진 사람들을 괴롭힌다. 그러나 남겨진 사람들은 자신에게 기회를 주어야 한다. 끊임없는 자책에서 벗어나 살아남은 자신에 대해서 용서를 해야만 한다.

갈등의 기원

아프리카의 에피크족에게는 재미있는 이야기가 내려오고 있다. 신이 한 쌍의 인간을 만들었을 때 인간은 낙원에서 평화롭게 잘 살수 있었다. 신은 먹을 시간이 되면 종을 울려 인간에게 밥을 주고모든 것을 완벽하게 해주었다. 그러나 인간은 이렇게 신에게 종속되는 것이 싫어 낙원을 나가겠다고 선언했다. 하지만 신이 준 혜택을 거부하면, 인간은 낙원에서 쫓겨나는 것은 물론 영원히 살 수있는 권리마저 없어지게 된다.

인간은 결국 낙원을 나오는데, 신에게 종속된 삶은 낙원이 아니라 감옥이라고 생각했기 때문이다. 그 후로 인간은 항상 선택의 기로에 놓여 있으며, 이로 인해 갈등을 겪게 된다. "부모로부터 독립할 것인가 아니면 항상 부모에게 의존하며 살 것인가?" "새로운직업을 선택할 것인가 아니면 현재의 직업에 안주할 것인가?" "이사람과 결혼할 것인가 아니면 새로운 사람을 만날 것인가?" 등등. 인간은 이런 갈등을 해결하기 위해 번민에 휩싸이게 된다.

또한 갈등은 우리 인간에게 내재된 본성이기도 하다. 프로이트는 인간에게 내재한 자아, 초자아, 이드의 충돌로 인해 인간은 피할 수 없는 갈등 상황에 놓인다고 보았다. 반면 카를 융은 인간의 마음은 보상적인 측면이 있어서 마음이 한쪽으로 치우치게 되면 다른 한쪽은 바로잡으려는 속성을 가지고 있어 갈등을 일으킨다고 보았다. 그는 갈등은 프로이트가 말한 것처럼 인간 속성이 서로 충돌하는 것이 아니라 동전의 앞뒷면처럼 양면성을 가진 인간의 속성 때문이라고 보았다. 반면 에릭 에릭슨은 인간의 발달단계를 8단계로 나누었는데, 각 단계마다 발전하려는 힘과 이전 단계로 퇴행하려는 힘 간의 갈등이 일어난다고 보았다.

이렇게 학자들은 갈등의 원인을 서로 다르게 분석하고 있지만, 갈등은 긍정적인 측면을 갖고 있다는 점에서 의견을 같이한다. 자신이 변화를 원하지 않을 때 갈등이 생기는 법은 없다. 단지 현재의 상태를 고수하면 그만이기 때문이다. 그러나 항상 현재를 고수한다면 발전을 기대하기는 어렵다. 갈등은 바로 자신이 처한 상황에서 좀 더 나은 상태로 나아가려는 과정에서 선택의 문제를 고민할 때 생기게 된다.

만약 부모에게 의존적인 자식이 있다고 한다면, 그는 현재 부모의 그늘에서 안전할지는 모르지만 넓은 세상으로 나가 많은 경험을 할 수 있는 기회는 박탈당한 것이다. 이때 그는 안전한 세상에서 머무를지 아니면 험한 세상으로 나갈지 선택의 기로에 놓이게 된다.

그러나 만약 이런 갈등이 없다면, 인간은 항상 정체된 상태에 머무를 수밖에 없는 것이다. 따라서 성숙과 발전은 우리 마음속에 존재하는 두 가지 반대되는 의견을 어떻게 통합하느냐에 달려 있다. 만약 갈등상황을 피하려고만 한다면 그 다음으로 나아가기 어려우며 언제나 그 자리에 머무르게 될 뿐이다.

감정의 존재 이유

우리 인간에게는 감정이라는 것이 존재한다. 그렇다면 인간에게 감정이 있는 이유는 무엇일까?

첫째, 감정은 자신을 인도한다.

만약 우리가 자신의 감정을 정확하게 읽을 수 있다면, 우리는 자신이 정말 원하는 방향으로 나아갈 수 있다. 감정은 자신이 옳지 않은 방향으로 움직이려 할 때 자신에게 신호를 보낸다. 또한 자신의 감정에 항상 관심을 두고 있는 사람이라면 자신을 나쁜 방향으로 이끄는 사람의 영향으로부터 자신을 보호할 수 있다. 왜냐하면 감정은 미묘한 불쾌함으로 자신에게 경고를 보내기 때문이다.

둘째, 감정은 다른 사람과 자신을 연결한다.

감정은 자신이 가족, 친구, 연인이라는 소속감을 느끼게 한다. 물론 이런 관계 속에서 안정감뿐만 아니라 상처도 받게 되지만, 자신이 타인이라는 느낌은 없애주는 것이다.

셋째, 감정은 다른 사람으로부터 자신을 구분짓게 한다.

감정은 다른 사람과 관계를 맺는 데 도움을 주기도 하지만, 이런 감정이 다른 사람과 자신을 구분짓게 하기도 한다. 사실 자신이 무엇을 좋아하고, 어떻게 반응하는가는 자신만이 가진 독특한 점이며, 이것은 바로 감정을 통해 알 수 있다. 어떤 사람은 고양이를 좋아하고, 어떤 사람은 야구를 싫어하며, 어떤 사람은 물을 무서워하고, 어떤 사람은 등산을 즐긴다. 이것은 바로 감정의 선호도에 따라 결정되는 것이다.

이처럼 우리는 각자 너무나 다르기 때문에 다른 사람에게 조언을 해줄 때 먼저 그 사람의 감정을 살펴보는 것이 중요하다. 반대로 다른 사람들이 자신의 의견을 듣지 않는 경우도 많기 때문에 그들의 감정대로 끌려가기도 한다. 이때 다른 사람의 의견으로 인해 자신의 감정을 소홀히 하지 않는지, 또 자신이 원하지 않은 방향으로 나아가는지 인지할 필요가 있다.

그래서 공자는 이렇게 말했다. "현자는 모든 사람의 말을 경청하고 그것에 대해 고맙게 생각해야 한다. 그 사람들이 모두 돌아간 뒤에는 자신이 생각하기에 가장 좋은 방식대로 행동해야 한다."

넷째, 감정은 직관력을 가져다준다.

정신과에서 폭력적인 환자를 대할 때의 수칙이 있는데, 그중에는 치료자에 대한 느낌을 중요시하라는 항목이 있다. 면담 중 얌전하던 환자가 갑자기 폭력적으로 변할 듯싶은 느낌을 무시하지 말고 주의하라는 것이다. 자신이 어떤 감정을 느꼈다면, 상대방이 그러한 감정을 가진 경우가 많다. 그래서 환자의 폭력적인 분노감은 치료자에게도 느껴지는 것이다.

또한 좋지 않은 결과가 생겼을 때 처음부터 뭔가 마음이 내키지 않았던 경험을 누구나 해보았을 것이다. 바로 직관적인 감정이 문제가 발생할 것임을 자신에게 알린 것이다.

어떤 도움이 필요할 때 감정은 이것을 자신에게 알린다. 참을 수 없는 신체적인 고통이 병원을 찾아가게 하듯이, 우울감 또는 불행감은 자신의 문제에 집중하도록 한다. 걱정이나 근심의 감정은 자신을 잘 보살피라는 신호이며, 행복감은 자신이 뭔가 잘했다는 신호를 보내는 것이다.

우리는 지나치게 이성에 의존하는 경향이 있다. 하지만 우리는 감정이 주는 경고를 받을 때가 많다. 뭔가 이 사람은 자신을 속이는 느낌이 들거나, 이 사업을 하면 안 될 것 같은 예감이 들거나, 뭔가 꺼림칙한 감정이 들어 어떤 일을 하기 싫을 때가 있다. 이는 감정이 가진 능력으로, 감정을 쉬게 하면 이런 감정의 좋은 기능이 나타날 수 있다. 그래서 하루 5분이나 10분 정도 의자에 앉아서 또는 누워서 심호흡을 하며 감정을 쉬게 하는 것이 좋다. 감정의 기능을 항상 잘 쓸 수 있게 만들고 숙면을 취해 항상 좋은 감정상태(수면 부족이나 과다 수면은 감정의 기능을 무디게 한다)를 유지하는 것이 바람직하다.

강간은 범죄다

강간을 일반적으로 '주체할 수 없는 성욕을 해결하지 못한 남자가 성관계에 동의하지 않는 여성을 대상으로 성적 만족감을 얻기 위해 저지르는 행동'이라고 정의한다.

하지만 강간의 심리적 원인은 본질적으로 성욕에 있는 것이 아니다. 그것은 분노 또는 공격성과 관련이 깊다. 다시 말해, 강간은 성적 만족을 위한 것만이 아니라 내면의 분노와 공격성을 성의 형태로 나타낸 하나의 폭력이다.

분노와 공격성을 표현하는 방편으로 강간 행위를 한다는 것을 뒷받침하는 사실은 다음과 같다. 강간 가해자의 3분 1은 성폭행 시에 사정 또는 발기 장애를 보이며, 성욕이 거의 없거나 아예 없는 상태에 있었다는 조사 결과가 있다. 성폭력 가해자들은 피해자에게 모욕을 주고, 업신여기고, 폭력을 가하는 것이 주목적이다.

강간의 가해자들은 대부분 강하고 자신만만한 사람이 아니라 매우 심약하며 무능하고 침울한 성격을 가지고 있는 경우가 많다. 그들은 내적인 공허감을 메우기 위해 자신의 남성성을 과시하고,

확인하고 싶은 공상을 행동으로 옮기고자 그러한 폭력을 행사하는 경우가 많다. 강간은 궁극적으로 한 개인의 내적이고 사적인 공간을 침범하는 범죄다. 강간은 성적인 행동이 아니며, 폭행이자 테러이며 굴욕감을 주는 범죄다.

강간은 희생자에게는 정신과적 응급상황으로서 심리적인 응급처치가 요구되며, 오랜 기간 동안 후유증을 야기하는 성적 학대의 한 형태다. 강간은 피해자에게 압도적인 공포와 심각한 무기력을 느끼게 하고, 치욕스러운 느낌을 주며, 그것이 누구 때문인지 모르는 혼란을 가져다준다. 여성의 경우 남성을 평생 믿지 못하게 되고, 성관계는 자신에 대한 벌이라는 착각을 하게 된다.

하지만 상담을 통해 그 사건은 당신의 탓이 아니라는 점을 강조해야 한다. 그들은 밤에 외출을 해서 그렇다고 생각하고, 가해자를 집 안에 들인 것에 대해 자책감을 가진다. 결국 피해자는 강간의 상처에 더해 두 번의 상처를 받게 되고 치료시기도 늦어지는 것이다. 그래서 강간의 책임은 피해자 자신에게 있는 것이 아니라는 사실을 명확히 알려주고 피해자를 지지해주어야 한다. 강간은 가해자에게 전적인 책임이 있고, 가해자가 모든 책임을 져야 한다는 인식을 심어주어야 피해자가 불필요한 죄책감이나 자책감에서 벗어나 다시 사회로 나갈 수 있게 된다.

까미유 끌로델을 통해
살펴보는 정신증

조각가 로댕의 연인이며 제자인 까미유 끌로델은 1913년 빌에브라르 정신질환 요양소에 강제로 입원을 당했다. 그녀의 증상은 피해망상증이 많았는데, 애증의 관계였던 로댕과 관련된 내용이 많았다. 그녀는 "로댕이 치밀한 계획 아래 나의 작품을 가로채고, 그들이 치러야 하는 벌을 이 감옥에서 내가 대신 하고 있다. 이 모든 것은 악마 같은 로댕의 소행이다"라고 절규했다.

그녀는 로댕의 그늘 아래서 빛을 발하지 못했지만, 그녀 자신도 독창적인 예술성을 가지고 있던 훌륭한 예술가였다. 그녀는 정신질환으로 30년간 요양소에 머물다가 그곳에서 사망했다.

까미유 끌로델의 증상으로 볼 때 그녀는 조현병을 앓고 있었던 것으로 추정된다. 그렇다면 그녀는 왜 30년간이나 정신질환 요양소에 갇혀 있었을까?

가장 큰 이유는 정신과 약물이 그녀의 사후에 개발되었기 때문이다. 일부에서는 로댕의 음모와 가족의 무관심, 가부장적인 남성

사회의 희생양으로 그녀가 정신병을 얻었고, 혹은 정신병으로 오인되어 30년간이나 입원했다고 생각한다. 그러나 정신과 전문의로서 그녀의 증상들을 살펴보면, 그녀는 전형적인 조현병 증상을 보이고 있다. 그녀는 나이가 들어서는 병원에서 자신의 음식에 독을 넣는다고 자신이 직접 요리를 해서 먹기도 했다.

1950년대 클로르프로마진이란 정신과 약물이 나오기 전에는 조현병 환자 중 3분의 2가 까미유 끌로델처럼 정신병원에서 평생을 보내야 했다. 1900년대 초 프로이트 등의 정신분석가들이 등장하며 최면요법, 자유연상 등의 면담치료법과 정신분석적인 이론을 선보였지만, 이것은 신경증(노이로제)과 같은 가벼운 정신질환에 적합한 치료법이다. 아무리 뛰어난 정신분석학적인 지식을 갖추었다고 하더라도 조현병 등의 정신증의 증상완화나 재발을 막을 수는 없었다.

이전까지의 환자의 치료를 포기하고 수용에만 급급했던 정신질환의 치료에서 클로르프로마진의 등장은 획기적인 사건이었다. 이를 통해 조현병 환자들이 대부분 병원을 떠나 사회에 복귀할 수 있는 길이 열리게 되었다. 그래서 현재 조현병 환자의 95%는 병원 밖에서 생활이 가능하게 된 것이다.

클로르프로마진의 등장은 이후 정신질환의 원인 분석에 새로운 전기를 마련하는 계기가 되었다. 정신질환인 조현병에 약물이 반응한다는 것은 어떤 정신질환은 몸의 기질적인 원인에 의해 발생한다는 사실을 간접적으로 시사하는 것이기 때문이다. 초기 정신분석가들의 주장처럼 모든 정신질환은 심리적인 원인만 있는 것이 아니라 뇌의 기질적인 것도 한 원인이라는 사실이 점차 밝혀졌다.

그러나 여전히 정신질환이 심리적인 원인에 의해서만 생긴다는 편견을 갖고 있는 사람들도 있다. 또한 정신과 치료는 면담치료만이 최선의 방법이라고 생각하기도 한다. 그러나 어떤 정신질환은 뇌의 기질적인 원인에 의해서 생긴다는 사실이 과학적 연구를 통해 밝혀졌다. 조현병의 경우 도파민이나 세로토닌 같은 신경전달물질의 이상에 의해서 증상이 생기게 된다. 따라서 정신질환의 경우 질병에 따라 약물치료가 우선이고 면담치료는 보조적으로 사용하는 경우도 있다.

그러나 아직도 정신과 약물이 "사람을 바보로 만들고, 무조건 중독이 되며, 심지어 폐인을 만든다"고 생각하는 사람이 널리 존재한다. 그 이유는 아마도 조현병의 자연적인 경과 때문에 생긴 오해일 것이다.

조현병은 처음에는 조발성 치매(早發性癡呆)라고 불렸다. 이유는 조현병의 증상이 오래되면 사회성을 모두 잃고 집에만 있으려 하며 아무것도 하지 않으려는 무기력증에 빠지게 되는데, 이것은 마치 치매의 조기 양상과 같기 때문이다. 어떤 환자들은 약물을 사용해도 이런 조현병의 경과를 밟게 된다. 그래서 사람들은 약물 부작용으로 인해 조현병 환자들이 사회성이 떨어지고, 멍한 상태에 놓이고, 길거리를 배회한다고 오해를 하기도 한다. 그러나 이는 조현병의 증상일 뿐 약물로 인한 현상이 아니다.

정신질환은 과거 수백년 동안 귀신에 씌었거나 마녀에게 영혼이 붙들려서 생긴다고 인식되었다. 이로 인해 많은 정신과 환자가 그 편견에 시달리다 박해를 받고 살해를 당하기까지 했다. 그러나 지금은 뇌의 신경전달물질(쉽게 뇌호르몬)의 균형이 깨져서 생기는 질환이라는 사실을 알게 되면서 그 신경전달물질을 조절하는 약물이 등장했다.

이로써 조현병과 같은 정신질환으로 인해 환자가 정신병원에서 평생을 살지 않게 되었다. 또한 증상 없이 사회생활을 할 수 있게 되었으며, 뇌의 신경전달물질인 세로토닌 등의 물질 불균형으로 인한 우울증으로 인해 자살을 하는 우울증 환자의 생명을 구할 수 있게 되었다.

이는 대부분의 정신질환이 뇌의 질환이지 마음의 병이 아니며 자신의 정신력이 약하다거나 의지력 박약으로 생긴 것은 아니라는 사실을 뒷받침하는 것이다.

광기 : 인간 안에 존재하는 바이러스

코로나 바이러스와 기후위기를 통해 사람들은 재난이나 외부의 적을 매우 두려워하게 되었다. 하지만 인류에게 정말 커다란 피해를 주는 것은 우리 인간 안에 존재하는 광기다. 그 예가 1914년에 일어난 제1차 세계대전이다. 자료에 따르면 1914년부터 1918년까지 일어난 제1차 세계대전으로 전사자 900만 명, 민간인 사망자 600만 명, 부상자 2700만 명, 불구자 600만 명, 미망인 400만 명, 고아 800만 명의 인명피해를 입었다고 한다.

제1차 세계대전은 기술 및 산업의 고도화로 인해 사망자가 가장 많았던 전쟁 중 하나이며, 이후 전쟁의 판도를 바꿔놓았다. 인간은 과학이라는 새로운 문물을 이용해서 기관총, 탱크, 폭약, 폭격기, 화학무기로 무장을 했다. 예전의 전쟁에서 활용했던 활과 창, 칼은 더 이상 상대가 되지 않았다. 대량살육이라고 표현할 수밖에 없을 정도로 수많은 군인과 민간인이 희생되었으며, 적에 대한 무자비한 폭력과 살인, 고문이 자행되었다. 사람들은 자신이 믿는 신념을 내세워 적들을 악마라고 생각하고 아무런 양심의 가책이 없이 살육을 자행했다.

그러나 제1차 세계대전이 끝나고 이어서 제2차 세계대전이 일어나며 세계는 다시 전쟁의 광기에 휩싸였다. 제2차 세계대전은 더욱 참담했다. 민간인과 병사를 합해 약 6000만~7000만 명이 전쟁으로 인해 목숨을 잃었다. 나치 독일과 독일군 점령지 전반에 걸쳐 계획적으로 유대인과 슬라브족, 집시, 동성애자, 장애인, 정치범 등 약 1100만 명의 민간인과 전쟁포로가 학살되었다. 사망자 중 유대인은 약 600만 명으로, 그 당시 유럽에 거주하던 900만 명의 유대인 중 약 2/3에 해당한다. 유대인과 기타 피해자들은 독일 전역과 독일 점령지의 약 4만여 개의 시설에 집단 수용, 구금되어 죽어갔다. 이렇게 20세기에 일어난 전쟁으로 인해 약 1억 명의 사람들이 목숨을 잃었다.

이처럼 인간 안에 존재하는 광기에 의해 일어나는 사건으로 인한 피해자의 수는 외부의 재난이나 바이러스 등에 의한 피해자 수를 훨씬 능가한다.

인간 안에 존재하는 광기와 집착, 폭력성은 바로 인간 안에 존재하는 질병이다. 이 질병으로 인해 인간은 자기 파괴적인 행동을 하고 있다는 것을 사람들은 잘 인식하지 못한다. 인간 하나하나를 살펴보면 양심과 도덕이 내면에 존재하면서도 또 한편으로 악하지 않은 사람이 없다. 하지만 인간은 자신의 악을 보지 못한다.

그리고 그런 악이 집단적으로 어떤 집단에 투사가 되면 인간의 도덕성과 선함은 사라지고 만다. 또한 가해자들은 자신의 잘못을 인정하지 못한다. 예를 들어 아우슈비츠에서 유대인들을 학살했던 독일인 누구도 자신의 잘못을 인정하지 않았다고 한다. 그들은 이념이라는 집단적 최면에 걸렸던 것이다. 우리는 종종 집단적으로 행동하면 도덕성이 마비되고 자신의 행동이 옳다고 여긴다. 유대인 수용소를 관리했던 독일인들도 마찬가지다. 어떤 독일인은 자신은 유대인들이 기차로 도착하면 문을 열어주고 그들을 수용소로 인도했을 뿐이라고 말했다. 또 다른 독일인은 자신은 높은 사람의 지시에 따라 수용소 문을 잠갔을 뿐이라고 주장했다. 독가스의 스위치를 눌렀던 사람은 자신이 그 일을 하지 않을 수 없는 위치에 있었다고 말했다.

이렇듯 인간은 자신의 광기를 불가피한 현상이라고 생각하며 다른 인간들을 죽일 수 있는 것이다. 그 행동에 대해 어떤 죄책감을 갖거나 책임을 지려고 하지 않는다. 자신은 누구의 지시에 따라서 또는 누구의 명령에 따라서 맡은 임무를 다했다고 자신의 행동을 정당화한다. 그것이 모여 인간의 광기를 이루며 개인은 죄책감에서 벗어나게 되는 것이다.

거짓말 탐지기는
거짓말을 탐지하는가?

거짓말 탐지기는 실제로 범죄자가 하는 거짓말을 탐지해내는 것
일까?

사실 그렇지는 않다. 거짓말 탐지기는 정교하게 만들어진 기
계장치로 사람이 거짓말을 하면 나타나는 미세한 생리적인 변
화를 감지하는 것이다. 현대적인 거짓말 탐지기의 시작은 1921
년 미국 경찰국의 존 라슨이 혈압, 호흡, 맥박을 동시에 측정하는
'Polygraph' 장비를 개발해 많은 범죄 사건을 해결한 것으로 볼
수 있다. 그러나 거짓말 탐지기의 역사는 기원전 300년 전까지 거
슬러 올라간다.

아랍의 베두윈족의 경우 거짓말을 하는지의 여부를 알기 위해
불에 달군 쇠를 혀로 핥게 했다. 이때 혀가 화상을 입지 않으면 진
실을 말한다고 생각했다. 중국의 경우에는 범죄자에게 쌀가루를
입에 물고 뱉도록 했는데, 만약 쌀가루가 말라 있으면 그 사람이
거짓말을 한다고 생각했다. 또한 영국에서는 마른 빵을 먹도록 해
서 잘 삼키는지 시험해 보았다.

위와 같은 거짓말 탐지의 원리는 거짓말을 하는 사람은 매우 긴장을 하기 때문에 침이 말라버려서 혀가 화상을 입거나, 뱉어낸 쌀가루가 말라 있거나, 빵을 제대로 삼킬 수 없을 것이라는 원리를 바탕으로 한 것이다.

이런 단순한 방법을 벗어나 현대에는 호흡, 맥박, 피부전도, 혈압 등을 측정해 거짓말의 여부를 판단한다. 혈압, 호흡, 맥박 등은 자율신경계가 조절하는 부분들이다. 자율신경계는 우리 의식의 지배를 받지 않는 기관이다. 우리는 의식적으로 얼굴 표정, 손과 발의 움직임을 조절할 수 있다. 그러나 심장박동수를 마음대로 빠르거나 느리게 할 수 없고, 혈압을 마음대로 높였다 낮출 수 없으며, 땀을 마음대로 분비할 수도 없다. 다시 말해, 신체는 어느 부분은 의식의 지배를 받지만, 어느 부분은 의식의 지배를 벗어나 있다.

또한 이것은 우리의 무의식을 표현하는 수단이 되기도 한다. 예를 들어 어떤 중요한 사람과 이야기를 할 때 의식적으로 집중해야 할 때가 있다. 이때 신체의 언어를 자세히 들여다보면 우리의 무의식은 의식적인 태도와는 다른 반응을 보인다는 것을 알 수 있다.

아무리 집중을 한다고 해도 만약 그의 이야기에 흥미가 없거나 별로 호감이 가지 않는 사람이라면, 우리의 신체는 다음과 같이 반응한다. 집중을 하기 위해 부릅뜬 눈에 피로감이 몰려오기 시작하고, 얼굴 근육이 뻣뻣해지며, 발을 떨거나 손가락을 꼼지락거리는 행동이 나타나기 시작한다.

또한 예전에 사이가 좋지 않았던 사람을 만났을 때 의식에서는 이미 다 용서를 했고 아무런 앙금이 없다고 생각했는데 그 사람과 대화 중에 뭔가 불편한 느낌이 들면서 목덜미가 뻣뻣해지고, 머리가 무거운 느낌이 들며, 소화가 안 되는 것 같은 거북한 느낌이 들 때가 있다. 이것은 의식은 그 사람을 용서했지만, 무의식에서는 아직도 그 사람에 대한 감정이 남아 있음을 알려주는 신체의 정직한 표현인 것이다.

또한 신체는 너무 편중되어 있는 의식의 상태를 통증을 통해 알려준다. 만약 자신의 문제를 보지 못하고 항상 남들을 헐뜯고 비난하는 사람이라면 늘 두통에 시달릴 수도 있다. 또 자신이 맡지 않아도 될 책임까지 모두 맡으려고 하는 사람은 마치 천체를 어깨에 메고 있는 아틀라스처럼 항상 어깨가 무겁거나 어깨에 통증이 올 수도 있다. 또 융통성이 없고, 자신의 의견만을 주장하는 사람이라면 항상 목덜미가 뻣뻣함을 느낄 수도 있다.

그리고 우리나라에만 있는 정신질환인 화병의 경우, 오랫동안 억눌린 감정은 가슴이 답답하고, 무언가 뜨거운 기운이 가득 찬 기분과 통증으로 나타난다.

따라서 신체가 호소하는 불편감을 예의 주시한다면 의식의 편중상태를 알 수 있는 단서가 될 수 있다.

걱정은 근본적으로는
방어기제다

인간에게 걱정이 많은 이유가 무엇일까?

그것은 바로 진화의 결과다. 걱정은 원래 인간을 보호하기 위해 만들어진 방어기전이다. 인간은 맹수의 습격, 천재지변, 역병으로부터 자신을 보호하기 위해 미리 대비해야 할 것을 머릿속에 넣어둬야 했다. 내가 나무를 하러갔다가 맹수의 습격을 당하면 어쩌나, 밭에서 고추를 따다가 뱀에게 물리면 어떡하나, 겨울에 굶지 않으려면 양식을 창고에 쌓아둬야 하는데 어떡해야 하나 등등의 걱정들이 우리를 생존하게 만든 것이다.

그런데 인간의 지나친 걱정은 맹수나 천재지변으로부터 자신을 보호하기 위해 만들어졌다기보다는 다른 인간에게 받을 수 있는 피해를 줄이기 위해서 만들어졌다. 맹수의 습격이나 천재지변은 그리 자주 있었던 것은 아니다. 사실 인간에게 가장 위협적인 존재는 바로 인간이었다. 다른 부족의 약탈, 납치, 도둑질 등 고대의 사람들은 무법지대에서 살아야 했다. 가장 영리한 사냥꾼인 인간이 가장 큰 적이었고 가장 큰 피해를 입히는 존재였던 것이다.

따라서 원시시대부터 인간의 가장 큰 적은 인간이었다. 영리한 인간들은 다른 사람의 물건을 뺏거나 사람을 납치해서 노예로 부리며 다른 사람들을 착취했다. 그러한 경우가 동물이 인간을 해치는 경우보다 훨씬 많았다. 그래서 인간에게 가장 큰 적은 맹수나 동물이 아니라 바로 동료 인간이었다. 인간의 역사를 살펴보면, 인간은 언제나 다른 인간의 물건을 훔치거나, 전쟁을 통해 재물을 빼앗았다. 그래서 인간들은 모여 살면서 다른 외부의 적으로부터 자신을 지키거나, 아니면 다른 부족의 물건들을 빼앗거나 부녀자나 약자를 납치하는 데 골몰했다.

그래서 인간은 영리한 인간이 사용할 수 있는 모든 방법에 대응해야 했다. 이런 방법으로 이번에 피해를 입었다면 그것에 대비했고, 다른 방법으로 피해를 입었다면 또 다른 방어책을 강구해야 했다. 그것이 바로 수백년도 안 된 일이다.

그래서 인간은 항상 걱정을 하며 살 수밖에 없었다. 동료 인간이 바로 적이며 언제든 자신이나 가족이 피해를 입거나 물건을 빼앗기고 심지어 죽음을 당할 수 있었기 때문이다. 이로 인해 인간의 진화과정에서 가장 두드러진 점은 동료 인간에 대한 방어였다. 여기서부터 걱정은 시작되었던 것이다. 그리고 그것이 DNA에 각인되고 본능이 되면서 인간은 항상 걱정을 하며 지냈고, 그것이 자신을 방어하는 길이라는 사실을 알게 되었다.

그런데 지나치면 모자람만 못하다고 현대에 들어서도 인류의 역사 동안 쌓였던 걱정의 더미들은 유전되었고 그것이 지나쳐 일어나지 않는 일들, 일어날 수 없는 불행, 일어나기는커녕 아무런 문제도 없는 것들에 항상 사로잡혀 있게 된 것이다.

걱정은 분명 자신을 방어하고 지켜주는 방어기제이지만, 지나친 걱정은 오히려 해가 되고 삶에 도움이 되지 않는다. 그러므로 적당하게 걱정하고 필요한 것을 고민하는 유익한 생각이 습관이 되어야 한다.

공포를 극복하게 해주는
공포체험

특정한 대상이나 행동, 상황을 마주했을 때 비현실적인 두려움과 불안증세가 생겨서 이를 극복하지 못하고 그 대상이나 상황을 피해버리는 정신과 질환을 공포증이라고 한다. 공포증의 예로는 높은 곳에 올라가지 못하는 고소 공포증, 밀폐된 공간에 들어가지 못하는 폐소 공포증, 그리고 뱀 등의 동물을 무서워하는 동물 공포증 등이 있다.

공포증 환자들이 자신이 두려워하는 대상 때문에 큰 두려움을 느끼고 제약을 받는 반면, 오히려 위험한 상황을 즐기는 사람들도 있다. 이들은 누구나 위험하다고 생각하고 두려움을 느끼는 것을 기꺼이 체험하고 그것에서 희열을 느낀다. 그 예가 스카이다이빙, 번지점프, 암벽등반 등이다.

그렇다면 이런 공포체험을 즐기는 사람과 공포의 대상을 피해 다니는 사람의 차이는 무엇일까?

정신분석가인 오토 페니켈은 공포체험을 찾아다니는 사람들의 심리는 공포의 대상이 되는 것을 벗어나기 위해, 오히려 공포를 극복하기 위해 그것을 능동적으로 찾아다니는 것이라고 보았다. 공포의 대상인 높은 곳, 혐오스러운 동물, 위험한 상황을 피해 다니기보다는 적극적으로 찾아다님으로써 공포를 잊는다는 것이다.

이런 능동적인 행동은 처음 시작은 어렵지만, 공포를 극복할수록 점점 자신감이 붙고 재미를 느끼면서 적극이게 된다. 오토 페니켈의 이론을 뒷받침하는 예로 아이들이 하는 의사놀이를 들 수 있다. 아이들의 거의 대부분은 병원에 대해 심한 두려움을 가진다. 병원은 자신이 싫어하는 주사가 기다리고 있으며, 절대 먹고 싶지 않은 약을 주기도 한다. 아이들은 의사놀이를 하며 자신이 다른 아이에게 주사를 놓는 시늉을 하고, 진찰을 하고, 또 자신이 환자 역할을 하면서 병원에 가는 두려움을 능동적으로 잊게 된다.

이러한 관점에서 보자면, 공포증 환자와 공포체험자간의 차이는 종이 한 장 차이임을 알 수 있다. 한쪽은 수동적으로 공포를 피해 가려고 애를 쓰는 반면, 다른 쪽은 능동적으로 자신의 공포감을 극복하기 위해 찾아다닌다고 할 수 있다.

그렇다면 능동적으로 공포를 체험함으로써 공포를 극복해 보려는 사람은 공포가 없을까? 그들은 공포를 정면으로 맞서서 그 공포가 가져오는 공포감을 이겨내고, 공포감이 주는 아드레날린에 중독되어 있는 것이다.

그런데 우리가 갖는 공포감은 사실 사소한 데 있는 경우가 많다. 상담을 해보면 많은 사람이 대중 앞에서 발표를 하는 것, 낯선 이들과 어울리는 것, 회사에서 동료들과 잘 어울려 지내는 것에 대해 공포감을 갖고 있다. 이것을 극복하는 방법은 결국 부딪치며 경험해보는 것이다.

예전에 TV 출연을 부탁받은 적이 있다. 그것도 1년짜리 프로그램이었는데, 덜컥 승낙을 하고 말았다. 문제는 그다음부터였다. 방송녹화 날까지 공포감으로 잠도 잘 오지 않았다. 전국적으로 내 얼굴이 나오고 많은 사람 앞에서 이야기를 한다는 것이 너무 두려웠던 것이다. 갑자기 후회가 밀려들며 전화를 걸어 그만두겠다고 하고 싶은 마음이 굴뚝같았지만. 억지로 참으면서 그 공포감을 갖고 방송 당일까지 떨었다.

방송녹화 직전에는 가슴이 두근거리고, 어색하고 불안해서 말을 제대로 할 수 있을지 두렵기만 했다. 그러나 어찌어찌 녹화는 진행되었으며, 어떤 말을 했는지도 모르게 내 의견을 피력하고 방송녹화가 끝나게 되었다. 그렇게 1년간 TV에 나가게 되었으나 제대로 하지 못할까봐 항상 긴장을 하면서 출연을 했다.

그런데 생각해보면, 그런 상황이라면 누구나 떨고 불안해하고 긴장을 하는 것이 당연하다. 예전에 어떤 중견가수가 데뷔 30주년 기념 공연을 하게 되었다. 기자가 소감을 묻자 그 가수는 긴장되고 떨린다고 말했다. 30년을 대중 앞에서 노래한 가수도 공포감과 긴장감에 사로잡히는 것이다.

그런데 우리는 어떤가? 우리는 그런 경험이 많지 않으면서 남들 앞에서 발표를 해야 하고, 면접을 봐야 하고, 자기 의견을 내놓아야 한다. 어느 누구나 공포감과 긴장감을 갖고 있기 때문에 그런 상황에 처하면 긴장하고 떨게 된다. 그러니 공포감과 긴장감과 함께가야 한다. 부딪치고 경험하면서 그러한 감정과 함께가는 수밖에 해결책은 없다.

꿈의 역사

꿈은 인류의 역사에서 오랜 세월 동안 매우 중시되었으며, 사람들은 그 의미를 알려고 노력했다. 하지만 현대에 접어들면서 별 의미가 없는 환상에 지나지 않는 존재로 취급되었다. 그래서 현대인들은 자신이 꾼 꿈의 의미를 모른 채 그냥 개꿈이라고 말하는 경우가 많다. 그런데 또 한편으로 여전히 꿈을 믿고 따르기도 한다. 예를 들면 바로 태몽이다.

태몽은 남편이나 부인 또는 일가친척이 꾸는 경우가 많은데, 임신을 알아맞히는 경우가 많다. 그리고 현대에도 꿈이 위력을 발휘하는 경우가 있는데 위험한 직업에 종사하는 사람들, 예를 들면 운전기사들은 꿈을 믿는 경우가 많다. 그래서 불길한 꿈을 꿀 경우 꿈자리가 사납다는 이유로 그날은 일을 나가지 않거나, 운전을 조심하기도 한다. 그리고 복권 당첨의 꿈이나 산삼을 캤다는 꿈 이야기를 많이 볼 수 있다. 꿈의 내용은 대개 돼지꿈이나 용꿈을 꾸고 복권이 맞았다고 하며, 심마니들의 경우 산신령이 나타나 어디로 가라고 해서 그곳을 파보니 산삼이 있었다는 경우가 많다.

현대인들의 꿈에 대한 생각은 이처럼 양극단을 달리고 있다. 의미 없는 것에 지나지 않는다는 생각과 부귀와 공명을 가져오고, 불행을 예측해준다는 생각이다.

그러나 논리가 우위를 점하는 현대사회 이전에는 사람들은 꿈을 크게 중요시했다. 꿈을 통해 미래를 예견하고, 자신의 현재 상황을 평가했으며, 자신이 의식에서 벗어나 잘못된 길로 나가고 있는 것을 바로잡았다.

현대인들은 논리적이지 않은 것과 원인을 알 수 없는 것은 아무런 의미가 없다고 생각한다. 꿈은 논리적이지 않고, 매우 비현실적이고, 환상적이기 때문에 현대인들이 보기에 큰 의미가 없어 보이는 것이 당연하다. 그래서 과학이라는 논리를 빌리게 된 후에야 꿈은 다시 현대인들의 마음을 움직일 수 있게 되었다. 프로이트가 꿈에 과학을 도입해 사람들은 프로이트를 꿈의 중요성을 발견한 사람이라고 평가한다. 그러나 그가 꿈의 중요성을 창조한 것은 아니며, 그는 고대인들이 가지고 있던 꿈의 의미를 현대에 다시 재해석하는 역할을 한 것이다.

프로이트는 꿈이 인간의 무의식을 담고 있다고 생각했다. 프로이트가 꿈을 과학적인 방법으로 해석하기 시작하면서 사람들은 잊혔던 꿈의 의미를 조금씩 들여다보기 시작했다.

비록 꿈은 현대에 이러한 정신분석가의 작업으로 재조명되기는 했지만, 여전히 과거의 영광을 재현하지는 못하고 있다. 그렇다면 과거에는 사람들이 꿈을 얼마나 중시했으며, 사람들의 생활에 어떠한 영향을 미쳤을까?

예전의 사람들은 꿈을 신으로부터 오는 메시지 또는 초자연적인 대상과의 의사소통이라고 생각했다. 기원전 2000년경 이집트에서는 꿈을 해석하는 것이 굉장히 중요한 일이었다. 그래서 그들은 꿈을 해석한 해몽집을 저술하기도 했다. 고대 이집트에서는 어떤 사람이 고민이 있거나, 어떤 결정을 내려야 할 일이 있을 때면 꿈을 꾸기를 원했다. 꿈을 통해 신이 자신에게 도움을 줄 수 있는 전갈을 보내준다고 믿었기 때문이다. 그래서 꿈을 꾸기를 원하는 사람들은 사원 안에서 잠을 자며 꿈을 기다렸고, 사제들은 꿈을 해석해주었다.

고대 그리스 시대에도 마찬가지였는데, 기원전 8세기 그리스에서는 국가의 중대사를 결정할 때 제사장들이 사원에서 잠을 자면서 신탁을 받았다. 또한 꿈을 의학에도 이용했다. 그리스인들은 몸이 아플 경우, 의술의 신인 아스클레피오스의 사원을 찾아갔다. 환자들은 그곳에서 종교적인 의식을 치른 뒤 일부러 잠을 잤는데, 자신의 건강을 다시 회복할 수 있는 꿈을 약속받기 위해서였다. 그리스인들은 이 꿈을 꾸기 위해 몇 주 또는 몇 달간을 사원 안에 머물면서 몸이 완전히 회복될 것이라는 꿈을 꾸기를 기다렸다.

성경을 통해서도 고대인들이 얼마나 꿈에 집착하고, 영향을 받았는지 알 수 있다. 구약에는 꿈에 대한 풍부한 내용들이 담겨 있다. 가장 유명한 꿈은 《창세기》의 요셉의 꿈일 것이다. 요셉이 이집트에 끌려간 뒤 감옥에 갇혀있을 때, 같이 감옥에 갇혀 있던 관원장이 요셉에게 꿈의 해석을 부탁하는데 꿈의 내용은 다음과 같다. '꿈에 관원장의 앞에 포도나무가 있는데, 포도나무의 세 가지에 싹이 나서 꽃이 피고 포도송이가 익었다. 그는 이 포도를 따서 즙을 내어 왕인 바로에게 바쳤다.'

이 꿈에 대해 요셉은 포도나무의 세 가지는 사흘 안에 관원장이 감옥에서 풀려나 옛날의 관직을 회복할 것이라는 의미라고 해석해준다. 요셉의 꿈의 해석대로 관원장은 3일 만에 복직이 된다. 또 다른 관원장이 자신의 꿈을 해석해달라고 부탁한다. 그 관원장의 꿈은 자신이 흰떡 세 광주리를 머리에 이고 가는데, 광주리에는 왕인 바로에게 바칠 여러 가지 음식이 있었다. 이때 새들이 나타나서 그 음식을 모두 먹는 꿈이었다.

요셉은 그 꿈에 대해 다음과 같이 해석한다. 여기서 세 광주리는 사흘을 의미하는데, 사흘 안에 관원장이 바로에 의해 목숨이 끊어질 것이고, 새들이 관원장의 고기를 뜯어 먹는 것이라고 해석을 하며 사흘 안에 관원장이 목숨을 잃게 될 것이라고 말했다.

그리고 2년이 지난 뒤 왕인 바로가 이상한 꿈을 꾸게 된다. 꿈의 내용은 아름답고 살진 암소가 하수에서 올라와 갈밭에서 풀을 뜯어먹는데, 그 뒤에 흉악하고 파리한 다른 일곱 암소가 하수에서 올라와 그 아름답고 살찐 암소를 잡아먹는 것이었다.

바로는 이 꿈에 대한 해석을 요셉에게 요청한다. 그는 7년은 풍년이 들고 다음 7년은 흉년이 들것이라고 꿈에 대해 해석을 하고, 그의 예언은 맞아떨어진다.

이렇듯 종교의 경전에서도 꿈의 해석을 다루고 있으며, 초기 기독교 교리 확립에 큰 영향을 미친 성 아우구스티누스는 우리의 인생이 꿈에 의해 영향을 받는다고 말했다.

가장 꿈을 숭상하고 받들었던 종교는 아마도 이슬람교일 것이다. 마호메트는 이슬람교의 경전인 코란을 지을 때 종교의 근간이 되는 교리를 꿈을 통해 전수받았으며, 꿈의 해석을 경전에 싣고 있다.

꿈이 갖는 의미는
무엇일까?

프로이트는 꿈의 목적을 "자신이 가지고 있는 소원이나 소망, 욕
망, 억압된 충동이 꿈속에서는 시원하게 드러난다"라고 설명했다.
현실에서 이루지 못한 소원을 꿈속에서는 마음껏 드러낸다고 본
것이다. 다시 말해, 무의식에서는 항상 자신의 소원이나 욕망을 발
산할 기회를 엿보지만, 이러한 소원들은 도덕적인 판단 때문에 억
눌려 있다가 꿈속에서 발산한다는 것이다. 그러나 자신의 소원이
드러났다가는 자신의 부도덕성과 황당함 때문에 당장 잠을 깨고
말 것이다. 또한 잠을 깨고 나서도 자신의 이런 생각 때문에 괴로
울 수밖에 없다. 그래서 꿈은 이러한 무의식의 욕망을 드러내면서
도 꿈을 꾸는 사람에게 죄책감을 주지 않기 위해 변형된다고 프로
이트는 주장했다.

  프로이트의 이러한 꿈 이론에 반기를 든 사람이 있다. 바로 프로
이트의 제자 카를 구스타프 융이다. 융은 프로이트의 꿈 이론에 대
해 상당한 견해 차이를 보였다.

  프로이트가 꿈은 원래의 내용은 따로 있고 이것이 변형되고 변

장을 해서 나타난다고 생각한 반면, 융은 꿈은 있는 그대로의 마음의 상태를 보여준다고 생각했다. 융은 꿈은 단지 상징이라는 외국어를 사용하기 때문에 그 의미를 모를 뿐이라고 주장했다. 또한 그는 프로이트의 주장처럼 억압된 욕망이 꿈속에 나타나는 것이 아니라, 꿈의 목적은 보완적이거나 보상적인 의미를 가진다고 보았다. 꿈은 의식이 너무 한쪽으로 치우쳐 있을 때 심리적인 균형을 맞추기 위해 꿈꾸는 사람에게 전달하는 메시지라는 것이다.

우리가 꾸는 꿈들은 너무 어리석어 보이고, 당황스러운 내용일 때가 많다. 예를 들어 현실에서는 생각해본 적도 없는데 근친상간의 꿈을 꾸는 수도 있다. 이것은 자신이 그런 생각을 가져서가 아니라, 상징적으로 부모 자식 간의 문제를 꿈은 그렇게 표현하는 것이다. 이처럼 꿈은 황당하기 때문에 사람들은 꿈을 하찮게 여기게 된다.

우리가 다른 사람의 미래에 대한 계획을 물어볼 때, 우리는 흔히 "당신의 꿈은 무엇인가요?"라고 표현한다. 이것은 미래에 무엇을 하고 싶은가의 의미로 꿈이라는 단어를 사용한 것이다. 꿈이 이런 의미를 가지고 있는 이유는 꿈이란 것이 허황된 것이 아니라 미래를 가늠하는 척도일 수 있기 때문이다

꿈이란 외부에서 뚝 떨어진 것이 아니라 자신의 마음속에서 만들어낸 것이다. 그래서 자신의 의식의 세계에서의 생각만을 중요시할 것이 아니라, 자신의 마음이 무엇을 생각하는지 살펴보는 것도 의미가 크다. 꿈은 사실 우리가 생각지도 못한 갈등을 풀어줄

열쇠를 담고 있으며, 자신이 내리지 못하는 결정을 명확하게 내려주기도 한다. 또한 자신이 오랜 시간 고민하던 문제를 단숨에 풀어주는 창의성도 존재하고, 지혜의 원천이 되기도 한다.

소설가 메리 셸리는 문학작품을 쓰려고 했으나 잘 풀리지 않아 헤매던 중 꿈에서 본 내용을 토대로 집필해 대성공을 거둔다. 그것이 바로 《프랑켄슈타인》이다. 또한 벤젠고리를 발견한 케쿨레는 꿈속에서 뱀이 자신의 꼬리를 물고 있는 것을 보고는 벤젠의 고리가 6각형이라는 사실을 발견하게 된다.

우리의 무의식은 도도하게 흐르는 강물과 같다고 한다. 그리고 무의식의 강물은 퍼 담는 사람의 몫이 된다. 이런 무의식을 엿볼 수 있게 하는 것이 밤마다 찾아오는 꿈이다. 우리가 열린 마음으로 꿈을 들여다볼 때, 그리고 그 상징성을 파악하려고 할 때 꿈의 의미는 우리의 손에 쥐어진다. 그러나 모든 꿈이 그 의미를 알 수 있는 것은 아니다. 오랜 시간 연상을 해야 하며, 또한 당장 꿈의 의미가 떠오르지 않다가 어느 순간 그 의미가 떠오르기도 한다.

융의 말처럼 꿈은 보상적 의미가 있다. 한쪽으로 치우친 의식을 바로잡아주어 어느 한쪽으로 치우치지 않도록 하는 기능이다. 우리의 의식은 외부에서 유혹하는 성공, 명예, 재물, 욕망 등을 지향하는 경향이 있다. 물론 의식이 지향하는 바는 현실에 대한 적응과 만족을 위한 것이다. 그러나 문제는 의식이 그것을 향해 치달을 경우 그것을 제어하는 수단이 없다는 점이다.

속도가 붙은 외부에 대한 집착은 의식과 무의식의 간격을 점점

벌어지게 한다. 그렇게 되면 삶이 무미건조해지고, 불만족스러워
진다. 이때 꿈은 의식이 지향하는 바가 너무 지나친 점은 없는지,
무언가 잘못 진행되고 있지 않은지 지적하는 역할을 한다. 물론 이
는 이러한 꿈의 메시지에 귀를 기울이는 사람만이 들을 수 있다.
그래서 우리가 어느 한쪽의 극단으로 치달을 때 자신의 무의식을
담고 있는 꿈의 소리에 귀 기울여볼 필요가 있다.

기면증은 수면장애

기면증(narcolepsy)은 한마디로 시도 때도 없이 갑작스럽게 잠이 쏟아지는 신경정신과 질환이다. 그 증상은 밥을 먹거나 전화를 받는 중, 또는 운전 중에 잠이 들어버리는 것으로 시작한다. 졸음의 정도는 3일 밤을 뜬눈으로 새고 난 뒤의 느낌이라고 환자들은 표현한다.

그러나 기면증 환자들의 수면 시간이 일반인들보다 많은 것은 아니다. 하루의 수면 시간을 모두 합해도 8시간을 넘지 않는다. 또한 야간에 정상적으로 숙면을 취해야 하는 시간에는 도리어 자주 잠이 깨고 깊은 잠을 자지 못하는 특징이 있다.

기면증은 이러한 졸음이 오는 증상 이외에도 다른 증상을 동반하는데, 바로 수면 마비(sleep paralysis)다. 우리가 흔히 가위 눌렸다고 하는 증상으로, 의식은 명확하게 깨어 있는데 자신의 몸을 도저히 움직일 수 없는 상태로, 마치 영혼이 어딘가에 갇혀버린 것 같은 느낌이다. 다른 동반증상으로는 수면발작(cataplexy)이 있다. 감정상의 동요가 일어나면, 근육의 힘이 풀리며 쓰러지거나 기운이 쑥 빠지는 느낌이 드는 것이다. 또 입면환각(hypnagogic hallucination)도 나타나는데, 잠이 들거나 깰 때 환청이나 환시가 나타나서 환자를 놀라게 하지만, 곧 그것이 실제로 나타난 것이 아니라 헛것이 보이거나 들렸다고 금방 스스로 알아챌 수 있다.

기면증을 치료하지 않고 방치할 경우 집중력의 저하로 인해 학업능률이 떨어질 수 있다. 이로 인해 자신감이 떨어지고 우울감이 생기고 성격이 어둡게 변할 수 있다. 대개 환자 본인뿐 아니라 주위 사람들도 잠이 좀 많다고 생각할 뿐, 수면장애라고 생각하지 않아서 치료를 하는 경우가 드물다.

기면증은 청소년기에 주로 시작되며, 한창 공부하고 자신의 발전을 꾀해야 하는 시기에 나타난다는 점이 문제가 된다. 무엇보다 위험한 것은 갑작스럽게 잠이 들거나 심하게 조는 증상으로 인해 공장에서는 안전사고가 생길 수 있으며, 운전 중 교통사고를 유발하기도 한다.

기면증은 가족력이 있는 질환으로, 부모가 기면증일 경우 자녀들이 사춘기에 들어설 즈음부터 증상이 나타나는지의 여부를 세심하게 관찰해야 한다. 1만 명당 4명 정도의 비율로 발생하며, 기면증에 동반하는 수면발작 때문에 기면증을 간질의 일종으로 잘못 아는 경우가 있다. 그러나 기면증은 간질과는 달리 뇌의 신경전달물질에 의해 발생하는 질환이다. 기면증은 아쉽게도 완치 방법이 없다. 현재 주의력결핍장애에 쓰고 있는 각성제를 매일 복용해서 졸음에서 벗어나는 수밖에 없다.

DICTIONARY OF THE MIND

노년기가 인간의 생애에서 갖는 심리적 의미

정신분석학자 에릭 에릭슨은 인간은 전 생애에 걸쳐 심리사회적으로 8단계를 통해 발달한다고 말하며 1단계 영아기, 2단계 유아기, 3단계 초기 아동기, 4단계 후기 아동기, 5단계 청소년기, 6단계 성인 초기, 7단계 중년기, 8단계 노년기로 8단계를 나누었다. 또한 그는 각 단계마다 발달과업이 존재하고, 이 과업을 완수하면서 다음 단계로 발달한다고 말했다. 노년기는 65세부터 죽음을 맞이하는 시기까지의 단계로 이때의 발달과업은 자아통합이라고 말했다.

그런데 사회적으로 노인에 대한 편견이 몇 가지 존재한다.

첫째, 노년기에 이르면 대부분 치매(노망)에 빠진다는 것이다. 치매는 노년기에 나타나는 자연스런 생리적인 현상이 아니라 질병의 일종이다. 따라서 무조건 나이가 많다고 해서 치매상태에 빠지는 것은 아니다.

둘째, 노년기에 이르면 창의성이 없어지는데, 그 이유는 변화를 싫어하기 때문이라는 것이다. 인간의 성격은 세월이 흘러도 별로 변하지 않고 유지된다. 변화에 대한 적응력은 그 사람의 과거의 경험과 성격적인 특징이 좌우할 뿐 노화의 과정은 아니다.

셋째, 노년기에 이르면 성욕과 성적 능력이 없어진다는 것이다. 노년에 이르러도 성욕은 거의 변화가 없으며, 성적능력은 꽤 오랫동안 유지된다.

이제 평균수명 100세 이상의 시대가 열리며 노인에 대한 인식이 많이 바뀌어가고 있다. 또한 사회적으로 '액티브 시니어' '애플족' '뉴그레이' 등의 신조어가 생겨났는데, 이는 육체적, 정신적으로 건강하고 활동적이고 젊음을 추구하는 노년층이 많아지고 있음을 반영하고 있다.

우리는 누구나 노년기를 맞이하고 언젠가 죽음에 이른다. 더욱이 앞으로는 평균수명이 길어지면서 우리가 거쳐가야 하는 노년기의 시기가 길어질 것이다.

노년기는 생애에서 황금기라 할 수 있다. 젊은 시절을 지나 어느 정도 성숙함이 갖추어지고, 경제적으로도 안정이 되는 시기이며, 질풍노도의 젊은 시절을 보내며 많은 시행착오를 통해 인생에 대해 뭔가 아는 시기이기 때문이다.

현대 사회에서는 돈을 벌지 못하고, 생산적인 활동과 사회적 활동을 하지 못하면 무능하고 쓸모가 없다는 인식이 강하다. 그러나 노년기는 자신이 이룬 많은 것을 수렴하고 정리하는 시기이며, 많은 것을 경험하고 세상을 좀 더 너그럽게 바라보는 풍요의 시기다. 어떤 노인이 이런 말을 한 적이 있다. "내가 노년에 이르러 아무런 쓸모가 없다고 생각했으나, 지금은 너무나 행복하다. 그 이유는 마음공부를 시작했기 때문이다. 인터넷의 발달로 예전에는 그곳으로 가서 참석해야만 들을 수 있던 스님, 목사님, 신부님의 좋은 말씀을 스마트폰을 켜기만 하면 들을 수 있어 좋은 말씀을 많이 들을 수 있다. 그 좋은 강의를 나이가 들어서 들어보니 마음이 안정되고 죽음도 두렵지 않게 되었다."

에릭 에릭슨은 노년기의 과제는 자아통합이라고 말했다. 자신의 삶을 후회하고 자책하기보다는 마음공부를 통해 자신을 용서하고 인간이기 때문에 벌인 실수나 시행착오도 자신의 삶으로 받아들이며 자신이 할 수 있는 것을 즐기며 살아야 한다. 이것이 바로 자아통합이다. 이러한 자아통합이 이루어져야 노년기를 안정되고 편안하게 건너갈 수 있는 것이다.

논리가 모든 문제를
해결해주지 못하는 이유

우리가 어릴 때부터 받는 교육은 대부분 논리적인 체계를 배우는 것이다. 결국 논리란 인과관계를 규명하는 것이다. 다시 말해, 어떤 원인으로 인해 어떤 과정을 거쳐 어떤 결과에 도달하는가를 아는 것이다. 그래서 논리는 과학과 물질주의를 받쳐주는 학문적인 토대가 된다.

현재 과학은 신의 위치에 놓여 있으며, 논리는 과학을 받쳐주는 이론적인 토대다. 따라서 논리적이지 않은 생각, 행동은 쉽게 평가절하를 받는다. 우리는 원하든 원하지 않든 새로운 종교인 논리에 대한 교리교육을 받지 않을 수 없게 되었다. 논리 없이 현대사회를 살기는 쉽지 않기 때문이다. 이렇듯 논리를 중시하는 현대사회에서 많은 사람이 혼란에 빠지게 된다. 왜냐하면 인생은 모순과 불가사의로 가득 차 있기 때문이다.

논리로는 풀 수 없는 많은 사건이 존재한다는 것은 세상이 단순히 과학의 법칙들로는 해결할 수 없는 비논리의 세계라는 것을 보여준다. 사실 우리 인생은 논리적이지 못하다. 논리는 우리의 사고

체계를 정교하게 다듬을 수는 있지만, 우리가 실제의 현실세계를 전부 통제하도록 하지는 못한다. 실제의 세상에서 사람들은 자신의 감정에 따라 움직일 뿐 논리대로 움직이지는 않는다. 그래서 논리를 어릴 때부터 교육받아왔던 많은 사람이 학교를 졸업하고 사회로 나아가면 크게 당황하고 실망한다. 우리가 마주하는 세상은 불합리하고, 불명확하며, 모순이 가득하기 때문이다.

그래도 사람들은 논리로 많은 사건을 이성적으로 풀어보려고 하지만 뜻대로 되지 않을 때가 훨씬 많다. 모순과 불명확성이 얽히고설킨 인생의 많은 문제를 간단히 논리라는 도구로 풀 수가 없기 때문이다. 이때 논리를 배제하면, 도리어 문제를 해결할 수 있는 실마리를 찾는 경우도 많다. 세상은 불명확하고 모순에 가득 차 있다는 사실을 인정하면, 그제야 우리는 인생의 실타래를 조금씩 풀 수 있는 마음의 여유를 얻게 된다.

따라서 삶에서 좀처럼 풀리지 않는 문제를 만날 때면 머리를 잠시 쉬고 마음의 목소리에 귀를 기울여보자. 마음이 모든 것을 풀 수 있는 근본적인 해결의 길로 안내해 줄지도 모른다.

뇌와 정신질환

뇌는 크게 좌반구와 우반구로 나눠져 있다. 좌반구는 언어, 논리적 사고, 추상적인 사고를 담당한다. IQ 테스트는 뇌의 좌반구의 능력을 측정하는 도구다. 지금까지의 교육은 주로 좌반구의 능력을 극대화하는 데 주력했다. 객관적인 능력, 지적인 능력, 언어적인 능력 등 좌반구가 맡고 있는 부분은 사회적인 성공을 보장해주었기 때문이다.

우반구는 비논리적이고, 비언어적인 사고를 담당하는데, 통찰력, 환상, 감정, 창의력, 예술적 능력을 담당한다. 그래서 우반구를 예술을 담당하는 뇌라고 한다.

우리 뇌는 어느 한쪽만 발달하면 문제가 생기게 된다. 예를 들어 좌반구의 기능인 이성적인 면만 발달하면, 그 사람은 매우 건조하고, 냉정하며, 비판적이고, 비인간적인 사람이 되고 만다. 반면 우반구만 발달한 사람의 경우, 계획성이 없고, 비현실적이며, 몽상적인 사람이 될 수 있다. 그래서 좌우 반구의 능력이 조화를 이룰 때 인간의 능력은 더욱 극대화된다. 예를 들어 아인슈타인은 바하의

소나타를 연주할 때 상대성 이론이 떠올랐다고 한다. 이러한 발견은 바로 두 반구의 균형이 이루어졌을 때 또는 서로 보완적인 역할을 할 때 나타났다는 사실을 알 수 있다.

동양에서는 좌반구는 남성적인 양(陽)의 특성을 가지며, 우반구는 여성적인 음(陰)의 특성을 가진다고 말한다. 인간은 양과 음의 특성을 모두 갖고 있다는 의미다. 동양에서는 항상 음과 양의 조화를 강조했는데, 이런 균형은 뇌에도 필요하다.

그리고 뇌의 각 부분은 담당하는 역할이 각기 다르다. 뇌는 인간의 생명을 유지하는 중요한 장기 중의 하나다. 또한 우리가 생각을 하고 감정을 느끼고 숨을 쉴 수 있게 한다. 그리고 마치 컴퓨터의 cpu처럼 팔다리를 자유롭게 움직이게 하는 기능을 가진다.

인간의 소뇌는 평형감각을 담당하며, 인간의 대뇌 중 전두엽에는 우리의 사고능력이 담겨 있다. 그래서 사고로 전두엽을 다치게 되면 사고를 하지 못하고 사회생활을 하지 못하게 된다. 또 전두엽은 성격을 담당하기 때문에 성격이 바뀌는 경우도 생긴다. 어떤 사람은 다혈질이었는데 사고로 전두엽을 다쳐 순한 양처럼 변했고, 또 전두엽 손상으로 충동을 참지 못하고 다혈질로 변한 사람도 있다. 또한 전두엽은 고도의 사고능력을 가지고 있어 우리가 생각하고, 계획하고, 자신의 목표를 세우고 자신의 일을 하는 데 큰 역할을 한다.

그리고 인간의 뇌에는 해마라는 부분이 있는데, 이는 기억력을 담당한다. 그런데 이 해마는 술에 취약하기 때문에 과음을 하게 되면 단기기억력이 손상되어 흔히 블랙아웃이라고 하는 필름이 끊기는 일이 생기기도 한다. 또한 뇌 안쪽으로 들어가면 변연계라고 해서 인간의 감정을 조절하는 중추가 있다. 이것은 사랑을 느끼고 남들에게 공감하며 감정을 느끼는 역할을 담당한다.

그런데 뇌의 전두엽 절제술이 유행한 시기가 있었다.

정신질환을 치료하기 위해서 처음으로 뇌 수술이 시행되었던 것은 1880년대 고틀리프 부르크하르트에 의해서였다. 그는 6명의 난폭한 환자들을 대상으로 뇌피질을 절제했다. 그런데 결과는 증상이 좋아지기는커녕 간질이 생기는 후유증이 생겼다. 이로 인해 정신질환에 대한 뇌수술은 금지되었다.

현대적인 개념의 정신질환에 대한 뇌 수술은 1935년 안토니오 에가스 모니즈에 의해 비롯된다. 당시 원숭이를 대상으로 한 실험에서 뇌의 전두엽을 절제할 경우 성격이 온순해진다는 결과가 발표되었으며, 뇌종양 수술 중 우연히 전두엽이 절제된 환자들이 성격이 바뀌었다는 사실이 알려지던 때였다.

포르투갈의 신경과 의사였던 모니즈는 뇌에 구멍을 뚫어 알코올을 주입하거나, 철사를 이용해 전두엽의 일부를 절제하는 수술을 했다. 모니즈는 이 수술로 불안에 시달리던 환자가 좀 더 안정된 상태가 되었으며, 온순해졌다는 사실을 보고했다. 이로 인해 전두엽 절제술은 유명해져서 제2차 세계대전 후에는 한 해에 5000건 이상의 수술이 시행되었다. 당시는 항정신병약물이나 항불안제가 개발되지 않던 시기였기 때문에 난폭하고 정신장애가 심한 환자를 치료하는 데 많이 이용되었다.

이 수술이 유행하던 시기에는 이 수술의 효용성에 대해 의문을 가지는 사람은 없었다. 이 수술을 받은 환자들 중에서 예전에 비해 무뚝뚝해지고, 화를 더 잘 내는 성격으로 바뀌는 경우도 있었으며, 판단력과 창의력이 떨어지고 무기력한 기분을 보이는 경우가 많았다. 또한 치료효과가 얼마 지속되지 않는 경우도 많았다. 이로 인해 뇌의 앞부분에 위치한 전두엽의 기능을 알 수 있는 단서가 제공되기도 했다. 전두엽은 집중력에 관여하며, 부적절한 행동을 억제하고, 어떤 일을 시작하고 계획하며 수행하는 역할을 담당한다는 사실을 알게 된 것이다.

그러나 수술로 인한 부작용과 1950년대 본격적으로 정신과 약물이 개발되면서 전두엽 절제술은 자취를 감추게 되었다.

DICTIONARY OF THE MIND

다중인격장애를 통해 본
마음과 신체의 상관관계

고대 이집트 신화에는 오시리스라는 신이 등장한다. 그는 질투심 많은 동생인 세트에 의해 살해되고, 시체는 여러 조각으로 잘려 여러 곳에 뿌려진다. 이때 오시리스의 여동생이며 아내인 이시스는 이 조각들을 모두 모아 오시리스를 다시 살려낸다.

오시리스가 여러 조각으로 잘려 나갔듯이, 한 사람 안에 다양한 성격이 존재하는 것을 오시리스 콤플렉스 또는 다중인격장애(해리성 정체성 장애)라고 부른다. 이러한 장애를 가진 사람은 내면에 존재하는 성격이 둘 이상이며, 20개 이상인 경우도 있으며, 대개는 5~10개 정도 존재한다.

원래 가지고 있는 성격에서 다른 성격이 나타날 때는 갑작스럽고 극적으로 나타나게 된다. 일반적으로 각각의 성격은 다른 성격이 존재하고 있다는 사실을 알지 못하고, 다른 성격이 나타났을 때의 일을 기억하지 못하는 경우가 많다. 드물게 자신 안에 다른 성격이 존재하고 있다는 것을 아는 경우도 있다.

한 사람 안에 존재하는 여러 성격들은 각각의 이름을 갖고 있고 판이한 성질을 갖고 있는 경우가 많다. 외국의 사례를 보면, 월터라는 남성이 있었는데 그에게는 신디라는 여성이 그의 안에 존재하고 있었다. 월터는 자신이 멍청하고, 성격도 나쁘고, 외모도 형편없다고 생각해 자신감이 없었다. 반면, 신디의 성격이 나타날 때는 지적이고, 신체적으로 매력이 있으며, 따뜻하다고 생각해 자신감이 넘쳤다.

또한 신디는 월터에 대해 질투심이 많아서 월터가 다른 사람과 사귀는 것을 매우 못마땅하게 생각했다. 그래서 월터가 다른 여성과 사귀자 계속 월터의 행동을 일관성이 없게 만들고 성관계를 방해해 결국 결혼을 하지 못하게 했다.

또한 한 사람 안에 존재하는 다른 성격은 위의 예처럼 다른 성별이 존재할 수도 있으며, 백인 안에 흑인이나 황인종이 존재하는 등 다른 인종이 존재하기도 하며, 20세의 환자 안에 4~5세의 어린이부터 70대 노인까지 다양하게 나타나기도 한다.

다중인격장애 환자는 자신 안에 여러 명의 성격이 자리 잡고 있기 때문에 말하는 도중에 자주 "우리"라는 표현을 쓴다. 또한 다른 사람의 목소리를 듣기도 하며, 다른 사람에게 조종을 당하기도 하고, 자신 안에 다른 이름을 가진 사람이 존재하고, 자주 기억이 끊기는 경험을 한다.

다중인격장애의 원인은 현재까지 밝혀진 바에 따르면 어린 시절, 특히 5세 이전의 정신적인 상처 때문이다. 특히 어린 시절 받은 성추행이나 성폭력은 크나큰 충격이기 때문에 기억 속에서 억압된다. 그들은 이런 억압된 기억을 유지하기 위해서 인격의 한 부분을 분리해낼 수밖에 없다. 이런 과정에서 분리된 인격은 결국 조금씩 성장하면서 새로운 인격으로 발전해 나가게 되는 것이다.

위의 사례에서 월터의 경우도 어린 시절 알코올 중독인 아버지로부터 계속되는 정신적, 육체적인 폭력을 겪었다.

다중인격장애의 가장 특이한 점은 성격이 바뀔 때마다 신체적인 반응도 바뀐다는 점이다. 예를 들어 원래 오른손잡인데 성격이 바뀔 때 왼손잡이로 바뀌게 되는 경우도 있고, 원래 어떤 동물이나 음식, 약물에 알레르기를 보이던 환자가 성격이 바뀌면 그러한 반응이 나타나지 않는 경우도 있다. 또 어떤 다중인격장애 환자는 원래 고혈압이 있었지만, 성격이 바뀌면 혈압이 정상으로 돌아왔다. 또한 아주 드문 경우로 성격이 바뀌면 눈동자의 색이 바뀌는 사례도 있었다.

여기서 알 수 있는 한 가지 사실은 성격, 즉 마음의 변화는 바로 신체적인 상태도 바꿀 수 있다는 것이다. 성격이 바뀔 때 자신이 갖고 있던 질병이 나타나지 않듯이, 마음을 근본적으로 바꾼다면 질병을 치유할 수 있는 가능성도 존재한다.

이러한 예로 말기질환의 자연치유를 들 수 있다. 우리는 가끔 불치의 병을 앓고 있던 사람들이 특별한 치료 없이 치유되었다는 이야기를 듣는 경우가 있다. 의학계에서도 불치의 질병이 설명할 수 없는 원인에 의해 자연스럽게 치유되는 것을 인정하고 있다. 물론 이런 예는 매우 드문 경우다.

이러한 자연치유를 보이는 사람들의 특징은 과거에 병을 가져왔던 편향된 태도를 고치고 새로운 방식의 생활태도를 받아들였다는 공통된 경험을 갖고 있다. 무엇 때문이라고 원인을 명확히 규명할 수는 없지만, 성격 즉 마음의 변화가 신체의 변화를 작은 것에서부터 기적까지 일으킬 수 있다는 가능성은 인정할 수 있다.

인간의 감정이 신체에 영향을 준 극단적인 사례가 있다. 존스 홉킨스 대학 병원에 입원했던 한 젊은 여자 환자가 있었다. 그 환자는 1개월 동안 숨이 가쁘고, 가슴에 통증이 있는 증상으로 입원을 하게 되었다. 신체에 대한 여러 가지 검사의 결과는 정상으로 나타났다. 환자는 자신이 태어날 때부터 악령이 씌었으며, 이로 인해 23번째 생일이 되기 전 죽을 운명이라고 공포에 떨고 있었다. 결국 그 환자는 23번째 생일 전날 사망했다.

결론적으로 몸과 마음은 떼려야 뗄 수 없는 상관관계를 갖고 있음은 분명하다.

도박이
중독을 불러오는 이유

도박이란 완전히 운에 의해(복권, 슬롯머신 등) 또는 어느 정도의 기술과 운에 의해(카드, 화투, 마작 등) 내기를 하는 것을 말한다.

도박의 역사는 인류의 역사와 궤를 같이한다. 고대인들은 사냥, 전쟁, 놀이의 결과가 초자연적인 힘에 의해 결정된다고 생각해 신이 원하는 바에 따라 좋고 나쁜 결과가 결정된다고 보았다. 따라서 내기가 승리할 때는 신이 자신을 돌봐주거나 사랑한다는 증거라고 생각했다.

그들은 내기의 결과에 대해 겸허히 받아들이고, 결과가 좋지 않을 때는 자신에게 잘못은 없는지, 혹은 자신이 신에게 노여움을 산 일을 저지르지 않았는지 자신을 돌아보곤 했다. 이러한 자성적인 의미의 도박이 점차 한 번에 모든 것을 얻을 수 있는 부를 축적하기 위한 수단으로 전락하게 되었다.

도박을 할 수 있는 대상은 매우 많다. 화투와 카드는 물론이고, 경마, 경륜, 내기 바둑, 골프, 각종 운동경기, 투계, 투견 등 승부를 낼 수 있는 것은 무엇이든 도박의 대상이 될 수 있다. 극단적인 예로는 목숨을 걸고 하는 경우도 있는데, 영화 〈디어 헌터〉에 나왔던 러시안 룰렛이 있다.

우리는 도박이라고 하면 불법적이라는 생각이 먼저 떠오르지만, 도박에는 합법적인 것과 불법적인 것이 있다. 그 기준은 도박의 판돈 일부를 세금으로 냈느냐 안냈느냐의 차이다. 예를 들어 호텔에서 슬롯머신을 하거나 카지노에서 카드를 하는 것은 합법적이지만, 세금을 내지 않는 불법 오락실이나 개인의 집에서 도박을 한다면 불법이 된다. 그러나 도박의 해악은 합법적인 장소에서 했다고 해서 벗어날 수는 없으며, 합법적이든 불법적이든 결과는 마찬가지다.

사람들이 도박을 하는 이유는 매우 다양하다. 프로이트는 도박이란 자기만족을 위한 자위행위의 다른 표현이라고 보았다. 아버지가 어린아이를 야단칠 때마다 아이는 아버지에 대해 심한 분노감을 가지게 된다. 아이는 이런 나쁜 생각을 한 것에 대해 죄책감을 느낀다. 이러한 어린 시절의 죄책감을 덜기 위해 도박을 통해 자신을 처벌한다고 생각한다. 즉, 도박을 통해 돈을 잃게 됨으로써 자신에게 벌을 준다는 것이다.

이러한 정신분석적인 원인 이외에 성격적으로 매우 경쟁적이고, 독립적이며, 개인주의적이고, 지나치게 자신감을 가지는 경우 도박에 더 빠진다고 한다. 그래서 서양의 점성술에서 사자자리가 이런 성격유형과 매우 유사하기 때문에 사자자리의 사람이 도박에 잘 빠진다는 설이 있다.

그러나 이러한 낙관적인 성격과 반대로 자존감이 낮고, 상대적인 박탈감이 많은 사람도 도박에 빠지는 경우가 많다. 이런 사람들은 도박을 통해 남을 이기고, 자신이 최고가 된다는 바람을 만족시키기 위해 도박에 사로잡히게 된다. 그리고 도박을 통해 얻는 흥분과 스릴은 이런 의기소침한 사람들의 기분을 들뜨게 만드는 경우가 많다.

도박을 하는 사람들은 특이한 정신적인 현상을 경험하게 된다. 바로 해리상태다. 도박을 하는 도중 몽롱한 황홀상태에 이르기도 하고, 자기 몸을 빠져나가 자신이 도박을 하는 행동을 쳐다보는 느낌이 들기도 하고, 자신이 마치 타인 같이 느껴지는 해리상태를 경험하게 된다.

이런 경험들 때문에 도박은 사람들을 끌어당겨 벗어나지 못하게 한다.

도박의 특이한 점으로는 도박은 알코올 중독과 매우 비슷한 점을 가지고 있다는 것이다. 도박도 알코올 중독처럼 의존성(중독성)이 생기며, 알코올 중독자가 술을 마시게 되면 수면, 음식, 섹스 등 기본적인 생물학적 욕구에 대한 관심이 없어지는 것처럼 도박도 이런 것에는 관심이 없어진다. 또한 알코올을 끊었을 때 금단증상이 나타나는 것처럼 도박도 끊게 되면 두통, 설사, 복통, 악몽에 시달리는 등 금단증상의 고통을 겪게 된다.

그리고 알코올 중독과 도박의 결말은 너무나 비슷하다. 둘 모두 마지막에는 가족, 친구, 직장을 잃고 목숨까지도 끊게 되는 경우가 많다는 것이다. 알코올 중독처럼 도박의 종말에는 모든 것을 잃고 자살 시도를 하는 사람이 매우 많다.

그래서 도박에 중독되기 전에 도박을 끊거나 도박에 발을 들이지 않는 것이 바람직하다. 만약 도박에 빠지게 된다면 단도박회에 가입을 해서 집단치료를 받아야 한다. 성공률은 높지 않지만 그곳에서 자신의 체험과 다른 사람들의 체험을 공유하고, 서로 도박을 하지 않기로 지지해 주는 등의 행위를 통해 치료를 진행해야 한다.

ㄷ

동성애의 근원

그리스의 철학자 플라톤은 《향연》에서 최초의 인류에 대해 언급했다.

그는 완전한 남성, 완전한 여성, 그리고 남녀 성기를 모두 가진 자웅동체의 세 가지로 인간의 성별을 나누었다. 이들은 키가 크지도 작지도 않았으며, 원통형으로 생겼다. 머리는 두 개로 각각 반대 방향을 바라볼 수 있었고, 팔과 다리는 각각 4개였다. 이들은 남성의 성기를 한 쌍 가진 부류와 여성의 성기를 한 쌍 가진 부류 그리고 남녀 성기를 각각 한 개씩 가지고 있는 부류로 나뉘었다.

원초적인 인간들은 떼려야 뗄 수 없는 자신 안에 존재하는 상대방을 지나치게 사랑했으며, 자신들을 대단한 존재로 생각했다. 이런 자만심은 정도를 넘어 신들의 영역까지 넘보는 오만함에 빠지고 말았다. 결국 올림포스의 신들은 분노했고, 주신인 제우스는 원초적인 인간들을 벌주기 위해 몸을 반으로 갈라놓았다. 이로 인해 원통형의 몸매는 홀쭉해졌으며, 팔과 다리는 2개로 줄어들었고, 다시는 뒤쪽을 볼 수 없게 되었다. 또한 성기도 한 개만을 갖게 되었다.

그래서 인간이 사랑하는 사람을 찾아 헤매는 것은 바로 신에 의해 갈라진 자신의 반쪽을 찾으려는 무의식적인 행동이며, 사랑하는 사람과 포옹을 하는 이유는 예전의 팔다리가 4개였던 상태로 돌아가려는 인간의 욕구 때문이고, 사랑하는 사람과 잠시도 떨어지지 않으려는 열정은 바로 자신의 반쪽과 다시는 떨어지지 않으려는 본능 때문이라는 것이다.

여기서 주목할 만한 부분은 남자 성기가 한 쌍이 있었던 인간은 몸이 갈라진 후에도 남성만을 생각하며, 여성의 성기가 한 쌍이 있었던 인간은 여성만을 사랑하게 되며, 남녀 성기가 한 개씩 있었던 인간은 이성을 사랑하게 된다는 것이다.

이를 통해 남성이 남성을 좋아하고, 여성이 여성을 좋아하는 동성애와 이성 간의 사랑이 설명이 가능해진다. 실제로 인류의 10%는 동성애자라고 한다.

그러나 현대에 동성애는 금기시되고 있다. 이는 인간이라면 누구나 이성과 짝을 지어 살아야 한다는 고정관념과 동성애가 만연하면 2세를 볼 수 없다는 두려움 때문이다.

동성애를 금기시하게 된 것에 가장 큰 역할을 한 것은 종교라 할 수 있다. 중세시대부터 동성애는 죄악이자 문란한 성생활의 대표적인 것이라고 간주되었다. 이러한 중세의 동성애 금지는 계속 이어져 사람들은 같은 성끼리 사랑을 나눈다는 것은 신에 대한 불손이며 인간을 더럽히는 행위라고 생각했다. 그리고 지금도 이런 이유로 동성애는 혐오의 대상이 되기도 한다.

〈브로크백 마운틴〉이라는 영화는 동성의 사랑을 그리고 있는 영화다. 두 남자 주인공은 우연히 산 위의 목장에서 같이 지내면서 서로 사랑을 느끼게 된다. 하지만 둘은 각자의 가정을 가지게 되어 함께하지 못하고 서로를 그리워해야 했다. 이 영화에서는 두 주인공 에니스와 잭의 사랑을 남성 대 남성 간의 동성의 사랑이 아닌 인간이 인간을 사랑하는 모습으로 바라본다. 두 사람이 만나 사랑하고 그리워하고 아껴주는 아름다운 사랑을 동성애를 통해 드러낸다. 그러나 잭은 동성애를 했다는 이유로 살해당하고 만다.

이 영화는 인간이 인간을 사랑하는 데 성별이 중요한 것일까 라는 물음을 던지며 사회적인 관습과 편견에 대해 생각해보게 한다.

동시성: 존재하지만 논리적으로 설명할 수 없는 현상들

우리는 살다보면 모든 것이 인과론적으로 설명되는 일만 있는 것이 아님을 알게 된다. 무언가 자신과 관련이 있는 사건이지만, 도저히 설명할 수 없는 일도 많이 맞닥뜨리게 된다. 카를 융은 인과론적으로 도저히 설명이 불가능한 사실, 현상, 사건 등을 설명할 수 있는 이론을 제시했다. 그것을 동시성(Synchronicity)이라고 하는데, 다음의 세 가지 범주로 나뉜다.

첫째 범주에 속하는 것으로는 어떤 생각이나 감정을 느낄 때 실제로 그런 일이 벌어지는 경우다. 이 범주에 드는 가장 유명한 예는 융이 치료했던 환자의 사례다.

융의 환자는 그에게 전날 밤 아주 인상적인 꿈을 꾸었는데, 꿈속에서 누군가가 그녀에게 딱정벌레 모양의 값비싼 보석을 주는 것이었다고 말했다. 환자가 이 꿈 이야기를 하고 있는데, 방 안으로 어떤 벌레가 들어왔고, 융은 그 벌레를 낚아챘다. 그것은 딱정벌레였는데, 황금빛이 도는 녹색 몸체가 환자가 꿈에서 보았던 황금빛 딱정벌레 모양의 보석과 거의 유사했다. 융은 그 벌레를 그녀에게 건네주면서 "보십시오. 바로 그 딱정벌레가 여기 있습니다"라고 말했다.

그 환자는 사실 자기방어적 합리주의가 매우 심했던 환자였는데, 이 사건으로 인해 자신의 감정을 들여다볼 수 있는 계기가 되었다고 한다.

둘째 범주는 어떤 사람이 꿈을 꾸거나 공상을 하고 있을 때 그 내용이 멀리 떨어진 곳에서 일어나고 있는 사건과 일치하는 경우다. 우리가 흔히 듣는 이야기로, 친척이 이상한 모습으로 나타난 꿈을 꾼 다음 날 그 친척의 부음을 들었다든지, 혹은 특정한 사람이 나타나면 친척 중에 누군가 사망을 한다는 등의 사례다.

이 범주와는 약간 다른 예이지만, 필자의 환자의 사례가 한 가지 있다. 환자가 사경을 헤매고 있을 때, 환자의 보호자들은 장지를 마련하기 위해 병원을 잠시 떠나 있었다. 임종을 보기 위해 보호자들이 서둘러 병원에 오는 길에 자동차가 갑자기 멈추었다고 한다. 특별한 고장이 없어 다시 차를 몰고 왔는데, 환자는 이미 임종을 한 뒤였다. 그런데 자동차가 멈춘 시간과 임종 시간이 거의 같았다.

셋째 범주는 어떤 사람이 앞으로 일어날 어떤 일에 대한 꿈을 꾸거나 상상을 하면 그것이 실제로 일어나는 것이다. 가장 흔한 예는 태몽을 들 수 있다. 태어날 아기의 부부 또는 친척은 아기를 가질 즈음에 태몽을 꾸고, 이것이 그대로 맞아떨어지는 경우가 많다.

이처럼 분명히 뭔가 자신에게 이유가 있는 사건이지만, 논리로는 설명할 수 없는 사건들을 동시성이라고 한다. 융은 생물과 무생물뿐만 아니라 인간은 집단무의식으로 서로 연결되어 있기 때문에 동시성이 일어난다고 보았다. 다시 말해, 세상의 모든 것들이 서로 연결되어 있다고 하는 통일의 원리에 대한 경험, 즉 도(道)의 경험과도 일맥상통한다는 것이다.

또한 이렇게 동시적인 사건들은 때로 어떤 메시지를 던져주기도 한다. 이것은 어떤 가수의 경우를 예로 들 수 있다.

그녀는 이혼을 심각하게 생각하고 있었으며, 마음을 정리하기 위해 혼자 여행을 떠나게 되었다. 그녀는 여행지의 호텔에서 잠시 외출한 사이에 남편에게서 받은 결혼반지와 패물을 도둑맞게 된다. 그 사건으로 인해 그녀는 자신의 결심을 더욱 굳히게 된다.

그녀는 이 사건이 우연히 일어난 것이 아니라 운명적으로 자신의 이혼이 합당하다는 것을 암시한다고 생각했다. 결국 결혼반지의 분실은 그녀가 이혼을 결심하는 데 작용을 했고, 결혼생활을 더 이상 유지할 필요가 없다는 생각을 하게 했다.

동시성은 인간은 무의식적으로 연결되어 있으며, 사소한 사건조차도 우리에게 단서를 주고 있다는 것을 말해준다. 그래서 동시성을 들여다본다면 자신의 직관과 예지력에 도움을 주고, 알 수 없는 우리 인간 사이의 인연의 고리를 깨닫는 계기가 된다.

드라큘라가 갖는
시대적 상징성

《드라큘라》는 아일랜드 작가인 브램 스토커가 1897년에 출간한 소설이다.

우리는 흡혈귀라고 하면 드라큘라를 연상하지만, 드라큘라는 흡혈귀, 즉 뱀파이어의 한 종류일 뿐이다. 소설《드라큘라》는 루마니아의 트란실바니아 지방에 전해져 내려오는 흡혈귀(뱀파이어) 전설을 토대로 15세기경 터키군 포로를 말뚝에 박아 죽여 악명을 떨친 루마니아 왈라키아 왕국의 영주 블라드 체페슈 왕자의 잔학성을 가미해 1897년 출판되었다. 블라드 체페슈는 자신의 앞길을 가로막는 사람들을 잔혹하게 고문하고 죽이는 일을 자행해 악명을 떨쳤다. 그래서 그의 별명이 드라큘라였는데 이것은 악마와 용을 상징한다.

《드라큘라》가 1897년도에 탄생하게 된 것은 시대적인 배경이 깔려 있다. 당시는 영국의 빅토리아 시대로, 성에 대한 많은 억압이 존재하던 시기였다. 따라서 성적인 것을 암시하는 연극이나 소설의 출판은 금기시되었다. 이 시대의 억압된 성은 은유적인 방법을 통해 표현할 수 있었다. 그래서 드라큘라는 젊은 여성의 목덜미를 물어 피를 빼는 것이다.

드라큘라를 보면서 많은 사람이 성적인 암시를 주는 장면이 많다는 것을 느꼈을 것이다. 또한 드라큘라에 희생된 여성들이 무엇에 홀린 듯이 밤마다 드라큘라의 방문을 기다리는 것도 그런 의미로 볼 수 있다. 이런 흡혈귀를 통해 그 시대의 억압된 성적인 관념이 표현되었던 것이다.

또한 드라큘라는 다른 사람의 피를 빨아먹어야 생존할 수 있는 특이한 구조를 가지고 있다. 그리고 그들은 죽은 상태도 아니며 살아 있는 상태도 아니다. 그들은 영생을 누릴 수는 있지만, 인간과 달리 영혼이 없이 살아야 하는 운명이다.《드라큘라》가 나온 때는 과학의 발달이 본격적으로 시작되었던 시기였으며, 수혈이 처음으로 보급되었고, 시체에 대한 부검이 시작되던 시기이기도 하다. 즉 과학이 인간의 삶, 성, 생식의 문제에 대한 해답을 제시하기 시작한 것이다. 이것은 그 이전에는 전통과 종교의 영역이었다.

그렇다면 드라큘라는 왜 피를 먹어야만 생존할 수 있는 것일까?

그것은 피가 가진 상징성 때문이다. 고대로부터 피는 생명과 동격으로 생각되었다. 고대인들은 짐승이나 사람이 커다란 상처를 입고 피를 흘리다가 출혈이 심할 경우 사망하는 것을 보면서 피가 생명을 담고 있다는 생각을 할 수밖에 없었을 것이다. 피는 곧 생명력 자체로 생각된 것이다.

또한 피는 젊음을 상징한다. "피가 끓는 젊은이"라는 표현을 하는 이유가 여기에 있다. '피의 백작부인'으로 알려진 바토리 에르제베트 백작부인의 이야기는 널리 알려져 있다. 그녀는 실수로 자기 머리를 잡아당긴 하녀의 뺨을 때렸는데 하녀의 피가 몇 방울 그녀의 손에 떨어졌다. 하녀의 피가 떨어진 부위의 피부가 좀 더 팽팽해진 것을 확인한 백작부인은 계속해서 사람을 죽인 뒤 피로 목욕을 하게 되었다고 한다.

또한 흡혈귀의 등장은 쇠락해가는 종교를 강화하기 위한 방편으로 만들어진 면도 있다. 교회에서는 항상 이분법적인 선과 악의 대립을 통해 신앙심을 고취했다. 그래서 중세에 교회가 가장 융성했을 당시에 그들은 마녀사냥을 통해 악마의 실체를 보여주려고 노력하였던 것이다. 마찬가지로 흡혈귀의 등장은 보이는 악의 실체를 만들게 됨으로써 많은 사람을 종교적인 결속력으로 묶을 수 있게 된 것이다.

그러나 사실 흡혈귀는 우리의 마음속에 존재하는 하나의 괴물일 뿐이다. 우리는 받아들일 수 없는 자신의 악마적인 측면을 무시할 수는 없다, 그러나 그것은 자신이 받아들이기에는 너무나 부담스러운 존재다. 그래서 우리는 자신의 악을 보이는 실체를 통해 해소하려고 한다.

그래서 드라큘라가 1990년도에 영화로 다시 부활하게 되는데, 그 이유를 에이즈와의 연관성으로 보는 사람이 많았다. 당시의 세기말적인 상황에서 현대인들은 드라큘라라는 자신 안에 존재하는 악의 측면의 실체를 에이즈에 투사하고 있다는 시각이다.

처음 에이즈가 등장했을 때 사람들은 현대인들의 도덕성의 타락과 신을 저버린 죄 때문에 새로운 괴질이 등장했다고 여겼다. 에이즈가 피를 통해 전염되는데, 이것은 마치 드라큘라가 피를 통해 다른 사람을 감염시키는 것과 유사한 상황으로 본 것이다. 마치 드라큘라가 영혼이 없이 살아 있는 것도 죽은 것도 아닌 상태이듯이, 에이즈에 걸린 사람들은 사회에서의 격리와 추방으로 인해 사회 속에서의 삶은 죽은 것이나 마찬가지였다.

또한 드라큘라가 가진 성적인 의미처럼 에이즈는 성적인 접촉에 의해 감염된다. 그리고 드라큘라가 어둠속에서만 활동하듯이, 그들은 사회의 냉대를 피해 남들의 시선을 피할 수 있는 곳에 숨어 조용히 활동할 수밖에 없는 처지였다.

그래서 예전의 드라큘라 영화와 달리 1990년대 드라큘라 영화의 드라큘라는 매우 인간적이며, 소외되어 있는 존재로 그려졌다. 어쩌면 그것은 당시 에이즈 환자들이 겪었던 인간적인 고뇌와 소외감을 담기 위한 의도가 깔려 있는지도 모른다.

DICTIONARY
OF THE MIND

마녀사냥은 왜
수많은 사람을 희생시켰을까?

마녀사냥은 15세기 중엽 아르투아 백작 영지의 수도인 아라스에서 은둔생활을 하는 2명에게 마법사라는 죄목을 씌워 처형하면서 시작되었다.

마녀사냥은 사실 그 당시의 혼란스러운 시대상황으로 인해 일어났다. 14세기 후반부터 기근, 페스트, 백년전쟁이 이어졌고, 거듭되는 내란과 반란, 교황의 아비뇽 유폐에 따라 교회는 분열되어 있었다. 게다가 오스만 투르크의 군사적 위협에 처한 중세 유럽은 혼란의 시대에 놓여 있었다.

그 당시의 사람들은 이러한 불행이 인간과 교회의 타락 때문이라고 생각했다. 그래서 결국은 최후의 심판이 가까이 올 것이라는 사회적 분위기가 고조되던 때였다. 이러한 불안과 공포는 중세 유럽인들을 공황상태로 몰아넣었으며, 그들의 두려움과 죄책감을 짊어질 대상이 필요했다. 그것이 바로 마법사와 마녀들이었다.

15세기부터 시작된 마녀사냥은 16세기에 들어서면서 유럽 전체로 퍼져나갔다. 마녀나 마법사로 지목된 사람들은 어떤 특별한 이유가 있는 것이 아니었다. 평소 행실이 나쁘거나 무언가 의심쩍은 부분이 있는 사람, 특히 그것이 여자일 경우 어김없이 유죄가 선고되었다. 또한 그들 대부분이 가난하거나 혼자 사는 소외된 계층이었기 때문에 그들이 무죄로 증명되는 경우는 거의 없었다.

마녀사냥은 혹독한 고문으로도 유명한데, 가장 흔하게 사용한 것은 물고문이었다. 마법사나 마녀로 기소된 사람은 몸이 묶여 강이나 연못에 던져졌다. 만일 물위로 떠오르면 악마의 도움으로 살았다고 생각해 즉시 처형했으며, 물속에 빠져 죽는 자는 결백한 사람으로 간주했다.

이러한 광기는 18세기에 접어들면서 차츰 사라지게 되었다. 그러나 집단적인 공포와 두려움을 해소하기 위해 수많은 사람이 희생되고 말았다.

마녀사냥의 소용돌이 속에서 희생된 사람들 중에는 정신질환자가 다수 포함되어 있을 것이라고 추측할 수 있다. 조현병 같은 경우 망상에 사로잡혀 현실감이 없고, 대부분 대인관계를 피하고 은둔생활을 하기 때문이다. 이들은 정상인들의 눈에는 뭔가 이상하고 미심쩍은 인물로 지목되기에 가장 좋은 대상이었을 것이다.

마녀사냥이 종지부를 찍은 지 수세기가 지났지만, 지금도 정신질환자가 마귀에 씌었다는 관념이 존재한다. 그래서 마귀를 쫓는다는 명목으로 안수기도가 행해지기도 한다. 그런데 이 의식이 환자가 거의 실신할 정도까지 환자의 몸을 때리기도 하고, 마사지를 하기 때문에 현실감이 없는 환자들은 이것이 매우 공포스러울 수밖에 없다. 특히 남들이 나를 해치지 않을까 하는 피해망상을 가지고 있는 환자의 입장에서 본다면, 그들이 자신을 죽이려는 무리들로 보일 수밖에 없다. 결국 환자는 그러한 공포에서 벗어나기 위해 반항을 하거나 발버둥을 치게 된다. 그러면 안수기도를 하는 사람의 입장에서는 이것은 마귀가 환자에게서 빠져나가지 않기 위해 마지막 반항을 한다고 생각되어 기도문을 외우면서 환자를 힘으로 제압하거나 때리게 될 수밖에 없다. 악마를 제압해야 환자를 고칠 수 있다는 사명감 때문이다.

결국 환자는 여러 사람에게 붙들린 채 커다란 공포와 신체적인 폭력 때문에 탈진하거나 죽게 되는 것이다.

또한 나치의 유대인 학살은 현대판 마녀사냥이라 할 수 있다. 그들은 국가의 경제적 어려움을 해소하고 자신들의 정권을 공고히 하는 데 반유대주의라는 편견을 교묘히 이용하고 부추겨 수많은 무고한 사람들을 학살한 것이다.

마니아에게서 엿볼 수 있는 개성화

마니아(mania)라는 말은 원래 정신과적인 용어로 조증(躁症, manic episode) 환자를 의미한다. 마니아의 어원은 술과 광기의 신인 디오니소스를 따르던 여성들을 마이나데스(mainades)라고 부른 것에서 기인한다. 그들은 파티와 술을 즐기고, 흥분하면 짐승의 살을 날로 뜯어 먹고 피를 마시기도 했다.

조증은 우울증과는 달리 기분이 들뜨고, 말이 많아지며, 무엇이든 할 수 있을 것 같은 과도한 자신감을 갖고 있는 상태다. 그래서 일부 조증 환자들은 신용카드로 자신에게 필요 없는 물건을 수백만 원씩 구입하기도 하고, 다른 사람에게 과도한 선심을 쓰곤 한다. 어떤 사람들은 조증이 행복한 상태가 아니냐고 반문하기도 한다. 문제는 이런 과도한 자신감이 현실과 너무 동떨어져 있을 경우 조증으로 인해 커다란 빚을 지거나 파산선고를 받기도 한다는 데 있다.

마니아는 조증 환자를 의미하기도 하지만, 이제는 어떤 사물이나 취미, 취향에 광적인 집착을 보이는 사람을 가리키는 말로 많이 쓰이고 있다. 지금은 시대적 조류가 바뀌어 마니아를 창조성을 갖고 있는 사람들로 인정하는 면이 크지만, 마니아에 대한 일반인들의 시선이 곱지 않은 시절도 있었다.

마니아는 그 어원에서 알 수 있듯이 조증 환자처럼 현실과 동떨어져 자신의 생활에 몰두하고, 자기 멋에 취해 사는 자기도취적(Narcissistic)인 사람들로 인식되었다. 설사 돈이 많지 않아도 자신의 취미를 위해 큰돈을 투자하고, 오로지 취미생활에 몰두해 현실과 동떨어진 것처럼 보인 것이다.

사회는 구성원들에게 사회가 정한 평균적이고 일률적인 삶을 살도록 강요한다. 그리고 그런 삶에서 벗어나는 개인은 죄책감을 느끼게 하고, 격리하려고 한다. 이러한 사회의 가치관은 교육이나 조직생활을 통해 우리의 의식에 내재된다. 그러나 우리가 오로지 사회적 평가나 사회적인 기준에 자신을 맞추어 살면, 결국 필연적으로 자기 소외 또는 자기 부정에 빠지게 된다. 그 사람은 단지 외부적인 역할이나 집단적인 이상을 위해서 사는 사람이 되며, 자신의 내적추구나 개성을 소홀히 하기 때문이다.

우리는 각자 고유한 자신의 본성을 갖고 있다. 우리의 마음속에는 언제나 '내가 하고 싶은 것은 이러이러한 것이 있는데'라고 하는 외침이 있다. 그것은 그 사람만의 진정한 의미의 개성이다. 이 개성은 그 사람의 있는 그대로의 전부이며, 그 사람의 본성이다. 따라서 개성화란 자기 자신이 되도록 하는 것을 말한다. 남과 다른 자신의 본성을 받아들이고 실천에 옮기는 행위가 바로 개성화다. 그러나 대부분의 사람은 사회의 평가와 인식이 두려워 주저하고 결국 포기하고 만다.

그런 면에서 마니아들은 마음속에서 외치는 내면의 소리를 어느 부분 받아들인 사람들이라고 볼 수 있다. 그들은 집단이 요구하는 삶과 자신의 삶의 목표를 어느 정도 구별하고 있는 것이다. 그들은 자신이 어린 시절부터 교육받고 강요받았던 사회의 가치관에서 벗어나 자신의 내면을 들여다보고 자신은 단지 자신일 뿐이라는 사실을 체득하고 있다고도 볼 수 있다.

그런 면에서 마니아는 세속적인 부와 이권을 추구하기보다 어떤 면에서는 손해를 볼 수도 있는 일, 그러나 자신이 진정 원하는 일에 몰두하는 사람들이라 할 수 있다.

마음속의 어린아이는
왜 존재할까?

인간의 마음속에는 어린아이와 우리가 성숙하다고 말하는 어른스러운 성향이 함께 존재한다. 그래서 때로는 어린아이의 성향이 튀어나오기도 하고, 또 때로는 어른스러운 성향이 나타나기도 하는 것이다. 우리가 어른이 되고 나이를 먹어가더라도 이러한 마음속의 어린아이는 나이를 먹지 않은 채 불쑥불쑥 튀어나오는 경우가 많다. 그럴 때 사람들은 자신이 미숙하거나 어딘가 모자란다고 생각하기 쉽다. 하지만 우리 마음속의 어린아이는 분명 긍정적인 기능을 가지고 있다.

마음속의 어린아이는 매우 이기적이기 때문에 자신을 먼저 챙기게 함으로써 생존을 가능하게 한다. 그리고 마음속의 어른이 항상 인생을 심각하게 생각하고 걱정할 때 불쑥 튀어나와 미래에 대해 걱정하지 말고 그냥 오늘 하루를 즐기라고 말해준다. 또한 남들에게 관심을 쏟느라 자신에게 관심이 없는 사람에게는 자신을 먼저 생각하고 챙기라고 충고해준다. 그리고 사소한 일에도 아주 즐거워하기 때문에 삶에 활력을 찾아준다. 또한 엉뚱한 행동을 하게 만들어 삶에 즐거운 변화를 주기도 한다. 이런 것들이 마음속 어린아이의 역할이다.

그래서 자신이 실수를 하거나 유치하게 행동할 때 자신의 마음속 어린아이에게 화를 내지 않는 것이 좋다. 아무리 화를 내고 미숙하다고 야단을 쳐도 마음속의 어린아이는 혼자 웃으면서 못 들은 척할 것이기 때문이다.

〈레인맨〉이란 영화를 보면 동생 찰리는 영악하고 출세지향적이며 세속적인 어른의 모습이다. 그는 어린시절부터 우리가 사회에서 배워왔던 어른이라면 어떻게 살아야 하는지를 배운 것이다. 그는 어떻게 해서든 자폐증을 앓고 있는 형 레이몬드의 돈을 가로채려고 하고, 결국 요양원에 있는 형을 꾀어 그를 데리고 나온다.

어른이 된다고 하는 것은 사실 우리가 사회적으로 배운 것들이다. 체면을 중요시하고, 뭔가 사회에 기여해야 하고, 돈과 명예를 얻어야 한다는 사회에서 살아가기 위한 처세다. 우리는 태어났을 때 어른의 측면은 가지고 있지 않았다. 그런데 나이를 먹으면서 사회를 통해 배우며 사회가 요구하는 인간이 되어간다.

그런데 중요한 점은 물질이나 명예, 돈은 우리에게 궁극적인 행복감을 가져다주지 않는다는 것이다. 우리를 행복하게 하는 것은 여전히 자라지 않고 마음속에 존재하는 어린아이의 측면이다. 어린이는 미래를 걱정하지 않고 현재를 즐기며, 물질이나 명예에 관심이 없다. 당장 즐거운 것을 찾고, 당장 만족해야 하며, 마음속의 흐름대로 자기가 하고 싶은 것을 한다. 그런데 이러한 어린아이의 측면은 우리가 성인이 되어서도 우리 마음속에 존재한다.

그런 측면에서 〈레인맨〉의 레이몬드와 찰리는 한 사람 안에 존재하는 어린아이와 같은 면과 어른스런 면을 대변하고 있다.

더 많은 돈을 벌기 위해 멋진 스포츠카를 수입하다 도산한 찰리는 자신 안에 존재하는 어린아이와 같은 측면을 억누르고 지내면서 살았던 사람이다. 그는 사회에서 성공하고 돈을 버는 것만이 인생의 목표가 되어버렸다. 반면 자폐증을 앓고 있는 레이몬드는 완전히 다르다. 레이몬드는 자신이 좋아하는 라디오 프로그램을 정시에 들어야 하고, 자기가 하고 싶은 것만 하며, 남의 시선에 전혀 관심이 없다. 단지 자기가 원하는 것을 하기 위해 현재를 미래에 저당잡히지 않은 채 하루하루 살아갈 뿐이다.

이렇게 양극단에 놓인 두 사람이 만나게 된다. 동생은 형의 돈을 가로채기 위해 그를 억지로 데리고 나왔지만, 자폐증을 앓고 있는 형을 보면서 자기 안에 존재하는 어린아이를 보게 된다. 자신의 마음속의 어린아이와 직면하게 되는 것은 큰 절망에 부딪히거나 또는 질병을 앓아서 자기가 추구하던 것들이 아무것도 아니라는 사실을 알게 될 때다. 찰리는 돈을 모두 잃어버리고 오로지 형의 돈을 빼앗으려는 생각에 혈안이 되지만, 자폐증을 앓고 있는 형을 돌보면서 형이 가진 어린아이와 같은 면을 보게 된다. 그리고 자신이 그렇게 억압하고 아무런 쓸모도 없다고 생각했던 하루하루를 즐기고, 미래를 걱정하지 않고 다른 사람들의 시선을 의식하지 않는 법을 배우게 된다. 사랑, 보살핌, 따뜻함 등 형을 돌보면서 자신이 억눌렀던 어린아이 같은 모습이 드러나면서 찰리는 형의 돈을 뺏는 것을 포기하고 진정으로 형제애를 느끼게 된다. 우리 안의 어린아이는 사회적인 지위나 명예, 능력을 무시하고 사랑과 동료애를 느끼게 하기 때문이다.

현대인들은 물질적인 풍요 속에서 정신적인 빈곤을 겪고 있다. 그래서 자신 내면의 어린아이에게 관심을 가지고 살펴볼 필요가 있다. 우리 안의 어린아이가 가진 순수성이 우리에게 궁극적인 행복감을 가져다줄 수 있기 때문이다.

만성피로증후군은
병인가?

현대인들은 누구나 조금씩의 피로를 갖고 있다. 그래서 피로가 질병이 아니라고 생각하는 사람이 많다. 하지만 항상 피로한 상태에 있고, 이로 인해 일이나 가정생활에 크게 지장을 받을 경우 이를 질병으로 분류해 '만성피로증후군'이라고 부른다.

그러나 이 질환은 '질병'으로 보기에는 애매한 부분이 많은 것이 사실이다. 그래서 병이라고 하지 않고 증후군이라고 부른다. 현재 10만 명당 180명 정도가 만성피로증후군을 앓고 있는 것으로 추정된다.

현재까지 만성피로증후군의 원인은 정확히 밝혀지지 않고 있다. 그러나 다이옥신 등 맹독성 물질이 몸에 들어와 두뇌-척수에 염증을 일으키는 면역질환이라는 설이 있고, 현대인들이 섭취하는 각종 음식에 들어 있는 합성화학물질과 대기오염 등을 통한 공해물질, 정신적 스트레스 등에 의한 것이라는 분석이 있다.

하지만 대부분의 환자가 자신이 이 병에 걸렸는지 인식하지 못하고, 의사들도 병명을 알지 못해 원인불명 질환으로 보고는 한다.

미국 질병통제예방센터에서는 만성피로증후군에 대한 진단기준을 만들었는데 다음과 같다.

1. 만성피로 증상이 6개월 이상 지속, 반복된다.
2. 병원에서 진찰, 검사를 해봐도 특별한 원인이 밝혀지지 않는다.
3. 충분히 휴식하고 일을 줄여도 피로 증상이 해소되지 않는다.
4. 피로 때문에 이전보다 업무, 학습 능력이 현저히 떨어진다.

이러한 4가지가 모두 해당되면 일단 만성피로증후군을 의심해봐야 한다. 만약 이러한 증상이 있다면, 다음의 8가지를 다시 체크해봐야 한다.

① 기억력 감소 ② 집중력 감소 ③ 인두통 ④ 목부분 임파선이 붓고 통증이 있음 ⑤ 겨드랑이 부분의 임파선이 붓고 통증이 있음 ⑥ 평소와는 다른 새로운 두통 ⑦ 잠을 자고 일어나도 상쾌하지 않음 ⑧ 평소와 다르게 운동 후 24시간 이상 지속되는 심한 피로감

위의 8가지 중에서 4가지 이상의 증상이 6개월 이상 지속되거나 반복해서 나타나면 만성피로증후군으로 진단한다.

요약하면 다음과 같다. 충분한 휴식을 취했는데도 피곤한 증상이 계속되거나 건망증이 있고 초조하고 우울하다. 또한 시력이 나빠지고 잠을 설치며 두통이나 근육통, 관절통을 동반하는 경우가 많고, 집중력이 떨어져 일에 능률이 오르지 않는다.

한번은 병원에 만성피로증후군을 앓고 있는 피부과 의사가 내원한 적이 있었다. 그는 20년 동안 쉬지 않고 일한 결과 휠체어에 탈 정도로 온몸에 힘이 없고, 온몸의 근육은 다 말라버렸으며, 아무것도 하고 싶지 않은 생각만 들게 되었다. 그래서 결국 피부과 의사의 길도 접어야 했다. 왜냐하면 몸이 물에 젖은 솜처럼 꼼짝할 수 없고, 입맛이 없고, 몸은 점점 말라가고, 피로감이 심해 도저히 진료를 할 수 없었기 때문이다.

그는 일요일에도 진료를 하고, 휴가도 가지 않고 야간 진료까지 하면서 몸을 혹사하고 자신의 에너지를 모두 쏟아부어 자신을 지치게 만들었다. 그 결과는 만성피로증후군으로 나타나 걸음도 노인처럼 걸으며, 피골이 상접한 상태가 되고 말았다.

따라서 만성피로증후군은 일은 하되 무리 하지 말아야 하며, 되도록 많은 휴식을 취해야 하고, 항우울제 등과 같은 약물 치료를 해야 한다.

삶에서 써야 할 에너지를 한꺼번에 모두 써버리면 몸과 마음에 탈이 나게 마련이다. 이때 명상과 요가 같은 것이 큰 도움이 될 수 있다. 그리고 몸과 마음을 쉬고 삶을 즐길 수 있어야 한다. 그것만이 만성피로증후군의 예방법이자 치료법이다.

매 맞는 아내 증후군과 폭력의 위험성

매 맞는 아내 증후군이라는 이론이 있다. 심리학자인 레노어 워커가 주장한 개념으로 물리적, 심리적인 폭력으로 오랫동안 고통을 당한 여성들 사이에 나타나는 심리적인 후유증을 통틀어 말한다. 이들이 겪는 심리적인 상태는 아무것도 할 수 없다는 무기력감이다. 이들은 폭력을 벗어나려는 생각보다는 폭력 안에서 생존하는 방법만을 생각한다. 또한 결혼생활의 중심은 남편이라는 전통적인 결혼관을 갖고 있다. 그리고 오랜 폭력으로 인한 낮은 자존감과 우울감을 갖고 있다.

매 맞는 아내 증후군은 주로 법정에서 가정 내에서 계속되는 폭력을 견디지 못하고 남편을 살해한 여성들을 변론할 때 거론되었다. 변호사들은 매 맞는 아내 증후군을 앓고 있는 여성이 지속적인 폭력과 목숨을 잃을 정도의 심한 신체의 손상을 받고 있는 상태에서 저지른 살인이라고 주장했다. 그러나 법정에서는 매 맞는 아내 증후군이라는 정신적 혼란상태의 질병의 상태를 인정하지 않고, 단지 정당방위라는 차원에서 무죄를 선고하는 경우가 많다.

레노어 워커는 매 맞는 아내 증후군에서 보이는 폭력의 악순환을 3단계로 나누었다.

1단계는 긴장감이 고조되는 시기로, 남편이 아내에 대한 분노감이 증가하는 시기다.

2단계는 남편이 갑자기 아내에게 폭력을 휘두르는 단계로 진입한다.

3단계는 남편이 아내에게 무참히 폭력을 휘두르고는 자신의 잘못을 반성하고 다시는 이런 일이 없을 거라고 맹세한다.

이때 매 맞는 아내 증후군이라고 할 수 있는 경우는 이런 악순환이 두 차례 정도 반복되는 때다. 그런데 문제는 시간이 지날수록 폭력의 강도와 횟수가 증가되며, 나중에는 세 번째 단계가 아예 없어지게 된다. 따라서 이런 관계가 길어질수록 여성들은 위험한 상태에 놓이게 된다.

가정 내 폭력은 대부분 오랜 시간 동안 지속되거나, 아내가 집에서 도망치거나, 이혼으로 결혼생활의 파탄을 맞이하는 결과에 이른다. 그러나 아내가 폭력으로 인해 죽는 경우도 많다. 다시 말해, 남편이 폭력을 휘두르기 시작하면 나아지는 경우는 드물다는 것이다.

매 맞는 아내 증후군을 앓고 있는 여성의 경우, 남편이 분노조절장애가 있는 경우가 많다. 예전에 어떤 중년 여성이 내원을 했다. 그녀의 남편은 잘해주다가도 언어적인 폭력은 물론이고 인격을 무시하는 말을 자주 했으며, 자신이 원하는 것을 해주지 않을 때는 남들에게 보이지 않도록 얼굴은 때리지 않고 몸이나 팔을 때린다고 했다. 그러고는 다음 날이면 미안하다고 사정하고, 자신이 실수했다고 용서를 구하고, 고가의 백이나 액세서리를 선물하는 일이 반복된다는 것이다.

이 여성은 이것이 남들도 겪는 일이라고 생각했지만, 주변 여성들과 얘기를 나눠보고 자신만이 맞고 살고 있다는 사실을 알게 되었다. 그래서 상담을 하러 내원한 것이다. 그 남편의 경우 분노조절 장애가 얼마나 대단했던지 아내를 때리는 일이 반복되자 아내가 가출을 했는데 남편이 분신자살을 했다. 배우자에 대한 분노감을 이기지 못해 자해를 한 예다.

가장 중요한 것은 결혼생활 초기에 배우자가 언어적인 폭력뿐 아니라 물리적인 폭력을 행사할 경우 단호하게 싫다는 표현을 해야 한다는 점이다. 여기서 그냥 싸움 중에 일어나는 그럴 수 있는 일이고 용서를 구하니 받아주자는 행동이 반복되면, 남편의 폭력은 일상화되는 경우가 많다.

또한 분노조절 장애가 심한 배우자의 경우 목숨을 위협할 정도로 심한 폭력을 행사하는 경우가 많다. 이럴 때는 무조건 법적인 도움을 받아야 하며, 매 맞는 아내들이나 남편에게 괴롭힘을 당하는 아내들을 돌봐주는 쉼터로 빨리 가서 도움을 청하고 그곳에서 법적인 분쟁을 준비해야 한다. 그리고 평소에 맞았던 것에 대한 진단서를 모은다거나, 맞은 상처에 대한 사진 같은 증거를 남겨 법정에서 유리하게 작용할 만한 증거를 준비해야 한다.

우리는 살인이 모르는 사람에게 당하는 일이라고 생각하지만, 실제로는 가정 내 폭력으로 인한 살인율이 매우 높다는 점을 명심해야 한다.

명상이 긴장 이완에 미치는
탁월한 효과

명상은 종류도 많고 방법도 많지만 그 장점은 유사하다. 미국의 명
문 병원으로 꼽히는 메이오클리닉(Mayo Clinic)에서는 명상이 얼마
나 이점이 많은지에 대한 자료를 내놓았다.

'명상은 간단하고 빠르게 스트레스를 줄여줍니다. 스트레스는
뇌경색, 심근경색, 혈압을 높이고, 동맥경화를 일으킬 뿐만 아니라
장기적인 스트레스는 암까지 유발합니다. 명상은 하루에 쌓인 스
트레스를 빨리 줄여주며, 마음의 평화를 찾아줍니다. 만약 스트레
스가 신경을 매우 예민하게 하고 걱정을 끊임없이 유발한다면 명
상을 해보세요. 몇 분을 투자하더라도 마음의 평화와 진정효과가
뛰어나기 때문입니다.

또한 명상은 돈이 들지 않으면서 매우 간단하며 어디에서든 할
수 있습니다. 예를 들어 걷는 동안, 버스를 타고 가는 도중에, 병원
에서 자기 차례를 기다리고 있을 때, 심지어 비즈니스 미팅 장소에
서도 할 수 있습니다.

명상의 역사는 수천 년이 넘습니다. 명상은 원래 신성하고 신비

로운 삶의 힘을 이해하기 위해 개발된 것입니다. 고대의 종교적인 의식 비슷한 것이었습니다. 정신에 대한 긴장이완은 곧바로 몸에 영향을 주게 될 수밖에 없습니다. 명상은 깊은 상태의 이완상태와 마음을 진정시키는 효과가 큰 방법입니다.'

명상은 우리에게 진정감, 마음의 평화 등 감정에도 도움을 줄 뿐만 아니라 신체적인 건강에도 도움을 준다. 명상은 명상을 할 때만 효과가 있는 것이 아니라 지속적으로 우리 몸에 좋은 영향을 주기 때문에 명상 방석에서 일어나 명상을 끝내더라도 효과를 지속시키는 효과가 있다. 또한 일부 질환에 대해 증상을 개선하는 데 도움을 준다. 다음의 질환들은 스트레스에 아주 민감한 질환으로 명상이 도움이 된다. 천식, 불안장애, 암, 만성 통증, 우울증, 심장질환, 고혈압, 과민성 대장증후군, 수면장애, 심한 두통 등이다.

또한 UCLA 대학은 오랫동안 명상을 한 사람은 뇌가 아주 잘 보존이 되어 있지만, 명상을 하지 않은 사람은 뇌가 나이에 따라 줄어들었다는 연구결과를 발표했다. 또 명상은 항우울제와 같은 효과를 가져와 우울증과 불안증을 줄여준다는 연구결과가 있고, 며칠간의 명상만으로도 집중력이 높아진다는 연구결과도 있다.

명상은 긴장을 이완하는 모든 방법을 통틀어 말하는 것이다. 따라서 명상을 하는 방법은 매우 다양하다.

명상의 방법 중 가장 쉬운 방법으로는 편하게 앉아서(꼭 가부좌를 틀 필요가 없다. 처음부터 가부좌를 틀게 되면 다리가 저리고 아픈 경우가 많아 오래 할 수가 없다) 눈은 반쯤 뜨고(눈을 감고 명상을 할 경우 혼침, 즉 졸음이 심하게 올 수 있다) 등은 곧추세우고 집중을 할 수 있는 곳(숨을 쉴 때마다 배의 움직임에 집중하거나, 들숨과 날숨이 코끝에서 느껴지는 미세한 감각에 집중하는 것이다)에서 하는 방법이 있다. 그리고 명상을 할 때 항상 잡념이 생긴다는 것을 잊지 말아야 한다. 잡념이 생기는 것은 문제가 있는 것이 아니라 오히려 정상적인 일이다.

'내일 공과금을 내는 날인데 잊지 말자, 오늘 직장상사에게 지적을 받았는데 자존심이 상한다. 아참 어머니가 요즘 기운이 없으신데 혹시 치매까지 오면 어떡하나' 등등 수많은 생각이 밀려올 것이다. 그래서 여기서 포기하는 사람이 매우 많다. 그러나 명상은 잡념과 함께 하는 것이다. 잡생각을 하다가 스스로 다른 생각을 하고 있었다는 것을 상기하고 다시 배가 들고 나는 것에 집중하거나, 들숨과 날숨이 코에 닿는 느낌으로 다시 돌아가는 과정이 중요하다. 이렇게 오래 하다보면 잡념이 조금씩 줄어든다.

이런 명상법은 버스를 타고 가면서 손잡이를 잡고 들숨과 날숨에 집중해도 되고, 누군가를 기다리는 시간에 카페에 앉아서 해도 상관이 없다. 이러한 간단한 명상이 마음의 평화를 가져오고, 긴장을 풀어주며, 스트레스를 줄여주는 효과를 가져다줄 것이다.

몰입이 정신 건강에
가져다주는 효과

바쁜 현대사회를 살아가고 있는 우리는 어떤 일에 시간 가는 줄 모르고 집중하는 것이 쉬운 일이 아니다. 직장에서의 과도한 업무, 인간관계에서 오는 스트레스, 일상생활에서 자질구레하게 처리해야 하는 일들, 사회생활을 위해 참가해야 하는 각종 모임 등으로 인해 시간적 여유는 물론 정신적인 여유도 없기 때문이다.

따라서 현대인들의 마음은 항상 혼돈, 혼란, 무질서 속에 놓여 있고 각종 스트레스에 노출되어 있다. 이런 혼란 상태를 극복하기 위해 우리는 몰입할 수 있는 무언가를 찾게 된다. 우리가 흔히 몰입할 수 있는 일이란 독서, 운동, 화초 가꾸기, 취미활동 등이다.

심리학자 미하이 칙센트미하이는 《몰입의 즐거움》에서 몰입의 경험을 "의식이 경험으로 가득 차며, 이 순간에는 느끼는 것, 바라는 것, 생각하는 것이 하나로 어우러진다"라고 표현했다. 또한 그는 몰입은 삶이 고조되는 순간에 행동이 물 흐르듯 자연스럽게 이루어지는 느낌을 표현하는 말이라고 했다.

그래서 삶이 건조하고 무의미하게 흘러가는 것은 어떤 몰입할 수 있는 일을 찾지 못했기 때문이다. 또한 과거의 좋았던 기억에 사로잡혀 현재를 살 수 없기 때문이기도 하다.

미하이 칙센트미하이는 몰입하기 위해서는 자신의 삶을 능동적으로 받아들여야 한다는 것을 강조했다. 그러면서 몰입의 경험은 환경적이거나 유전적인 요소가 아니며 삶에 대한 자신의 태도가 어떤지에 따라 달라지는 후천적인 요소라고 말했다.

사실 현대인들은 매우 바쁘게 살면서 행복감을 느끼기가 어렵다. 그래서 우리가 진정으로 하고 싶고, 즐길 수 일들을 찾게 된다면 그것에 몰입할 수 있으며, 우리의 삶은 매우 활기차고 역동적으로 바뀔 수 있을 것이다. 자신이 좋아하는 일을 찾고 거기에 몰입하는 시간과 경험은 정신건강에 도움이 되고 또 삶을 풍요롭게 하는 한 방법이 된다.

무의식적 저항이
일어나는 이유

정신과 면담을 하다보면, 환자가 진료시간에 늦게 오는 경우도 있고, 면담시간 내내 불필요한 말만을 하는 사람도 있고, 어떤 사람은 아예 치료를 포기하는 경우도 있다. 이런 경우 환자가 무의식적인 저항을 보이지 않는지 살펴보게 된다.

환자가 자신의 비밀스런 부분을 드러내는 것을 꺼리거나 증상이 모두 없어지는 것이 두려워 치료가 진전되는 것을 두려워하는 것을 저항(Resistance)이라고 한다. 이러한 무의식적 저항이 있을 경우, 환자는 자기도 모르게 자신의 치료를 방해하게 된다. 그래서 위와 같은 행동이 나타나는 것이다.

또한 어떤 치료자가 질환을 모두 없애주겠다고 확신에 차서 말할 경우, 환자가 다시는 그 병원에 찾아가지 않는 경우가 있다. 그이유는 환자는 사실 자신의 증상이 현재 불편하기는 하지만 자신의 증상에 매달려 그럭저럭 살아왔기 때문에 그 이후의 공백을 메울수 없어 오히려 병적인 상태에 있는 것이 변화된 뒤에 겪게 될 많은 책임을 지는 상황보다 낫다고 생각하기 때문이다.

이런 극단적인 예를 군대에서 볼 수 있다. 사병들 중에서 갑자기 걷지 못하거나, 앞을 보지 못하는 환자가 종종 있다. 이들은 군인으로서 해야 할 과중한 업무가 두려워 무의식적으로 자신의 증상을 만들어낸 것이다. 이들은 증세가 좋아질 경우 다시 복귀해야 하는 두려움 때문에 증세가 좋아지는 것을 원하지 않는다. 현재의 증상이 걷지 못하고, 앞을 보지 못해서 불편하긴 하지만, 부대로 돌아가서 맡아야 할 책임보다는 나은 것이다.

사람들은 대부분 자신의 마음이나 행동을 변화시켰을 때 더 나은 삶이 열린다는 것을 알고 있다. 그러나 좀처럼 변하지 못하는 것은 변화의 대가를 치르기 싫기 때문이다.

알코올 중독 환자의 경우 술을 끊게 되면 이제부터는 가족의 생계를 책임져야 하고, 사회에서 요구하는 경쟁에 뛰어들어야 한다. 또 우울증 환자의 경우 증세가 좋아지면 이제 가족들의 관심으로부터 멀어지게 되고, 스스로 자신의 일을 해야만 한다. 그래서 무의식적으로 치료를 거부하는 사람들이 있다.

또 어떤 사람은 항상 승진의 문턱에서 실수를 저질러 승진이 좌절된다. 이 사람은 승진 뒤에 감당해야 할 책임을 두려워하기 때문에 무의식적인 실수를 저지르는 것이다.

미녀와 야수에 나타난
무의식의 존재

이 동화는 아내를 잃고 파산하게 된 상인이 살길을 찾기 위해 지방으로 떠나는 것으로 시작된다. 이 상인에게는 6명의 자녀가 있었는데, 이때 다른 자매들은 아버지에게 값비싼 선물을 사오라고 하지만, 벨(미녀)은 단지 장미 한 송이를 선물로 달라고 한다.

상인은 몰락한 집안을 살리기 위해 여행을 떠났지만, 결국 실패한다. 그는 집으로 돌아가는 도중에 길을 잃고 야수의 정원으로 들어가게 된다. 이때 그는 장미를 보고 그것을 따다가 야수에게 들킨다. 야수는 상인의 목숨을 살려주는 대가로 3일 안에 딸 한 명을 자신에게 바치라고 한다. 대신 야수는 은으로 된 상자를 준다.

집으로 돌아온 상인의 말을 들은 아들들은 야수와의 약속을 지키지 말자고 하면서 야수를 죽이겠다고 한다. 벨의 자매들은 자신이 야수에게 바쳐질까봐 매우 두려워한다. 장미 때문에 아버지가 곤경에 처했다고 생각한 벨은 자원해서 자신이 야수에게 간다. 야수는 벨과 함께 살게 되면서 한 가지 약속을 해달라고 한다. "언제든지 진실만을 이야기해 달라"는 것이었다.

야수는 벨에게 반해 자신의 아내가 되어 달라고 간청한다. 그때마다 벨은 "당신이 나에게 친절하게 대해주지만, 당신의 아내가 되어 줄 수는 없어요, 왜냐하면 사랑하지 않기 때문이죠"라고 대답한다.

벨이 항상 기다리는 것은 밤이다. 그녀는 꿈속에서 새로운 세계를 접하기 때문이다. 그녀의 꿈에는 항상 잘생긴 왕자가 나타났으며, 노파의 목소리가 들려왔다. "당신의 행복을 찾기 위해서는 내면에 감추어진 아름다움을 들여다보세요"라는 내용이었다.

그러던 어느 날 벨은 마술거울을 통해 아버지가 몸져누워 있다는 사실을 알게 된다. 야수는 벨이 집에 가는 것을 허락하지만, 3주 안에 돌아와야 한다고 말한다. 이때 다시 한 번 그녀의 꿈속에 노파가 나타난다. "당신은 눈뜬장님과 같아요. 나는 당신이 행복이란 눈에 보이는 표면에 있는 것은 아니라는 사실을 알기를 바랐어요"라는 말을 한다.

벨은 집으로 돌아가 아버지를 돌보고 언니들과 함께 행복한 시간을 보낸다. 그녀는 야수가 걱정이 되었지만, 언니들은 계속 집에 더 오래 머물라고 종용한다. 그러던 어느 날 벨은 꿈을 꾸게 되는데, 야수가 정원에 죽은 듯이 누워 있는 모습이었다. 벨은 황급히 야수의 곁으로 달려갔고, 도착했을 때 야수는 꿈에서 본 대로 땅에 죽은 듯이 누워 있었다.

이때 벨은 자신이 야수를 사랑하고 있다는 사실을 깨닫고는 "정말로 사랑한다"는 말을 되뇐다. 이때 야수의 몸이 변하면서 자신이 꿈속에서 보았던 잘생긴 왕자로 변한다. 벨은 비로소 자신의 꿈의 내용을 이해하게 된다. 왕자와 야수는 하나였으며, 자신의 사랑이 야수를 구한 것이다.

이 동화는 상인 집안의 몰락으로부터 시작된다. 이는 상징적으로 기성의 마음 체계의 죽음을 의미한다. 그러나 죽음은 항상 재생을 의미한다. 파괴는 항상 새로운 창조를 불러오기 때문이다. 이때 상인이 여행의 목적에 실패했다는 것은 바로 기존의 방식은 이제 통하지 않는다는 것을 의미한다.

마침내 상인은 집으로 오게 되는데, 두 가지 상반되는 사실을 지닌 채로 온다. 은으로 된 상자를 통해 집안을 일으킬 수 있다는 것과 자신의 딸을 야수에게 바쳐야 한다는 사실이다. 처음에 상인은 벨을 야수에게 가지 못하게 했지만, 벨은 기어코 야수에게 가겠다고 한다.

이때 남동생들은 야수를 죽이려 하고, 벨의 언니들은 새로 생긴 재산으로 예전처럼 잘살던 때로 돌아가기만을 바란다. 남동생들과 언니들의 대응방식은 우리가 흔히 접하는 위기에 대한 마음의 대응방식이다. 언니들처럼 변화를 원하지 않고 예전의 생활방식을 고수하려는 마음과 남동생들처럼 큰 위험이 닥칠 것을 알면서도 무리하게 없애려고 하는 것이다.

그러나 이런 위기 상황에서 벨은 야수와 함께 지내기로 마음먹는다. 즉 위기와 공존하겠다는 태도라 할 수 있다. 벨은 위기와 공존하면서 도리어 행복한 생활을 누리게 되는데, 이때 그녀의 발전을 가로막는 장애물이 나타난다. 바로 집안식구들이다.

아버지의 병으로 집으로 돌아온 벨은 언니들이 더 지내다 가라는 말에 현혹되어 계속 머무르게 된다. 여기서 가족은 벨의 발전을 가로막는 예전의 태도를 의미한다. 이러한 예전의 방식은 항상 사람들의 발전을 저해하고 앞으로 나아가지 못하게 한다. 그런데 벨에게 앞길을 가라고 자꾸 재촉하는 것은 꿈속의 이미지다. 꿈은 바로 자기 자신 안에 존재하는 마음의 소리이며, 무의식을 상징한다.

이 무의식은 의식이 깨닫지 못하는 면을 보여준다. 무의식은 야수와 왕자가 동일인이라는 사실을 알고 있으며, 야수가 위험한 상태에 놓여 있음을 알려주면서 그녀가 집을 떠나도록 종용한다. 그녀는 마지막에 야수를 사랑한다는 사실을 깨닫게 되고, 이것을 말로 표현하게 됨으로써 왕자를 야수로부터 구해낸다.

벨이 야수를 구하게 된 첫 번째 배경은 그녀가 기존의 생활습관을 고수하지 않고 뚫고 나온다는 것에 있다. 다시 말해, 기존의 대응방식을 버리고 새로운 세계에 대한 문을 열고서 야수와 대면한다. 또한 그녀는 가족들이 거는 기대에 따르지 않고, 자신의 꿈이 지시하는 대로 움직이면서 야수를 구하게 된다.

여기서 야수는 인간 안에 자리 잡고 있는 마음의 그림자를 상징한다. 인간이 자신의 의식만을 쫓다보면, 그만큼 무의식에는 의식의 그림자가 짙게 드리워진다. 예를 들어 우리는 선하게 살 것을 강하게 주장하는 사람이 도덕적인 추문을 일으키는 경우를 많이 보게 된다. 또한 말과 행동이 너무나 다른 위선적인 행동을 하는 사람도 어렵지 않게 볼 수 있다.

그림자의 가장 대표적인 예로는 지킬 박사와 하이드를 들 수 있다. 의식의 어떤 부분을 강하게 주장하면 할수록 그 뒤의 그림자가 짙게 드리우다가 갑자기 의식을 뚫고 튀어나오게 되는데, 자신도 그것을 억제하지 못하는 것이다.

이러한 무의식의 그림자를 은연중에 알 수 있는 경우가 많다. 예를 들어 자신과 이해관계가 별로 없는데도 불구하고 그 사람의 일거수일투족이 미운 사람이 있다. 이것은 개인에만 국한되는 것이 아니라 국가나 민족에게 집단적인 그림자를 드리우기도 한다. 지역감정이나 국가 간의 반목도 집단적인 그림자라 할 수 있다. 자신이 억압하고 억누르고 있으며, 자신이 버리고 싶은 마음의 그림자를 남을 통해서 보게 될 때 화가 나고 불쾌해지는 것이다.

카를 융은 이런 무의식의 그림자를 의식화할수록, 또 자신의 추하고, 더럽고, 지저분한 무의식의 부분을 인정하고 받아들일수록 의식은 더욱 풍성해진다고 말했다. 더 이상 자신도 모르게 투쟁할 부분은 없어지고, 의식의 영역은 더욱 넓어지는 것이다.

그림자를 의식에서 동화하는 모습은 〈미녀와 야수〉에도 등장한다. 벨은 처음에는 야수와 왕자가 동일한 사람이라는 사실을 알지 못한다. 벨은 야수의 겉모습에서 드러나는 야만적이고 무서운 모습만을 보고 그를 사랑하지 않는다. 이는 우리가 흔히 무의식의 그림자를 배척하고, 남을 비난하는 것과 마찬가지다. 그녀는 꿈속에 나타나는 잘생긴 왕자만을 그리워하며 지낸다.

그러나 무의식인 꿈은 그녀에게 왕자와 야수가 동일인이라는 사실을 알려준다. 벨은 처음에는 꿈의 메시지를 무시하지만, 그녀의 의식은 이런 사실을 받아들이게 된다. 그녀가 야수를 더 이상 두려워하지 않고, 진정으로 사랑하는 감정을 깨닫는 순간 야수는 왕자로 변하게 된다. 이는 자신의 그림자를 배척하고 멀리하고 미워하지 않고 자신의 일부로 받아들일 때 변환되어 의식을 살찌울 수 있다는 의미이기도 하다.

미확인 비행물체에 대한
소문이 끊이지 않는 이유

미확인 비행물체(UFO)의 발단이 된 것은 제2차 세계대전이 끝나고 얼마 후 관찰된 핀란드 상공의 알 수 없는 이상한 발광체였다. 처음에 사람들은 그것을 소련이 비밀리에 만든 비행물체라고 생각해서 규명하고자 했다. 결국 그 물체는 지상에서는 발견되지 않는 존재라는 것을 알게 되었다. 그래서 지구 밖의 어떤 생물체가 타고 온 것이라는 추측을 낳게 했다.

비행접시에 대한 목격담이 있기 전부터 외계인의 존재에 대한 생각의 토양은 이미 갖추어져 있었다. 1898년에 출판된 허버트 조지 웰스의 《우주전쟁》에 외계인이 등장하며, 〈시민 케인〉이라는 영화로 유명한 오손 웰스가 《우주전쟁》을 각색한 〈화성인의 침공〉을 라디오에서 드라마로 방송했다가 미국에서 대소동이 벌어지기도 했다. 그 당시 방송을 들었던 사람들이 실제 상황인지 알고 대피하는 소동이 벌어진 것이다. 당시는 제2차 세계대전이 일어나기 직전으로 사람들이 전쟁에 대한 공포에 사로잡혀 있었던 상태였기 때문에 공포심에 불을 당겼던 것이다.

비행접시에 대한 목격담은 당시 유행했던 SF소설과 어우러져 사람들의 상상력을 자극했다. 따라서 UFO는 두뇌가 좋은 존재에 의하여 조종되는 비행체라는 해석이 완전히 정설로 받아들여졌다. 그 이유는 UFO가 마치 중력에 영향을 받지 않는 것처럼 전후좌우로 움직이는 것이 목격되었기 때문이다.

이상한 점은 첫 목격담이 시작된 이후 점차 UFO를 목격한 사람들이 증가하기 시작했다는 사실이다. 이로 인해 미국을 비롯한 여러 나라들은 실제로 비행접시를 조사하기 위한 부서를 만들기도 했다. 또한 한 지역에 국한되어 발견되었던 비행접시는 점차 여러 나라에서 연쇄적으로 발견되기 시작했으며, 목격담도 점차 구체화되기 시작했다.

단순히 하늘에 날아다니는 것을 보았다는 사람에서부터 외계인에게 납치되어 생체실험을 당했다는 사람도 있고, 외계인의 키는 1m에서 5m 정도의 거인이라는 증언까지 다양한 증언이 쏟아졌다. 또 어떤 사람들은 외계인의 비행접시를 타고 달에 가서 그들의 비밀기지를 구경했다고 말했다.

사람들은 외계인들이 그들의 행성이 인구가 초과되어 지구에 식민지를 건설하려는 목적으로 정찰비행을 하고 있다고 생각하기도 한다. 또한 외계인들은 탁월한 무기를 가지고 있어 인류를 멸망시킬 수도 있지만 그것을 자제하고 있다고 생각하는 사람들도 있다. 어떤 사람들은 그들은 탁월한 기술과 더불어 인류를 향한 도덕적인 자비심도 갖고 있어 우리의 지구를 구하기 위해 도와주려고 나타난 것이라고 믿기도 한다.

그렇다면 비행접시가 존재한다는 확실한 증거가 없음에도 왜 이렇게 비행접시에 대한 소문이 끊이지 않고 생겨나는 것일까?

한 가지 이유는 이러하다. 어떤 대상이 불명확하고 불확실성이 오래 지속될수록 인간의 정신은 그 대상에 대한 투사를 시작하게 된다. 인과관계가 없는 사실의 공백은 인간의 의식적, 무의식적 환상이 그 공백을 메우는 경향이 있다. 또한 이러한 환상은 많은 추측과 거짓을 낳게 된다.

이때 무의식은 불명확한 사실에 신화적인 요소를 제공하게 된다. 즉 인간이 가지고 있는 선과 악, 질투, 욕망, 공포, 탐욕 등의 원형적인 측면이 불명확한 대상을 설명하기 위해 제공된다. 인류의 신화를 자세히 살펴보면 이것은 더욱 명확해진다.

달에 인간이 발을 들여놓기 전 달나라에 토끼가 살고 있다는 전설은 세계 각지에 퍼져 있었으며, 개구리와 두꺼비가 산다는 이야기도 많았다. 또한 달에 사는 두꺼비나 토끼가 세 개의 다리를 가지고 있는데, 그것은 달의 세 가지 측면인 현재, 과거, 미래를 상징한다고 설명했다.

그러나 현대에 실제로 달을 탐험하게 되면서 이런 이야기는 이제 사실이 아닌 전설이 되었다.

이처럼 인간은 자신이 명확히 파악할 수 없는 존재에 대해 의식적, 무의식적 상상의 나래를 펴지만, 그것이 명확하게 밝혀지면 그에 대한 상상을 접게 된다. 비행접시는 현대에 만들어진 일종의 신화다. 이러한 신화를 자세히 들여다보면, 현대인들의 무의식적 투사를 엿볼 수 있다.

UFO를 믿는 사람들 중에는 비행접시가 지구에 나타난 이유가 지구에 식민지를 건설하기 위해서라고 생각하는 사람이 많다. 그들은 외계인들이 지구에 이주할 목적이거나 혹은 모자란 자원을 지구에서 가져가려고 한다고 생각한다. 외계인들의 행성이 피폐해진 이유가 인구의 증가, 전쟁으로 인한 황폐, 환경오염, 자원의 고갈 등의 원인 때문이라고 생각한다. 그래서 외계인들은 지구인을 납치해서 생체실험을 하고, 인간의 약점을 면밀히 살펴본 뒤에 지구로 쳐들어올 것이라는 내용이다.

이러한 외계인들의 지구 침략 이유를 살펴보면, 현재 지구가 겪고 있는 위기를 외계인의 상황에 빗댄 것이라는 점을 알 수 있다. 현재 지구는 언제 일어날지 모를 핵전쟁의 위협, 현재 진행 중인 지구의 황폐화, 무분별한 소비로 인한 자원의 고갈, 환경의 오염으로 인한 멸망 위기에 처해 있는 상황이다. 이러한 우리 자신에 대한 두려움이 결국 외계인의 생각으로 투사된 것이다.

반대로 외계인이나 비행접시를 긍정적으로 보는 시각도 있다. ET처럼 지구인에게 우호적이고 친근한 모습으로 외계인을 상상하기도 한다. 또 어떤 외계인들은 지구에 나타나 노인들의 젊음을 되찾아 주는 역할을 한다고 생각한다. 또 어떤 영화에서는 지구인들에게 환경파괴와 오염의 심각성을 준엄하게 경고하는 모습으로 그려지기도 한다.

이런 외계인들의 모습은 바로 구약에 등장하는 예언자의 모습이기도 하다. 그들은 이스라엘 왕이나 국민이 잘못된 길로 들어설 때 준엄하게 나무라고 바른길을 인도하기도 했다.

이와 비슷한 모습으로는 외계인에게서 메시아의 모습을 찾기도 한다. 외계인들이 지구에 다가온 이유는 점점 황폐화하는 지구의 환경을 다시 회복시킬 수 있는 힘을 가지고 있다는 것이다. 그들은 외계인이 우리보다 월등하게 발달된 기술로 지구인들에게 희망과 행복을 안겨줄 것이라는 생각을 갖고 있다. 이런 주장들은 외계인이 우리를 침략할 것이라는 생각과는 달리 우리의 생각을 UFO에 긍정적으로 투사하는 사례다.

앞으로도 비행접시 존재의 유무와 상관없이 많은 소문과 목격담은 계속될 것이다. 왜냐하면 신화는 실체가 밝혀지지 않는 한 그에 대한 상상이 계속되기 때문이다.

DICTIONARY
OF THE MIND

사랑의 이중성

인간에게 사랑은 없어서는 안 될 중요한 감정이다. 우리는 사랑을 통해 큰 행복을 느끼고 살아갈 동력을 얻기도 한다. 그러나 한편으로 사랑은 많은 고통과 불행을 가져오는 감정이기도 하다. 우리 누구나 살면서 한 번쯤 사랑으로 인해 삶이 힘들어지기도 한다. 특히 사랑하지 말아야 할 대상을 사랑하거나 사랑이 일방적일 때 이런 고통은 더욱 클 수밖에 없다.

다른 사람이 힘든 사랑에 빠져 고통을 당할 때 우리는 흔히 이렇게 생각한다. '사랑해서는 안 될 사람을 사랑한다면 빨리 포기하면 되는 것 아닌가!'

그러나 사랑은 감정의 영역이기 때문에 포기와 단념이 결코 쉬운 것이 아니며, 또한 맹목적이고 돌발적인 속성을 갖고 있다.

그리스 신화에서 사랑의 신은 큐피드다. 큐피드의 화살을 맞게 되면 신이든 사람이든 무조건 사랑에 빠지게 된다. 즉, 사랑의 맹목성은 큐피드의 예측할 수 없고 장난기 어린 행동으로밖에 설명이 되지 않는다. 이런 큐피드의 화살로 가장 큰 곤욕을 치른 것은 태양의 신 아폴론이다. 아폴론이 큐피드의 화살을 맞은 것은 매우 상징적인 의미가 있다. 아폴론은 태양의 신이기도 하지만, 제우스의 가장 총애를 받는 아들이며, 논리성과 합리성을 대표하는 신이기 때문이다. 제우스는 자신의 아들 중 감정적이고 격정적인 디오니소스는 멀리했지만, 아폴론은 합리적이고 논리적인 성격을 가지고 있어 총애했다. 그러나 이성적인 아폴론도 큐피드의 화살에는 어쩔 수 없었다.

아폴론은 큐피드가 아이나 가지고 노는 작은 화살과 화살통을 메고 다니는 것을 놀린 적이 있다. 그래서 큐피드는 아폴론에게 복수를 결심한다. 작은 화살 하나면 아폴론의 이성과 판단력을 마비시킬 수 있기 때문이다. 큐피드는 아폴론에게 애정을 일으키는 금화살을 쏜다. 그때 아폴론이 처음으로 보게 된 여성이 강의 신 페네이오스의 딸 다프네라는 요정이다.

큐피드는 여기서 그치지 않고 사랑을 거부하는 납화살로 다프네의 가슴을 맞춘다. 그래서 아폴론은 다프네를 열렬히 사랑하게 되지만, 다프네는 아폴론을 피해 다니기만 한다. 여느 때와 마찬가지로 아폴론은 다프네의 뒤를 쫓지만, 다프네는 아폴론에게 잡히지 않기 위해 도망치기만 한다. 결국 다프네가 아폴론에게 거의 붙잡히게 되었을 때 그녀는 아버지인 강의 신에게 도움을 요청한다.

"아버지 땅을 열어 나를 숨겨주세요, 아니면 내 모습을 바꿔주세요. 이 모습 때문에 제가 이런 무서운 일을 당하고 있으니 말이에요."

다프네가 이 말을 마치자, 그녀의 몸은 월계수로 변한다. 아폴론은 월계수로 변한 다프네를 보고 낭패감에 젖는다. 그러나 자신의 아내가 되지 못한 다프네를 기리기 위해 승리를 거둔 장군들이 개선행진을 할 때 그들의 머리에 월계수의 잎으로 엮은 화관을 얹을 것이라는 약속을 한다. 이후로 월계수는 승리의 상징이 된다.

큐피드와 아폴론의 이야기는 큐피드가 상징하는 사랑의 힘이 아폴론이 상징하는 이성과 논리를 압도할 수 있음을 암시한다. 그러나 논리와 합리성을 압도하는 사랑은 파괴적인 속성도 갖고 있다. 사람들은 사랑의 파괴성으로 인해 괴로움을 겪는 경우가 많다.

사랑이 갖는 긍정적인 측면은 수없이 많다. 그러나 사랑은 부정적인 측면도 갖고 있으며 그것을 살펴보는 것도 의미가 있을 것이다. 사랑의 부정적인 측면은 큐피드의 어머니이며 사랑의 신인 아프로디테를 통해 엿볼 수 있다. 사랑의 여신 아프로디테가 신화에서 보여주는 모든 행동은 결국 인간의 원형 속에 깃든 사랑의 속성을 모두 보여주기 때문이다.

사랑의 감정은 인간이 만든 금기쯤은 두려워하지 않게 한다. 그러나 문제는 그러한 사랑의 결말이 매우 비극적이라는 것이다.

사랑의 여신인 아프로디테의 가장 유명한 연애사건은 바로 불륜으로부터 시작된다. 아프로디테의 남편은 불과 대장장이의 신인 헤파이스토스다. 그러나 아프로디테는 남편 몰래 전쟁의 신 아레스를 사귀었다. 이는 우리가 흔히 사랑의 순결성과 고귀함을 언급하지만, 인간의 사랑에 대한 진정한 감정은 관습이나 규율을 상관하지 않는 것일 수도 있음을 상징한다.

아프로디테와 아레스 둘의 관계는 헤파이스토스에 의해 모든 신들 앞에서 망신당하는 사건으로 마무리된다. 그러나 아프로디테는 사랑 그 자체의 속성으로 많은 사람을 파괴하게 된다. 아프로디테의 파괴적인 측면은 그리스 신화의 여러 곳에 등장한다. 비극적인 예 중의 하나는 파이드라의 이야기다.

테세우스는 모험 중에 크레타의 왕 미노스의 딸 파이드라를 아내로 얻는다. 그러나 그는 아내인 안티오페와의 사이에 히폴리투스라는 아들을 둔 상태였다. 히폴리투스는 젊고 미남이며 활동적이고, 또한 강직한 도덕성을 갖고 있었다. 그래서 그는 사랑의 즐거움을 경멸하고 있었다. 이에 화가 난 아프로디테는 그에게 벌을 내릴 기회를 엿보고 있었다. 결국 아프로디테는 파이드라가 의붓아들인 히폴리투스를 사랑하도록 만들었다. 파이드라는 히폴리투스에게 사랑을 고백했지만 거절당한다. 그러자 파이드라는 히폴리투스가 자신을 유혹하려 했다는 거짓 유서를 남기고 자살해버린다. 테세우스는 파이드라의 유서를 믿고 아들을 쫓아내고 결국 죽음으로 내몬다.

더욱 비극적인 것은 미르라의 이야기다. 아프로디테를 섬기는 사제의 딸 미르라는 아프로디테를 숭배하기를 게을리하는 바람에 아프로디테의 미움을 받게 된다. 아프로디테는 미르라에게 저주를 내려 자신의 아버지와 사랑에 빠지게 만든다. 미르라는 자신의 모습을 감추고 밤에 몰래 아버지에게 접근했는데, 결국 아버지는 자신을 유혹했던 여인이 자신의 친딸이라는 것을 알게 된다. 분노에 찬 아버지는 자신의 딸을 죽이려고 했고, 미르라는 거의 붙잡힐 무렵 신들에게 자신을 구해달라는 기도를 올려 한 그루의 향기 나는 몰약나무로 변하게 된다.

이처럼 아프로디테로 상징되는 사랑의 파괴성은 대상을 가리지 않고 드러난다. 그런데 사랑의 파괴적인 측면은 대부분의 사랑의 신이 가진 공통적인 속성이다.

인도에서 사랑의 신은 카마다. 그의 활의 활줄은 꿀벌로 이루어져 있고, 불화살의 끝에는 꽃이 달려 있는 활이 매어져 있다. 그 꽃의 향기는 감미롭고 가슴을 꿰뚫는 듯하며, 거절하기 힘든 사랑이 찾아올 것임을 알려준다.

그런데 인도에서 사랑의 신인 카마는 큐피드보다 더 많은 이름으로 불렸다. 그것은 사랑의 속성이 너무나 다양하기 때문이다. 카마는 불타는 존재, 날카로운 존재, 속이는 존재, 파괴자, 정열의 줄기, 불이라고도 불렸다. 여기에서도 사랑의 속성에는 파괴적인 측면이 존재한다는 것을 알 수 있다.

물론 아프로디테가 상징하는 사랑에는 파괴적인 속성만 있는 것은 아니다. 자신이 만든 조각상을 너무나 사랑했던 피그말리온의 소원을 들어주어 조각상을 사람으로 변하게 만든 것도 아프로디테다.

큐피드의 장난이든 아프로디테의 저주든 사랑의 파괴적인 측면은 항상 인간을 괴롭히고 고뇌에 잠기게 한다. 만약 사랑 때문에 너무 괴롭다면 간단한 처방 외에는 방법이 없다. 사랑의 폭풍이 잠잠해질 때까지 기다리는 것이다. 돌이킬 수 없는 상처를 가능한 줄이면서.

사랑에 단계가
존재하는 이유

켈트족의 신화 중에 트리스탄과 이졸데의 신화가 있다. 둘은 서로 사랑하지만, 커다란 상처를 입은 트리스탄이 사랑하는 연인의 도착을 기다리지 못하고 죽는다는 내용이다.

그런데 이 전설을 보면 트리스탄과 이졸데는 3년간 사랑의 열정을 지속시키는 사랑의 묘약을 나눠 마신다는 내용이 나온다. 과연 사랑을 불러일으키는 또는 사랑을 지속시키는 약물이 존재할까?

인간의 뇌에는 사랑의 감정을 일으키는 물질이 존재한다고 밝혀졌다. 사랑에 빠지면 기분이 들뜨고, 낭만적인 사랑에 몰입하게 되는 것은 뇌 속에서 만들어지는 암페타민(암페타민의 일종이 마약인 필로폰이다)의 일종인 페닐에틸아민(PEA)의 분비 때문이라고 한다.

페닐에틸아민(PEA)이 분비되면, 사랑하는 사람들의 심장은 뛰고, 상대방을 생각하기만 해도 가슴이 들뜨게 된다. 그리고 둘 사이를 조금도 떨어뜨리지 않게 해서 헤어지고 난 다음에도 둘은 전화기를 붙들고 살고, 만날 날만을 손꼽아 기다린다. 또한 상대방이 세상에서 가장 멋진 사람으로 생각되어 현실적인 판단력도 많이 떨어지게 된다. 그래서 프로이트는 사랑에 빠지는 것이 일시적으로 발병하는 정신병이라고 표현했다.

페닐에틸아민(PEA)의 분비량은 성욕과도 관련이 있어 페닐에틸아민(PEA)이 높으면 성욕이 증가하게 된다. 연인들이 초콜릿을 주고받는 경우가 있는데, 이것은 아마도 페닐에틸아민(PEA)이 초콜릿에도 들어 있기 때문일 것이다. 그러나 페닐에틸아민(PEA) 분비가 줄어들거나 뇌가 높은 페닐에틸아민(PEA) 상태에 대해 내성을 보이게 되면, 이런 사랑의 열정은 조금씩 식어가게 된다.

비록 사랑의 열정은 줄어들더라도 두 사람은 이제 친밀한 상태로 남게 된다. 서로 보기만 해도 가슴이 뛰지는 않더라도 둘이 있으면 편안하고, 아늑한 느낌을 갖는 시기로 바뀐다. 이때는 마약의 일종인 모르핀과 화학적으로 유사한 엔도르핀이 분비되는 시기다. 즉 엔도르핀으로 인해 둘 사이는 편안하고, 안정되며, 평화로운 관계가 유지되는 것이다.

이때 두 사람이 계속 만나게 되면 이러한 호르몬은 지속적으로 일정량이 분비되어 그러한 기분이 유지된다. 따라서 이때 상대방이 죽거나 또는 실연을 당하게 되면, 온몸이 아프고, 떠나간 사람을 그리워하게 된다. 이것은 엔도르핀이 가지고 있는 진통작용이 없어지고, 엔도르핀의 저하로 인한 금단증상이라 할 수 있다.

이러한 친밀한 관계를 설명하는 다른 호르몬으로는 옥시토신(oxytocin)이 있는데, 이 옥시토신이 남녀 간의 친밀감, 집단의 소속감, 어머니와 자식 간의 친밀감에 깊게 관여하고 있다. 옥시토신은 '만족 호르몬'이라고도 불리는데, 남녀 간의 성교시에 이 호르몬이 왕성하게 분비되며, 이 호르몬이 긍정적인 느낌과 안정감을 준다고 한다. 따라서 이 안정감의 시기에 엔도르핀과 옥시토신이 각각 또는 서로의 작용을 도우며 작용하고 있다고 보고 있다.

그렇다면 인간의 사랑에 왜 열정과 안정감의 단계가 필요할까? 이에 대해 어떤 학자는 "이런 단계를 통해 남녀를 결합하게 하는 것이 생물의 종족 보존에 필수 불가결하기 때문"이라고 말했다.

일단 남녀가 서로에게 끌려 오랫동안 붙어 있게 함으로써 아이를 낳을 수 있는 충분한 시간을 가지게 하고, 이후에는 친밀감의 과정을 통해 남성이 여성의 주변에 맴돌게 함으로써 아이를 낳고 키우는 데 관여하게 한다는 것이다.

마지막 단계는 이러한 열정과 친밀감이 없어지고, 서로 무덤덤한 관계로 바뀌는 시기다. 이것은 오랫동안의 친밀한 단계를 거치게 되면 엔도르핀 또는 옥시토신 등의 분비량이 떨어지거나 이 호르몬의 수용기가 둔감해지기 때문이다. 이로 인해 둘 사이의 친밀감은 낮아지게 된다.

물론 인간의 행동은 이러한 화학적인 반응으로 전부 설명할 수는 없다. 왜냐하면 인간의 행동은 문화적인 배경 등에 의해 크게 좌우되기 때문이다. 또한 사랑은 단순히 페닐에틸아민(PEA)의 분비만 관련되는 것은 아니다. 사랑은 인간의 행동과 감정, 뇌의 화학적인 작용이 서로에게 영향을 주면서 이루어지기 때문이다.

프로이트는 사랑과 생명의 본능을 상징하는 에로스와 죽음을 상징하는 타나토스는 서로 밀접하게 의존하고 있으며, 서로 같이 움직이며, 모든 인간의 행동은 에로스와 타나토스의 상호작용에 의한 산물이라고 보았다.

사실 모든 사건은 탄생과 죽음에 의해 일어난다. 예를 들어 모(母) 세포의 죽음은 2개의 자(子)세포의 탄생을 야기한다. 자세포의 입장에서 볼 때 세포의 분열은 삶에 대한 본능을 의미한다. 그러나 모세포의 입장에서 보면 모세포가 분열되어 자세포를 만들기 때문에 모세포의 정체성은 없어진다.

사랑은 에로스의 표현의 한 부분이다. 사랑을 느낀다는 것은 분리를 회피하기 위한 행동이다. 즉, 사랑은 하나가 되기 위한 욕구라 할 수 있다. 그런데 죽음의 본능인 타나토스도 영원성과 하나가 되기 위한 욕구를 갖고 있다. 사랑과 죽음 모두 하나가 되기 위한 욕구를 공통적으로 갖고 있다.

그래서 사랑의 가장 강렬한 표현인 오르가슴은 종종 죽음과 유사한 상태라고 한다. 오르가슴 상태에서는 둘 사이의 경계와 정체성이 사라지고, 사랑하는 사람과 하나가 되었다는 상태를 느끼게 된다. 그래서 오르가슴을 '작은 죽음' 상태라고 보기도 한다.

이런 이유로 인해 대부분의 문화에서는 어떤 사람이 죽었을 경우 성관계를 금지한다. 심리학에서는 불감증 또는 오르가슴을 느끼지 못하는 이유가 다른 사람과의 경계가 영원히 허물어질 것을 두려워해서 생긴다고 본다. 다시 말해, 다른 사람에게 빠져들게 되는 것을 두려워하는 약한 자아를 가지고 있기 때문이라는 것이다.

이렇게 다른 사람과의 결합을 멀리하고, 분리를 강조하는 사람의 경우 자아가 약한 경우가 많다. 그래서 폭력성이나 공격성처럼 다른 사람과의 경계를 더욱 강화하고 멀리하는 마음은 바로 약한 자아를 가질 때 생기는 것이다.

사형제도가
범죄를 막을 수 있을까?

사형제도는 굉장히 오랜 역사를 지닌 제도 중 하나다. 바빌로니아에서는 4000년 전 법률을 돌에 새겨 후대에 남겼는데, 여기에 사형제도도 포함되어 있다.

역사를 살펴보면 대부분의 사회에서 사형제도를 가지고 있었지만, 동일한 범죄에 대해 사형제도를 적용한 것은 아니었다. 그러나 모든 사회가 공통적으로 사형선고를 내렸던 범죄가 있다. 바로 반역죄와 살인, 그리고 신성모독이었다.

특히 어느 사회에서나 정치범에 대한 선고는 매우 가혹했다. 우리나라에서도 반역죄를 범했을 경우 3족을 멸했고, 이미 죽은 사람의 경우 시체를 파내어 절단하는 극형이 내려졌다는 이야기가 전해진다. 신성모독의 경우 동양보다는 서양에서 더 엄격하게 다스렸는데, 극악한 죄로 분류해 사형을 언도했다.

사형제도의 존폐 여부에 대한 논란은 여전히 계속되고 있지만, 범죄자에게 고통을 주어 죽이는 것은 대부분 찬성하지 않고 범죄자의 목숨을 끊는 것만으로 충분하다고 생각한다. 그러나 과거에는 범죄자의 목숨을 끊을 때 고통을 주는 것이 일반적이었다. 서양에서 고통스러운 방법을 적용한 것은 일반 범죄자보다는 반역자를 처형하거나 종교에 대한 탄압으로 사형을 집행할 때 두드러졌다.

13세기 영국에서는 반역자의 경우 목을 매달고, 사지와 머리를 절단했으며, 내장을 모두 꺼내고는 시체를 태웠다. 이것은 반역죄에 대한 공포를 일반대중에게 심어주기 위한 목적이 깔려 있었다. 이러한 목적으로 인해 가장 고통을 당한 사람은 성직자들이었고, 개종을 거부한 사람들이었다. 성직자들은 거리로 끌려나와 교수대에 세워졌다. 사형집행인은 목을 반쯤 그어 충격과 고통을 주었다. 다음 단계는 칼로 그의 신체를 찔러 내장을 꺼내어 아직도 살아 있는 사형수에게 보여주고, 살아 있는 상태에서 사지를 절단했다.

이러한 공개 사형제도는 19세기까지 행해졌다. 그러나 이런 공개 사형제도는 사형수에 대한 동정심만을 불러일으킬 뿐 범죄를 막는 데는 별로 효과가 없었다.

현대에 들어와 사형제도는 전 세계적으로 많이 감소되었다. 캐나다, 덴마크, 영국, 핀란드, 프랑스, 포르투갈, 스웨덴, 베네수엘라에서는 사형제도가 폐지되었다. 벨기에, 그리스 등에서는 사형을 허용하지만 시행되지는 않는다. 한국도 1997년 이후 사형이 집행되지 않고 있다. 미국의 경우 주에 따라 사형제도가 허용되기도 하고 허용되지 않기도 한다.

사형제도의 존폐에 대한 논란은 오랫동안 계속되고 있다.

사형제도를 찬성하는 측은 감정에 호소하는 경우가 많다. 예를 들어 아무런 죄가 없는 어린아이를 살인한 범죄자가 있을 때 짐승과도 같은 범죄자를 이 세상에 남겨둘 이유가 없다고 강조한다. 즉, 법은 희생자 가족이나 일반인들이 갖는 분노를 법이 존중해 주어야 한다는 것이다. 또한 희생자의 가족들을 생각해본다면 마땅히 범죄자를 이에는 이 눈에는 눈으로 대응해야 한다는 논리다. 또한 사형제도만이 범죄를 억지할 수 있다고 주장하고, 실제로 범죄를 저지른 사람들을 대상으로 조사했을 때 그들이 사형제도 때문에 살인을 억제했다고 답했다고 주장한다.

사형제도를 반대하는 사람들이 제일 먼저 주장하는 것은 이미 사형을 당했거나 간신히 사형을 모면한 사람들이 나중에 결백한 경우로 밝혀진 예다. 인간이 만든 사법제도로 모든 범죄인을 정확하게 심판할 수 없다는 한계를 제시한다. 따라서 10명의 도둑을 놓치는 한이 있더라도 한 명의 결백한 사람을 사형에 처해서는 안 된다고 주장한다. 또한 이들은 사형제도가 범죄를 억지하지 못하고 있다는 통계를 조심스럽게 제시한다. 실제로 범죄를 억지할 수 있는 방법은 사회경제적인 상태를 개선하는 것이지 사형제도는 아니라는 것이다.

또한 사형제도는 또 다른 폭력적인 죽음을 더하는 결과밖에 안 된다고 주장한다. 사형제도는 무고한 시민의 마음을 진정시키기 위한 의식의 일종이라는 것이다. 즉, 살인이 일어난 뒤 그 장면을 깨끗이 청소해서 우리가 이런 동료 인간의 잔인함을 직면하지 않게 하는 의식행위에 불과하다는 것이다.

그리고 사형제도에 대해서도 그만큼 대가를 치러야 한다고 주장한다. 누군가를 죽이는 것은 그로 인해 그 사회가 인간성과 동정심을 잃게 되고, 폭력의 씨를 심게 되며, 분쟁을 해결하는 방법으로 보복적인 사형을 정당화하는 결과를 가져오게 된다는 것이다.

사형제도에 대한 논란은 여전히 결론이 나지 않은 상태지만, 이런 논란은 우리에게 어떻게 하면 범죄를 줄일 수 있을까 하는 방법을 찾게 해주는 역할을 하고 있다는 점에서는 긍정적인 의미가 있다고 할 수 있다.

생각의 꼬리를
효과적으로 자르는 법

우리 머릿속의 생각이란 존재는 자동적이고, 무작위적이며, 일어났다 스러지기를 끊임없이 반복한다. 가상의 한 남성을 통해 생각이란 것을 살펴보자.

그는 평상시 스케줄처럼 아침에 출근을 한다. 운전대를 잡고 시동을 켜는 순간 어제 뉴스에서 본 교통사고 장면이 생각난다. 교통사고로 인해 차가 대파되고 운전자는 생명을 잃었다는 것이다. 그는 운전대를 잡으면서 잠시 두렵다는 생각이 든다. 내가 운전을 잘해서 되는 일이 아니고 다른 사람이 잘못해서 저런 교통사고를 당했으니 나도 운이 나쁘면 죽을 수도 있다는 생각이 든다. 그런데 회사에 도착하자마자 직장상사에게 불려가 어제 제출한 보고서가 엉망이라는 질책을 듣는다. 이제 그의 기분은 두려움에서 절망감의 나락으로 치닫는다. 그것도 제대로 못하는 멍청이라는 생각이 들고, 순간적으로 회사에서 일을 하는 것이 자신감이 없어진다. 그리고 이런 무능한 실력으로 회사에서 언제까지 버틸 수 있을까 라는 생각까지 든다.

위의 예를 든 가상의 남성의 생각을 들여다보자. 그의 생각들은 무작위적으로 머릿속에 떠올랐다가 사라졌다. 또한 연속성이 있는 것이 아니라 마치 망가진 라디오처럼 이런저런 내용들을 쏟아냈다.

이러한 생각은 어떤 논리를 갖추고 있지 않고 마구 떠오름에도 우리는 자신의 생각에 속을 때가 많다. 그것은 생각이 교묘하게 위장한 채 나타나기 때문이다. 생각은 마치 일어날 것처럼, 또 분명히 현실화될 것처럼 위장해서 나타나기 때문에 우리는 그 생각에 속아 넘어간다. 그리고 우리는 자신의 생각이 자기 자신이라고 생각하며 살아간다.

만약 생각이 내 것이라면 나 자신이 조절하고 지배할 수 있어야 한다. 하지만 우리의 뇌는 생각을 마구 쏟아내고 있을 뿐 거기에는 어떤 근거도 논리도 없다. 그래서 생각에 대응하는 방법은 내가 하는 생각과 맞서 싸우지 말아야 한다. 생각과 싸울수록 생각은 더욱더 힘을 얻게 되고, 더욱 거세진다. 특히 '나는 왜 이런 생각을 하고 있나?' '왜 나는 이런 안 좋은 생각을 하고 있는지 모르겠다' 라고 생각에 반응을 하면 생각은 더욱 힘을 얻어 꼬리를 물게 된다. 그래서 생각이 꼬리를 물고 일어날 때는 내가 이런저런 생각을 하고 있구나 라고 혼잣말을 하면 된다. 또한 생각은 저절로 일어났으니 또 저절로 스러질 거라고 혼자 되뇌는 것도 도움이 된다.

생각은 영원하지도 않고 절대적이지도 않다. 또한 생각은 내 것이 아니라는 점을 인식해야 한다. 나를 생각에 동일시하는 순간 우리는 생각의 지옥에 빠져버리게 된다. 그래서 공원 벤치에 앉아 지나가는 사람들을 무심히 지켜보듯이 생각을 그저 내 앞을 지나가는 행인쯤으로 여겨야 한다. 그러면 우리가 겪는 고통의 반, 심지어 80%는 줄어들게 될 것이다.

선과 악이
함께 존재하는 이유

많은 신화에서 선과 악은 형제로 등장하는 것을 볼 수 있다.

이집트 신화에서 오시리스와 세트는 서로 투쟁하는 선과 악의 신이다. 세트는 형인 오시리스를 죽여 여러 조각으로 잘라서 온 땅에 흩뿌린다. 오시리스의 아내인 이시스가 오시리스의 시체 조각을 다시 맞추어 그는 부활하게 된다. 로마 신화에서도 로물루스와 레무스는 서로 적대적인 관계에 있는 쌍둥이다. 기독교에서는 카인과 아벨이 등장하고 있다.

고대에는 쌍둥이 형제를 인간의 본성이 가지고 있는 양면성의 상징으로 보았다. 신화에서 형제가 적대적인 관계에 있고 서로 투쟁하듯이, 인간의 마음속에서도 선과 악이 투쟁하고 갈등을 일으킨다. 프로이트는 이러한 선과 악의 갈등을 이드(본능)와 초자아(도덕성)의 충돌에서 생긴다고 보았다.

선과 악은 형제처럼 떼려야 뗄 수 없는 관계에 있음에도 인간은 본능적으로 자신의 추한 부분, 탐욕, 이기심, 질투, 욕망, 남을 해치고 싶은 마음을 인정하고 싶어 하지 않는다. 그래서 이러한 악으로 상징되는 안 좋은 감정들을 대개 다른 사람에게 투사한다. 이러한 투사는 이야기, 민담, 소설, 영화 등에서 흔히 볼 수 있는데, 사람들은 선과 악의 대결에서 흥미와 카타르시스를 느낀다.

사람들은 자신이 버리고 싶은 악의 측면을 이야기의 악당에 투사하고, 악당이 제거되었을 때 만족감을 느낀다. 바로 자신의 마음속에 존재하는 악한 부분이 제거되는 느낌이 들기 때문이다. 그러나 문제는 자신의 악한 부분을 부정하고, 남들에게서 계속 찾게 될수록 악한 부분이 갈수록 커지게 된다는 것이다.

서양의 경우 기독교가 가장 융성했던 중세시대에 선한 것을 추구하고 악한 부분을 배척한 결과 사회적으로 악의 힘이 더욱 커지고 사람들이 매우 잔인해졌음을 볼 수 있다. 이 시대에 십자군과 마녀사냥으로 인해 수많은 무고한 사람이 희생되었다.

또한 자기 마음속의 악한 부분을 완전히 배척하면 그 결과는 지킬 박사와 하이드로 나타난다. 지킬 박사를 보면, 선과 악이 완전히 분리되어 한 인간 안에 서로 다른 인격을 가진 두 인물이 탄생하게 되었으며, 악의 힘이 가공할 정도로 커지게 된 것이다.

그래서 우리 마음속에 선이 존재하듯이 악도 존재함을 인정해야 한다. 이 둘은 신화처럼 형제와 같은 존재이며, 이 사실을 인식하고 받아들일 때 선과 악은 화해할 수 있게 되고 마음의 평정을 얻을 수 있게 된다.

성모 마리아 콤플렉스 - 어머니가 자식을 위해 모든 것을 희생하는 것이 이상적인가?

모든 여성은 성모 마리아와 같은 이상적인 어머니가 되고자 하는 심리를 갖고 있다. 성모 마리아로 상징되는 이상적인 어머니상은 다음과 같다.

자녀를 항상 사랑하고, 자녀의 고통에 대해 자신의 목숨을 바칠 각오를 하고, 자녀가 어떤 일을 저질러도 화를 내지 않고 참고 타이르는 인내심을 가진다. 그리고 자녀를 잘 키우는 것이 그 어떤 목표보다 우선되며 인생에서 가장 큰 만족감을 주는 것이라 여긴다.

그리스 신화에는 헌신적이며 이상적인 어머니상이 등장한다. 곡식의 신인 데메테르는 딸인 페르세포네가 지하세계의 신인 하데스에게 납치되자 식음을 전폐한 채 딸을 찾아 헤맨다. 결국 그녀는 신들의 왕인 제우스를 설득해 딸을 지하세계에서 데려오는 데 성공한다.

반면, 자식을 눈곱만큼도 생각하지 않는 어머니도 등장한다.

영웅 이아손은 황금 양털을 가져오는 임무를 맡아 모험을 떠나고, 그 과정에서 콜키스의 공주 메데이아의 도움으로 황금 양털을 손에 넣는다. 그러나 이아손은 임무를 수행한 뒤 메데이아와 코린토스에서 두 아이를 낳고 살다가 메데이아를 버리고 코린토스의 공주 글라우케와 결혼하려고 한다. 이때 메데이아는 자신을 배신한 남편에 대한 복수로 그와의 사이에서 낳은 두 아들을 죽이고 용이 끄는 수레를 타고 그의 곁을 떠난다.

신화 속의 인물은 인간의 원형을 상징하고 있다. 그것은 곧 인간의 본성이다. 그래서 어머니의 모습은 이 두 가지로 대변될 수 있다. 실제로 어머니들은 자신 안에 존재하는 데메테르가 나타날 때는 자식에 대한 큰 애정과 만족감을 느낀다. 그러나 종종 자식에 대해 살의를 품는 메데이아가 등장할 때도 있다.

어머니들의 가장 큰 고민은 이따금씩 자신의 아이를 향해 미움, 분노, 공격성의 감정이 나타난다는 것이다. 아이가 끊임없이 떼를 쓰고, 불필요한 물건을 사달라고 조르고, 이유 없이 울음을 그치지 않고 하지 말라고 하는데도 말을 전혀 듣지 않을 때 어머니들은 아이에 대해 당연히 미운 감정이 들고, 심지어 매질을 하기도 한다. 그러고는 자신이 항상 자애롭고 헌신적인 데메테르가 되지 못한 것에 대해 자책을 하게 된다. 자신은 어머니의 역할을 제대로 하지 못하는 사람이라는 생각까지 들기도 한다.

이러한 어머니의 자식에 대한 애증의 감정은 매우 자연스러운 것이다. 그러나 이런 나쁜 감정을 드러내는 것이 곧 나쁜 엄마처럼 보일까 두려워 숨기고 싶은 것이다.

그 예로 미국의 한 잡지에 두 명의 어머니가 솔직하게 자신들이 느끼는 자녀에 대한 감정을 토로한 적이 있다. 이들은 자식이 너무 싫고 미울 때도 있으며, 때로는 너무 힘이 들어 자식이 없어졌으면 좋겠다는 생각까지 든다는 내용이었다. 두 명의 여성은 많은 사람으로부터 어머니 자격이 없다는 질책을 받을 것을 각오했지만, 실제로는 그 잡지의 독자들로부터 자신들도 그런 생각을 가지고 있다는 공감의 편지를 무수히 받았다고 한다.

모든 어머니는 내면에 인간의 감정을 가지고 있지만 이상적인 어머니상에 사로잡혀 그러한 감정을 부끄러워하고 숨기려 한다는 것을 알 수 있다. 또한 아이 때문에 생기는 미움의 감정은 긍정적인 측면도 존재한다.

어머니들은 이러한 아이에 대한 미움의 감정을 알게 되면서 아이와 분리하는 준비를 할 수 있다. 아이가 태어났을 때 어머니는 10개월을 자신의 몸 안에서 자란 아이와 자신이 한 몸이라는 착각을 한다. 그리고 아이가 자신이 원하는 대로 커나가고 아이를 마음대로 움직일 수 있다는 환상에 빠진다. 즉, 아이가 자신의 분신이라는 생각은 아이의 모든 행동과 감정을 자신이 통제할 수 있다는 착각을 하게 한다.

그러나 아이에게 이따금씩 느끼는 미움의 감정은 자신과 아이가 하나라는 환상을 깰 수 있는 계기가 된다. 그리고 아이와 자신은 독립된 별개의 인격체라는 사실을 인식하게 되고, 아이의 인격을 존중할 수 있는 기회가 되는 것이다.

여성들은 어린 시절부터 자애로운 어머니상에 대한 교육을 받으며 자식을 낳으면 자식에게 모든 것을 양보하고 인내하고 참아야 한다는 인식을 갖게 된다. 그러나 이런 교육은 인간이 가지고 있는 자연스러운 감정을 부정하도록 하고, 결국 열등감에 빠지게 한다. 그러나 어떤 인간도 사랑과 미움의 감정에서 벗어날 수 없다. 그것은 모든 어머니도 마찬가지다.

성적 공상은
나쁜 것일까?

공상은 일상생활에서 누리지 못하는 한계와 현실에서 일어나는 좌절에서 벗어나도록 해주는 역할을 한다. 사람들은 공상을 통해 마음속에서 만든 세상에서 현실의 생활을 자신이 원하는 것으로 변형시킨다. 공상을 통해 흥분, 모험, 자신감, 기쁨 등을 느끼는 것이다. 이런 공상 중에 성적 공상이 있다.

매스터즈와 존슨은 〈인간의 성 반응〉에서 사람들이 성경에서 금기시하던 마음속의 간음을 얼마나 저지르는지를 보여주었다. 두 사람의 연구에 따르면 대부분의 사람들은 성적 공상을 가지고 있으며, 성적 공상을 즐기는 사람도 있지만, 어떤 사람은 자신의 종교적인 기준에 맞춰보고 죄책감을 갖고 자기 비하를 하는 경우도 있다고 한다.

성적 공상은 어린 시절부터 시작되며, 청년기에 가장 활발하게 나타난다. 대체적으로 남자가 여자보다 더 많이 하며, 자위나 성행위시에 흔히 나타난다.

성적 공상에는 여러 가지가 있지만, 가장 흔한 성적 공상은 실제

생활에서 이루지 못한 행동을 경험하는 내용이 주가 된다. 그래서 공상 속에서는 포르노 배우가 되기도 하고, 대중 앞에서 성행위를 하기도 하고, 자신이 매춘부가 되기도 한다. 심지어 동물과 성행위를 하거나 근친상간의 관계를 맺기도 한다. 이러한 공상은 성적인 지루함을 극복하기 위해 이용되기도 한다.

다른 성적 공상으로는 자신이 커다란 권력을 갖는 내용이다. 사람들은 공상 속에서 마음대로 사람을 부리는 주인 또는 군주가 되어 타인들이 자신의 명령에 복종하도록 한다.

또한 성적 공상에는 남성들의 마음속에 존재하는 카사노바 콤플렉스를 만족시켜주는 공상이 있다. 공상 속에서 모든 여자가 유혹에 금방 넘어가고, 그 여성과 곧 성행위가 시작된다. 또한 여러 명의 파트너가 그를 만족시키기 위해 기다리는 내용도 있다.

그리고 성행위의 상대자를 바꾸는 것도 흔한 성적 공상 중 하나다. 즉 현재의 남편이나 아내가 아니라 옛 애인, 친구, 이웃, 선생님 등 상상속의 이상적인 인물로 성행위의 상대자가 바뀐다. 이때 사람들은 다른 사람을 떠올리는 것에 대해 죄책감을 가지기도 한다. 이런 성행위의 상대자로는 가수, 탤런트, 운동선수 등 유명연예인이 대상이 되기도 한다.

마지막으로 목가적인 성적 공상이 있는데, 지상낙원과 같은 남국의 야자수 아래나 달빛이 비치는 바닷가에서 이상적인 상대방과 성관계를 갖는 공상이다.

성적 공상에도 긍정적인 면은 존재한다. 공상이 일상생활에서 누리지 못하는 한계와 현실에서 일어나는 좌절에서 벗어나도록 해주는 역할을 하듯이 성적 공상은 억압된 성적욕망을 불러일으키며, 해소되지 못한 욕구를 충족시켜주고, 자신의 행위에 대한 사전 검토를 하여 안전한 성행위를 할 수 있도록 한다.

수화를 통해 배우는
진정한 대화의 기술

수화로 대화를 나누는 모습을 보면 두 사람은 자신의 생각을 열심히 손의 동작과 얼굴 표정으로 전달한다. 그리고 상대방의 생각을 알기 위해 마주 앉아서 대화를 나눈다. 혹시 놓칠지도 모르는 상대방의 생각을 알기 위해 열심히 상대방의 들리지 않는 소리에 경청한다.

그런 점에서 수화는 이상적인 대화라고 할 수 있다. 소리를 들을 수 있다고 해서 완벽한 의사소통이 이루어지는 것은 아니다. 또한 인간이 모든 소리를 들을 수 있는 것도 아니다. 인간이 들을 수 있는 가청범위는 20~20000헤르츠에 불과하다.

그리고 정상인들은 수화보다 더 좋고 편리한 의사소통 수단인 소리를 가지고 있음에도 완벽하게 활용하지 못한다. 불필요한 말을 자주 하고, 말을 무기로 다른 사람들을 상처주고, 목청 높여 싸우기도 한다. 때로는 소리 자체가 상대방의 진심을 이해하지 못하게 방해하기도 한다.

소리는 상대방을 주시하지 않고 있어도, 다른 곳에 신경을 쓰고 있어도 들을 수 있다. 그래서 대화하는 데 진정으로 필요한 남을 이해하려고 하는 태도를 방해한다. 공허한 말소리는 많은 말이 오고갔음에도 대화가 끝난 뒤 오히려 더 외로움을 느끼게 한다.

관계에서 말은 매우 중요한 역할을 하지만 소리에 너무 의존하면 우리는 상대방이 진정으로 전달하고 싶은 많은 부분을 놓치게 된다. 또한 불필요한 말만 잔뜩 늘어놓을 수도 있다. 이런 점에서 우리는 수화를 통한 대화의 태도를 배울 필요가 있다.

상대방과 마주 앉아 그 사람의 모든 의사소통 수단을 유심히 살펴봐야 수화가 가능하듯이, 우리는 상대방과 대화를 나눌 때 상대방의 눈과 손동작, 표정의 변화를 살펴봐야 한다. 우리가 대화를 할 때 상대방에게 진정으로 도움이 되는 것은 바로 마주 앉는 것이다. 그리고 상대방의 입과 눈, 손동작을 주의 깊게 살펴보는 것이다. 그러면 이런 작은 행동 하나로도 상대방은 자신이 이해받았다고 느낄 것이다. 말소리는 되도록 줄이고 마주 앉아서 그 사람의 소리 없는 동작까지 살펴보도록 하자.

스트레스를 받지 않고
살 수가 있을까?

스트레스가 면역체계에 부정적으로 작용을 한다는 것은 널리 알려진 사실이다. 인체의 뇌와 면역체계는 유기적으로 연관을 갖고 있어 스트레스를 받으면 면역체계에 장애가 생기는 것이다. 동물실험에서 심한 소음으로 스트레스를 받게 되면 바이러스에 의한 감염이 매우 증가된다는 결과가 보고되었다.

우리 인간의 경우 스트레스는 생활의 변화, 이직, 실직, 이사, 사랑하는 사람의 죽음 등등에서 다양하게 나타난다. 그렇다면 인간이 살아가면서 여러 가지 스트레스를 받았을 때 어떤 결과가 나타날까? 그 결과는 다음과 같았다.

1. 아내가 유방암으로 사망한 남편들을 대상으로 한 실험을 보면 그들의 면역기능이 매우 떨어졌다.
2. 결혼의 갈등이 심한 부부들은 사망률과 질병에 걸릴 가능성이 매우 높았으며, 면역기능도 변화가 있었다.
3. 이혼을 한 사람들은 현재 결혼상태에 있는 사람보다 폐렴으

로 사망하는 확률이 더 높았다.

4. 이혼을 한 여성의 1/3에서 질병을 갖는 확률과 병원을 찾는 확률이 더 높았다.

5. 정신질환을 앓고 있는 사람들이 일반인에 비해 사망률과 질병에 걸리는 확률이 더 높았다.

이러한 여러 연구 결과를 통해 스트레스가 육체적인 건강에 얼마나 좋지 않은 영향을 주는지를 알 수 있다.

그러나 우리가 살아가면서 스트레스를 받지 않고 살 수는 없다. 그래서 스트레스를 피하려고 하다가 더 스트레스를 받는 경우가 많다. '이것을 하면 스트레스를 받지 않을까, 저것을 하면 스트레스를 받지 않을까?' 등의 생각이 오히려 더 많은 스트레스를 유발한다. 따라서 우리가 살아가면서 받는 스트레스를 그대로 인정하는 자세부터 필요하다.

또한 스트레스를 스스로 관리할 수 있어야 한다. 예를 들면 매일 10분이나 15분 정도 의자에 앉아서 명상을 하는 것이다. 또는 좀 더 적극적인 방법으로 시간을 정해서 일주일에 몇 차례 요가나 단전호흡을 규칙적으로 하는 것이다. 그러면 과잉 분비되던 스트레스 호르몬이 줄어들고 우리의 정신건강뿐 아니라 몸의 건강까지 회복하는 좋은 방법이 될 것이다. 내 몸 안의 스트레스를 배출하는 것이 가장 좋은 스트레스 해소법이다.

시기심을 떨쳐내는 법

신은 인간에게 공평하다고 한다. 그러나 실제로 우리가 공평함을 느끼기는 매우 어렵다. 어떤 사람은 다른 사람에 비해 좋은 외모를 갖고 태어나고, 어떤 사람은 부유한 집에서 태어난다. 또 어떤 사람은 지능이 뛰어나고, 어떤 사람은 좋은 조건을 모두 갖고 태어나기도 한다.

그래서 아무리 초연하려고 해도 이런 차이가 별로 중요하지 않다고 여기기는 그리 쉬운 일이 아니다. 특히 주변에 이런 사람들이 존재하면 대부분의 사람은 자신을 더 발전시키려는 마음을 갖기보다는 시기심과 질투심을 느끼게 된다.

아리스토텔레스는 시기심을 '단순한 시기심'과 '건전한 경쟁심'으로 나누었다. 그는 '건전한 경쟁심'은 발전의 원동력이 된다고 생각했다. 학자들마다 시기심을 여러 종류로 나누었지만, 시기심은 크게 '악성'과 '양성' 시기심으로 나눠볼 수 있다.

양성 시기심은 '저 사람이 가지고 있는 것을 나도 가졌으면' 하고 바라는 것이다. 여기에는 시기심의 대상에 대한 열등감, 그 사람이 가진 것을 나도 가졌으면 하는 갈망, 그 사람에 대한 존경심 등의 감정이 섞여 있다.

반면 악성 시기심은 '당신이 가지고 있는 것을 잃었으면' 하고 바라는 것이다. 그 사람이 잘못이 없음에도 자신의 열등감의 원인과 불행이 시기심의 대상으로 인한 것이라는 피해의식을 동반한다. 또한 시기심의 대상이 소유한 것을 빼앗거나 파괴하고자 하는 생각을 가진다. 예를 들면 실제로 사랑하지도 않으면서 남의 애인을 빼앗는 것, 남이 새로 산 차에 몰래 흠집을 내는 것, 시기심으로 인한 살인 등이다.

인간의 시기심으로 인한 파멸을 잘 보여주는 명작 〈아마데우스〉라는 영화가 있다. 영화에서 궁정악장인 살리에리는 천재적인 재능을 가진 모차르트에 대해 시기심을 가진다. 방정맞고 천박해 보이는 젊은이가 만들어내는 곡들이 너무나 뛰어났기 때문이다. 자신은 열심히 하나님께 기도하고 작곡에 매진하는데도 모차르트를 따라갈 수가 없었던 것이다. 그런데 모차르트는 방탕한 생활과 생활고를 이기지 못하고 요절한다.

이를 통해 우리는 인생이 공평하다는 것을 알 수 있다. 신은 모차르트에게는 남들이 갖지 못한 천부적 재능을 주었지만, 그것을 오랫동안 발휘할 수 있는 성실함을 주지 않았다. 반면 살리에리에게는 모차르트와 같은 천부적 재능을 주지 않았지만, 성실함과 자기관리 능력을 주었다. 그런데 막상 살리에리는 자신이 많은 걸 가지고 있음에도 시기심에 눈이 멀어 그것을 알지 못했다. 또한 오직 모차르트의 재능을 보며 그를 시기했다.

그러나 살리에리의 모습은 우리의 모습이기도 하다. 많은 사람이 자기가 가진 것을 외면한 채 외부로 눈을 돌려 남이 가진 것에 관심을 갖는다. 그러나 인간은 누구나 장단점을 갖고 있다. 또한 많은 것을 가진 사람도 인생의 고통이 따르며, 그렇지 않은 사람도 마찬가지다. 그런 점에서 신은 인간에게 공평하다.

그래서 우리는 자기 자신이 가진 것을 찾아봐야 한다. 그렇게 되면 누구도 시기할 필요가 없으며, 자신이 온전한 존재임을 비로소 알게 된다.

시차적응과 수면장애

항공의 발달은 정신과 영역에도 새로운 질환을 추가했다. 시차적응 문제로 인한 수면장애다.

인간의 신체에는 생체시계가 존재한다. 그런데 시간 차이가 크게 나는 외국으로 나갈 경우 생체시계는 밤을 알리지만, 환경은 햇빛이 환한 대낮일 수도 있다. 그러면 시차적응이 안 되어 수면장애가 발생할 수 있다.

한때 우리나라의 운동선수들이 해외에 나가서 경기에 지고 왔을 때, 흔히 드는 이유가 시차적응에 실패했다는 것이었다. 그 당시는 해외여행이 자유롭지 않은 때여서 많은 사람이 이 말의 의미를 제대로 파악하지 못하는 경우가 많았으며, 패배에 대한 변명으로 여기기도 했다.

만약 시차에 적응하지 못하면 두통, 피로, 무기력, 흥분, 의기소침, 집중력 저하, 두뇌 회전의 느려짐 등의 증상이 나타난다. 또한 식욕이 떨어지고, 깊은 잠에 들지 못하게 되어 자고 일어나도 일상생활이 제대로 이루어지지 못하는 경우가 많다.

그렇다면 시차를 극복하는 방법은 무엇이 있을까? 몇 가지를 소개하자면 다음과 같다.

1. 출발 전 충분한 휴식을 취해야 한다. 환송회 등의 모임은 출발하기 며칠 전에 끝내는 것이 좋다. 특히 도착지의 시간대를 미리 알아서 수면리듬을 출발지와 비슷하게 하는 것도 중요하다. 출발 며칠 전부터 도착지의 시간대에 맞추어 1시간 정도 일찍 자거나 늦게 자는 것이 좋다.

2. 비행기를 타자마자 도착지의 시간대에 시계를 맞춘다. 이후 이 시계에 따라 움직인다. 만약 도착지의 시간대가 밤이라면 비행기를 타고 있는 순간은 낮이라도 곧 도착지에 도착할 것을 생각해서 잠을 자는 준비를 하는 것이 좋고, 도착지의 시간대가 낮이라면 되도록 잠을 자지 않도록 한다. 잠이 너무 쏟아진다면 2시간 이내로 잠을 청하는 것이 좋다.

3. 도착한 후에는 도착지의 시간대에 따르도록 한다. 가급적 숙소에서 머물지 않는 것이 좋은데, 햇빛을 받게 되면 생체시계가 적응하는 데 도움이 된다. 또한 밖으로 다니게 되면 졸음을 이길 수 있는 방법이 된다.

4. 시차로 인한 문제는 2일째가 더 심하게 나타난다. 따라서 둘째 날 시차로 인한 문제가 생기더라도 마음을 편하게 갖고 증상으로 인한 부담을 갖지 말아야 한다.

5. 시차적응을 위해 세심하게 미리 비행기 시간을 조정하는 것

도 좋은 방법이다. 되도록 저녁때에 도착하도록 하면 좋다.

6. 잠자기 전 탄수화물이 든 가벼운 음식을 섭취하는 것이 도움
이 되며, 초콜릿, 알코올음료는 피한다.

7. 되도록 수분을 충분히 섭취하는 것이 중요한데, 탈수는 시차
증세를 악화시키고 수면을 방해한다.

8. 돌아갈 때는 반대로 수면시간을 당기거나 늦추기 시작해서
도착지의 시간에 다시 서서히 맞추도록 한다.

신경성 식욕부진증이
여성에게 뚜렷하게 나타는 이유

신경성 식욕부진증은 흔히 거식증이라고 불린다. 체중 증가에 대한 극심한 두려움, 자신의 신체 이미지가 왜곡되어 정상 수준에 미치지 못하는 저체중임에도 불구하고 자신이 뚱뚱하다고 생각하며, 거의 기아 상태에 이를 때까지도 식사를 거부하는 질병이다. 실제로 심한 기아로 인해 사망하기도 한다.

이 병의 빈도는 남성보다 여성이 10~20배가량 높게 나타난다. 이 병의 원인을 어느 정도 짐작하게 하는 부분이다. 여성에게 고유한 산부인과 질환을 제외하고 남녀간의 유병률에 현격히 차이를 보이는 질환은 신경성 식욕부진증과 성도착증밖에 없다. 성도착증은 환자의 거의 전부가 남성이고, 신경성 식욕부진증은 대부분 여성에게 나타난다.

신경성 식욕부진증이 발병률에서 여성이 남성보다 10~20배가 높다는 것은 여성들은 남성들에 비해 그만큼 사회로부터 외모에 대한 강요를 받는다는 증거가 된다.

남성 위주의 사회는 여성들에게 수동적이고 다소곳하며, 아름다운 몸매를 가져야 한다는 등의 가치관을 강요한다. 어릴 때부터 받아온 교육은 마치 종이에 잉크가 스며들듯이 의식에 주입된다. 그래서 여성들은 제도권으로 진입하기 위해 힘겹게 살을 빼며 멋진 몸매를 유지하려고 한다. 그러나 그것은 너무나 어려운 과정이기에 절망감에 빠지기도 하며, 그것이 심해질 때 목숨이 끊어지더라도 음식을 거부하는 등의 심각한 증상으로 나타난다.

반면 야식증후군(night eating syndrome)이라는 섭식장애도 있다. 수면 중에 깨어난 뒤 먹거나, 저녁을 먹고 나서도 밤에 과도한 양의 음식을 섭취하는 섭식장애의 일종이다. 자신이 먹은 것을 정확히 기억하며, 잠결에 먹는 것은 아니다. 이런 증상으로 인해 심각한 스트레스를 겪게 된다. 증상은 적어도 3개월 이상 지속되어야 진단이 가능하다.

이 장애는 조간 식욕부진증, 석간 과식, 불면증을 특징으로 하는 장애로 1995년에 처음 기술되었다. 처음 기술될 당시에는 표준적인 체중감량치료에 반응을 보이지 않는 비만인들에게서 확인할 수 있는 식사패턴으로 알려졌다. 그러나 이어진 연구에서 야식증후군은 비만이 아닌 군에서도 생길 수 있음이 밝혀졌다.

유병률은 일반 인구의 1~1.5%이며, 비만 인구에서는 4~9%에 달한다. 초기 성인기에 시작되며 장기간 지속되는데 스트레스에 따라 악화 및 완화를 반복한다. 이 장애는 대부분의 환자가 자신의 상태를 인식하지 못해서 치료에 저항을 보이고, 치료가 쉽지 않다.

우리는 집단적인 최면에 걸려 있는 경우가 많다. 마르고 날씬하고 키가 크고 매력이 있는 사람이 좋다는 의식이 어린 시절부터 알게 모르게 주입되어 있다. 그런데 아프리카의 한 부족에서는 뚱뚱할수록 미인으로 인정받으며, 그곳에서는 뚱뚱한 여자에게 남자들의 구애가 끊이지 않는다. 이는 그 부족의 문화에서 비롯된 것이다. 이처럼 그 지역의 문화와 집단의식에 따라 사람들의 가치관이 달라지게 된다.

따라서 사회에서 요구하는 신체적인 이미지에 자신을 맞추려 애쓰지 말아야 한다. 그 이미지에 맞추려고 집착하면 건강을 해칠 수도 있고, 심지어 거식증에 걸릴 수도 있다. 우리는 자신의 몸을 있는 그대로 사랑할 필요가 있다. 키가 크든 작든, 뚱뚱하든 말랐든 그것은 자신의 한 부분이며 자신의 개성이다. 그런데 우리는 매스미디어를 통해 집단 마취되어 사회가 내세우는 기준을 따라하고 그것이 최고라고 여기는 바람에 자신의 몸을 혹사하고 있다. 심지어 거식증으로 인해 죽음에 이르는 사람들도 있다.

외부의 기준에만 맞추어 자기 자신을 돌보지 않고 자신을 받아들이지 않으면 삶은 큰 스트레스가 될 수밖에 없다. 집단최면에서 벗어나는 길은 자기 자신을 찾고 자신에게 최적의 삶을 살아가는 것이다.

실연을 감당하는 자세

인간이 사랑이라는 감정을 가지고 있다는 것은 결국 실연이라는 사건을 접할 수밖에 없는 운명에 놓여 있는 것이다.

그러나 사람들은 사랑의 시작, 즉 사랑에 빠지는 것(falling in love)에는 많은 관심을 갖지만, 사랑이 파국을 맞는 것(falling out of love)에 대해서는 별로 생각하고 싶어 하지 않는다. 그 이유는 실연과 같은 슬픈 운명이 자신에게 다가오리라는 것을 믿고 싶지 않은 의식적인 부정도 한몫을 하지만, 사랑의 파국에 적절하게 적응할 수 있는 방법을 잘 알지 못하기 때문이기도 하다.

운명의 장난이든, 상대방의 자신에 대한 애정이 식었든 간에 사랑에 파국이 밀어닥칠 때 사람들의 반응은 매우 다양하다. 우선 공통된 반응은 헤어날 수 없는 깊은 슬픔이다. 또한 모든 일에 흥미를 잃게 되며, 자신이 매우 나약한 존재라는 생각과 열등감이 들며, 심지어 자살을 생각하게 된다.

그렇다면 어떻게 해야 이런 슬픔에서 벗어날 수 있을까? 우리는 실연을 당했을 때 나타나는 다양한 반응과 대응을 통해 실연의 깊은 수렁에서 헤어날 수 있는 방법을 참고할 수 있을 것이다.

그리스 신화에 등장하는 인물들의 모습도 좋은 예가 될 수 있다. 신화 속의 인물들은 인간 속에 존재하는 원형으로서 우리의 마음을 진솔하게 보여주기 때문이다.

첫 번째 예는 메넬라오스가 그의 아내 헬레네를 되찾은 것처럼 사랑을 되찾는 것이다.

메넬라오스는 그의 아내가 트로이의 왕자 파리스와 함께 도망간 것을 알고는 처음에 식음을 전폐하고 침울한 상태에 빠진다. 그러나 곧 힘을 회복하고 아내를 되찾아오기로 마음먹는다.

유명한 트로이 전쟁이 바로 이로 인해 벌어진 전쟁이다. 결국 메넬라오스는 전쟁에서 이겨 아내를 자신의 품으로 데려오는 데 성공한다.

메넬라오스의 사례는 실연의 아픔을 겪고도 무슨 수를 써서라도 연인을 다시 찾은 경우다. 그의 대응은 사실 현실적으로 불가능하고, 실연의 상처를 치유하는 데 가장 좋지 않은 방법이다. 실연을 당한 사람들이 겪는 현실에 대한 부정을 하고 있기 때문이다. 우리는 이별을 당하면 상대방의 진심이 아니라고 믿고 싶고, 단지 꿈속에서 일어난 일이기를 원한다. 심지어 자신을 놀리려고 상대방이 거짓말을 하고 있다고 생각하고 싶어진다.

그러나 현실에 대해 부정이 심하면 심할수록 실연의 상처는 낫지 않고 깊은 우울로 빠지는 경우가 많다. 떠나간 연인이 언젠가는 돌아올 것이라고 하염없이 믿게 되는데, 이것을 오페라 나비부인 현상이라고 한다.

위의 예에서 알 수 있듯이, 메넬라오스는 사랑하는 여인을 되찾기 위해 전쟁을 일으켰고, 수많은 사람이 그로 인해 죽어갔다. 물론 현실에서 이렇게 주변 사람들을 희생하면서까지 사랑을 되찾는 예는 없지만, 그만큼 사랑을 되찾으려는 과정에서 개인적으로 많은 희생을 치러야 한다는 것을 의미한다. 또한 메넬라오스처럼 다시 연인을 되찾을 수 있는 확률은 사실 높지 않다.

두 번째 예는 실연을 당한 사람이 상대방에게 복수를 하는 것이다.

트로이 전쟁을 일으켰던 파리스는 오이노네라는 요정과 결혼한 상태였다. 오이노네는 상처를 낫게 해주는 능력을 갖고 있었다. 파리스는 오이노네를 영원히 사랑할 것이라는 말을 어기고 헬레네를 데리고 트로이로 가버린다.

파리스에 대한 배신감으로 사랑의 상처를 받은 오이노네는 자신의 상처는 치유하지 못한 채 깊은 우울에 빠져든다. 그리고 세월이 흐른 뒤 파리스는 트로이 전쟁에서 큰 상처를 입고 오이노네를 찾아가 도움을 요청한다. 그녀는 파리스에 대한 복수심 때문에 그의 상처를 치료해주지 않아 죽음에 이르게 한다. 이처럼 실연을 당한 사람은 사랑하는 만큼 증오심도 키울 수 있다. 사랑과 증오는 동전의 앞뒷면과 같기 때문이다.

이렇게 상대방에 대한 복수를 하는 것은 자신의 한풀이는 될 수 있지만, 심할 경우 커다란 불행으로 이어지게 된다. 가끔 뉴스에서 보게 되는 변심한 애인에게 상해를 가하는 사건이 그러한 예다.

세 번째는 실연이 전화위복의 계기가 되기도 한다.

테세우스는 미노스왕의 미로에서 미노타우로스라는 괴물을 무찔러야 하는 임무를 맡게 된다. 이때 미노스왕의 딸 아리아드네가 테세우스에게 반해 아버지 몰래 미로에서 빠져나오는 방법을 그에게 알려준다. 게다가 아리아드네는 가족까지 버리고 테세우스를 따라서 크레타섬을 탈출한다.

그러나 처음부터 아리아드네를 이용하기만 했던 테세우스는 낙소스섬에 그녀를 버리고 떠나버렸다. 아리아드네는 울면서 혼자서 섬을 헤매다가 그곳에 있던 술과 광기의 신인 디오니소스를 만나서 결혼을 하게 된다. 결과적으로 그녀는 영웅 대신 신을 얻게 된 것이다.

실연을 당해 실의에 빠져있을 때 의외의 인물이 나타나 자신의 진심을 보여주는 경우가 있다. 실연의 상처가 깊을 때 이런 사랑을 받아들이지 못하는 경우도 많지만, 또 반대로 위로를 받다가 상대의 마음을 받아들이고 서로 연인이 되는 경우도 많다.

마지막으로 자신의 실연을 승화시키는 사례가 있다.

아폴론은 사랑의 신 큐피드를 놀린 죄로 사랑의 화살을 맞게 된다. 큐피드의 화살을 맞게 되면 처음 본 사람을 사랑하게 되는데, 아폴론의 대상은 바로 다프네였다. 큐피드의 장난은 여기서 그치지 않고 다프네에게는 사랑을 거부하는 납화살을 쏘았다. 납화살을 맞게 되면 사랑의 화살과 반대로 처음 본 사람이 그 누구든 그를 싫어하게 된다. 그래서 아폴론은 다프네를 쫓아다니고, 다프네는 도망가는 행동이 반복된다. 그래서 다프네가 아폴론에게 잡힐 즈음에 다프네는 강의 신인 아버지 페네이오스에게 도와달라고 기도를 드렸다. 페네이오스는 다프네를 월계수로 변하게 했다.

아폴론은 자신의 사랑을 받아주지 않은 다프네를 원망하지 않고 그녀를 기려 승리하는 개선장군에게 월계수의 관을 씌워주라고 한다. 그래서 올림픽의 우승자에게는 월계수의 관을 씌우는 전통이 생기게 된 것이다.

자신의 지극한 사랑을 받아주지 않았을 때 일반적인 반응은 상대를 매우 원망하는 것이다. 아폴론도 월계수로 변한 다프네를 보고 원망의 감정으로 그 월계수를 도끼로 베어버릴 수도 있었을 것이다. 그러나 아폴론은 자신의 사랑을 받아주지 않은 다프네를 인정하고, 자신의 사랑을 그냥 간직하기로 한다. 그래서 아폴론은 자신의 사랑을 기리고, 다프네에 대한 섭섭한 마음을 도리어 영원한 사랑으로 승화시킨다.

실연을 당했을 때 거절당한 사랑을 기리는 것은 결코 쉽지 않다. 하지만 현실을 그대로 인정하고 상대를 존중했다는 점에서 아폴론의 실연에 대한 대응방법은 한 수 위라고 할 수 있다.

실연을 당했을 때 사람들의 반응은 대부분 위의 네 가지 범주에 속할 것이다. 이러한 네 가지 해결방법 중 그 선택은 개인의 성격과 환경에 따라 다를 수밖에 없다.

그런데 가장 큰 문제는 실연을 당한 사람들은 깊은 슬픔에 빠지기 때문에 누구의 조언도 잘 듣지 않는다는 것이다. 왜냐하면 실연은 사랑을 잃는다는 기본적인 문제뿐 아니라 자존심이 상하는 일이며, 자기애 또한 손상을 받기 때문이다.

심리학적 유형론

카를 융은 인간은 태어날 때부터 서로 다른 성격적인 특질이 있다고 주장했다. 그는 사람들 사이에서 벌어지는 오해, 논쟁, 편견은 결국 각 개인이 갖고 있는 심리학적 유형이 다르기 때문이라고 보았다. 그러나 사람들마다 모두 다른 것은 아니고, 자세히 살펴보면 몇 가지의 특징적인 경향으로 나눌 수 있다는 의견을 제시했다.

융은 인간이 갖는 태도의 유형을 두 가지로 나누었는데, 외향성(extrovert)과 내향성(introvert)이 그것이다. 융이 주장한 외향성과 내향성은 일반인들이 흔히 알고 있는 내향성과 외향성과는 개념이 다소 다르다. 그는 외향성과 내향성은 정신 에너지가 흐르는 방향으로, 사람들마다 외향 혹은 내향이라는 양극 중에서 어느 한쪽으로 더 기울어진다고 보았다.

여기에서 말하는 외향성이란 어떤 사람의 정신 에너지가 습관적으로 외부의 대상을 향하는 것이다. 그래서 외향성의 사람들은 외적 세계에 초점을 맞추고 있으며, 외부의 대상이 판단과 인식의 기준이 된다. 따라서 돌아가는 주변의 상황에 잘 적응하기 때문에 다른 사람들의 눈에 매우 활동적으로 보인다.

내향성은 정신 에너지의 흐름이 내적 세계로 향해 있는 것을 말한다. 이들은 자신의 내면 세계가 갖고 있는 기준에 따라 행동하며, 외부 세계의 대상에 휩쓸리지 않는다. 따라서 이들은 생각을 많이 하며, 경험보다는 자신이 가진 기준에 따라 행동한다. 그래서 주위 사람들은 내향성의 사람들을 정적이라고 느낀다.

이러한 의식의 두 가지 태도 유형 이외에 의식에는 외계의 사건에 적응하기 위해 네 가지 기능이 존재한다. 융은 네 가지 기능을 다시 합리적 기능과 비합리적 기능으로 나누었다. 합리적 기능에는 사고(thinking)와 감정(feeling), 그리고 비합리적 기능에는 직관(intuition)과 감각(sensation)이 있다.

사고와 감정을 합리적 기능이라고 한 이유는 '사고'와 '감정' 기능이 주어진 관념 내용을 서로 연결하는 기능을 하고, 기준에 따라 판단하고 결정하기 때문이다. 그러나 '직관'과 '감각'은 옳고 그름의 판단 과정을 거치지 않고 무엇을 감지하는 기능이기 때문에 비합리적이라고 본 것이다.

이 네 가지 기능을 더 자세히 설명하면 다음과 같다.

'사고' 기능은 어떤 사물이 무엇인가를 알아내며, 이에 적절한 이름을 붙이기도 하고, 다른 사물과의 연관성을 파악하는 역할을 한다. 또한 이 기능은 객관적인 판단 기준을 갖고 정보를 분석하고 결론을 내리는데, 일관성과 타당성을 중요하게 여긴다.

'감정' 기능은 우리가 흔히 말하는 기분과는 다른 것으로, 어떤 사물의 가치에 대한 중요성을 객관적인 가치가 아닌 자신이 가진 관점에 따라 결정하는 역할을 한다.

'직관' 기능은 사실에 대한 증명이나 사전 지식이 없이 어떤 일의 가능성을 알아내는 것으로, 흔히 육감이라고 하는 것이다. 이 기능은 새로운 가능성을 빨리 알아채며, 이로 인해 상상력과 영감이 많이 필요하다.

'감각' 기능은 모든 감각 기관에 의존하여 사물을 받아들이는 것을 말한다. 이 기능은 현실에서 일어나는 사실을 그대로 수용하고 처리하기 때문에 현실적이고 실용적이다.

그런데 사람들은 네 가지 의식의 기능이 모두 균등하게 작용하는 것은 아니다. 네 가지 기능 중 각각 한 가지 기능이 주기능과 열등기능으로 나뉜다. 그런데 주기능과 열등기능은 언제나 한 배를 타고 있다. 합리적 기능 중 하나가 주기능이 되면, 나머지 합리적인 기능은 열등기능이 된다.

사람들을 심리학적 유형으로 나눌 때 의식의 태도(내향성, 외향성)와 네 가지 기능(사고, 감정, 직관, 감각)을 짝지어 여덟 가지 심리학적 유형으로 분류한다.

심리학적 유형 8가지

융의 8가지 심리학적 유형은 4가지의 합리적 기능과 4가지의 비합리적 기능으로 다음과 같다.

먼저 네 가지의 합리적 기능은 다음과 같다.

첫 번째는 외향적 사고형으로, 열등기능은 내향적 감정형이다.

이 유형의 사람들은 사업계, 법조계, 과학자 중에서 조직을 맡고 있는 사람들이다. 이들은 과학적 사고의 방해 요소인 게으름이나 불명확한 언어를 거부한다. 또한 외계의 상황을 파악한 뒤 정확하게 순서를 정한다. 혼란스럽고 무질서한 것을 견디지 못하고 정돈되고 차례가 있어야 편안함을 느낀다.

이 유형이 회의에 참석하면, 기본적인 원리를 강조하며 이에 근거해 어떤 일이 진행되어야 한다고 주장한다. 법률가가 이 유형이라면, 양측의 자료를 받아서 우수한 사고 기능으로 어느 것이 실제적인 갈등인지 파악하고, 모든 사람에게 만족스러운 해답을 내놓는다.

두 번째는 내향적 사고형으로, 열등기능은 외향적 감정형이다.

외향적 사고형과의 차이는 위에서 설명했듯이 사고가 안으로 향해 있다는 점이다. 그래서 이들은 외계 대상의 순서를 정립하려고 그다지 노력하지 않는다. 이들은 개념에 더욱 신경을 쓴다. 이들은 먼저 눈에 보이는 사실보다 개념을 명확히 해야 한다고 강조한다. 그래서 이런 유형이 과학자라면 자신의 동료가 개념을 잊고 방황할 때 제자리를 잡도록 해주며, 우리가 지금 무엇을 하고 있는가 하는 의문을 제기한다.

세 번째는 외향적 감정형으로, 열등기능은 내향적 사고형이다.

이들은 외계 상황을 적절히 평가하고 유연하게 관계를 맺는 적응능력이 있다. 이 유형은 쉽게 친구를 사귀고, 사람들에 대한 착각이 드물고, 남들의 긍정적인 면과 부정적인 면을 적절하게 평가할 수 있는 능력을 갖고 있다. 이들은 분위기를 부드럽게 하는 장기가 있으며, 다른 사람들이 볼 때 인생을 참 쉽게 사는 사람처럼 보인다. 따라서 이들은 친구가 많고 주위에 사람이 모인다. 이 유형은 사고형을 싫어하는데, 이유는 그것이 자신의 열등기능이기 때문이다. 특히 내향적 사고형을 싫어하고 철학적 원칙 또는 기본적인 삶의 의문들을 싫어한다. 따라서 심오한 의문은 피하며, 그런 문제를 생각하는 것은 이들을 의기소침하게 한다.

네 번째는 내향적 감정형으로, 열등기능은 외향적 사고형이다.

이들은 내향적인 방식으로 감정을 통해 삶에 적응한다. 융은 이에 대해 "잔잔한 물은 깊다"라고 표현했다. 이 유형은 이해하기가 쉽지 않다. 이들은 분화된 영역의 가치 체계를 갖지만, 외계로 표현하지는 않는다. 이들은 그 안에서 영향을 받을 뿐이다. 이 유형은 도덕 또는 윤리적인 개념을 조용하게 전도해 집단의 윤리적인 근간을 형성한다. 마더 테레사가 이 유형에 속할 수 있을 것이다. 이들은 소리 없이 퍼지는 향기처럼 주변 사람들을 물들게 한다. 따라서 이들은 어느 집단에서 자신의 의견을 내놓지 않아도 존재하는 것만으로도 다른 사람들이 올바른 행동을 해야겠다고 마음먹게 한다.

또한 네 가지의 비합리적 기능은 다음과 같다.

첫 번째는 외향적 감각형으로, 열등기능은 내향적 직관형이다.

이 유형은 외부의 대상과 실제적인 방법으로 관련성을 파악하는 데 재능을 갖고 있다. 감각형의 사람들(외향적이든 내향적이든)은 모든 것을 관찰하고, 냄새 맡으며, 느낀다. 이들은 방에 들어서면 방 안에 얼마나 많은 사람이 있는지를 단번에 파악한다. 어떤 사람이 어디에 있었으며 어떤 옷을 입고 있었는지를 안다. 만약 직관형에게 이런 질문을 하면, 직관형들은 전혀 알지 못한다. 감각형은 세부까지 아는 데 능숙한 사람들이다. 이들은 사진을 찍듯이 사물을 관찰하며, 외부의 사실을 객관적으로 빨리 알아챈다. 그래서 산악인, 엔지니어에 이런 타입이 많은데, 이유는 외부의 현실을 정확하고 폭넓게 알기 때문이다. 이 유형의 열등기능은 '직관'이기 때문에 이들은 '직관'이란 보이지 않는 것에 근거한 환상일 뿐이라고 평가절하한다.

두 번째는 내향적 감각형으로, 열등기능은 외향적 직관형이다.

이들은 매우 민감한 사진판과 같은 성향의 사람들이다. 만약 누군가 방에 들어오면, 이런 타입은 그 사람의 머리 스타일, 얼굴 표정, 의상, 걸음걸이의 모양을 단번에 알아챈다. 이런 모든 것이 내향적 감각형에게는 순간적으로 흡수된다. 그러나 이 유형의 사람들은 외향적 감각형과 달리 겉으로는 어딘가 모자라 보인다. 왜냐하면 이 유형은 그냥 멍하게 있는 때가 많기 때문이다. 그러나 이들이 무엇을 생각하고 있는지 알 수 없다. 겉으로는 아무런 반응도 보이지 않지만, 마음속으로는 모든 사물을 흡수하고 있다. 이들은 내부에서는 빨리 반응을 보이지만, 외적으로는 늦게 반응을 나타낸다. 이 사람들의 내면에서 일어나는 것을 남들이 알 수 없기 때문에 남들로부터 오해를 받거나 잘못 이해되는 경우가 많다.

세 번째는 외향적 직관형인데, 열등기능은 내향적 감각형이다.

직관기능이란 가능성을 인지하는 것을 말한다. 직관이란 보이지는 않지만 미래의 가능성 또는 잠재성을 알아내는 기능이다. 외향적 직관형은 이런 기능을 외계에 적용한다. 따라서 미래에 일어날 일을 미리 추측한다. 선견지명이 있는 사업가에 이런 유형이 많다. 이들은 시장성을 미리 파악하는 데 능하다.

마지막으로 내향적 직관형으로, 열등기능은 외향적 감각형이다.

이들도 외향적 직관형처럼 미래를 예측할 수 있지만, 이들의 직관은 마음속으로 향하고 있다. 고대의 샤먼과 구약의 선지자들이 이런 유형에 속한다.

이러한 융의 심리학적 유형론 이외에도 인간의 성격을 분류하는 이론은 매우 다양하다.

결론적으로 남과 자신의 생각이 다르다고 괴로워할 필요도 없으며, 남을 바꾸려고 헛된 노력을 할 필요도 없다. 사람들은 이처럼 외계에 반응하고, 대응하고, 생각하는 방식이 저마다 다르기 때문이다.

심판적인 자살

인간은 양심이나 도덕적 판단에 의해 자신의 행동을 심판한다. 이때 자신에게 혹독한 판결을 내리기도 한다. 바로 죽음이다.

어떤 사람들은 죽음만이 유일한 자신에 대한 처벌이라고 믿는데, 이것을 심판적인 자살이라고 한다. 심판적인 자살에는 법적으로 자신이 죄를 지었다고 판단하고 목숨을 끊는 경우도 있다.

전형적인 심판적인 자살로는 이오카스테 왕비의 예를 들 수 있다.

테베의 왕 라이오스는 아들에게 목숨을 잃을 것이라는 신탁을 받는다. 그는 아들인 오이디푸스를 죽이라고 명령했지만, 목동이 그를 발견하고 자식이 없는 폴리보스 왕에게 데려다준다. 그러나 결국 라이오스는 델포이로 가던 중 길에서 일어난 충돌로 인해 아들인 오이디푸스에게 목숨을 잃는다. 오이디푸스는 그 당시 테베 시민을 괴롭히던 스핑크스의 수수께끼를 풀고 어머니인 이오카스테와 결혼한다. 그러다가 테베에 기근과 역병의 재난이 일어나자 신탁에 문의한 결과 오이디푸스의 범행이 백일하에 드러나고 이오카스테는 자살한다.

이오카스테는 남편의 원수이며 동시에 아들인 오이디푸스와 결혼한 근친상간의 죄를 지은 것이다. 그래서 그녀의 양심은 자신에게 죽을죄를 지었다는 심판을 내린다. 이처럼 심판적인 자살은 대개 양심의 판단에 따르는 경우가 많다.

이오카스테의 경우 우리는 그녀가 겪었을 죄책감을 충분히 짐작할 수 있기 때문에 어느 정도 자살의 이유를 수긍할 수 있다. 그러나 어쩔 수 없는 상황임에도 불구하고 지나친 자기비난으로 인한 자살도 존재하는데 다음의 예가 그러하다.

갓난아이가 원인 없이 침대에서 죽은 채 발견되었다. 이때 아기 어머니는 자신이 아기를 제대로 돌보지 않았다고 생각해 자살했다. 그녀는 완벽을 추구하는 성격의 소유자였으며, 아기 돌보는 일에도 소홀함이 없었다. 그래서 그녀는 아기가 죽은 것이 자신의 탓이라고 생각한 것이다. 누가 보더라도 아기의 죽음에 어머니는 아무런 책임이 없었지만, 그녀의 완벽함은 자신을 죽음으로 내몬 것이다. 이는 개인이 가지고 있는 도덕성과 사건을 받아들이는 성격으로 인한 것으로 볼 수 있다.

우리에게 가장 혹독한 이는 누구일까? 바로 자기 자신이다. 우리는 다른 사람의 이야기를 들으면서 그 사람의 피치 못할 사정을 이해한다. 하지만 우리는 때로 자신에게 냉정하기 이를 데 없다. 한 면만을 보고 다른 측면을 보려고 하지 않는다. 이것이 바로 생각의 장난이다. 인생은 우리 각자에게 불가피하게 벌어지는 연극이다. 그 연극에서 우리는 잘못된 선택을 할 수도 있으며, 운명에 의해 어쩔 수 없이 잘못을 저지를 수도 있다. 그런데 불가항력적인 것을 자신의 탓으로 돌리기 때문에 사람들은 자신에게 창을 겨누고 찌르는 것이다.

그래서 인생을 대하는 자세는 남의 삶을 관조하듯이 객관적으로 바라볼 필요가 있다. 무엇을 심각하게 생각할수록 생각은 부정적인 생각을 불러일으키고 자기 자신에게 창을 겨눌 수 있기 때문이다.

DICTIONARY OF THE MIND

아동은 죽음에 대해
어떻게 생각할까?

사람들은 일반적으로 어린아이들은 죽음에 대해서 잘 인식하지 못할 거라고 생각한다. 그러나 말기질환을 앓고 있는 아동들은 죽음이 임박하기 전 자신이 죽어가고 있다는 것을 잘 알고 있다고 한다. 단지 자신의 상태에 대해 스스로 말하지 않을 뿐인데, 이유는 주변의 어른들이 그런 이야기를 꺼내는 것을 싫어한다는 것을 잘 알기 때문이다.

질병에 대한 정보를 얻는 것은 연속적으로 경험하는 것을 통해 스스로 터득하게 된다고 한다. 이것은 다섯 단계를 통해 알게 된다.

첫 단계는 아동이 심각한 질병이 자신에게 있다는 사실을 아는 것이다. 두 번째 단계는 자신이 먹고 있는 약의 이름과 부작용을 알게 된다. 세 번째 단계는 자신이 받고 있는 여러 가지 치료와 시술의 목적이 무엇인지에 관심을 가지게 된다. 네 번째 단계는 이러한 다양한 정보를 한데 묶어 질병에 대한 대략적인 예후를 판단하게 된다. 그리고 질병의 과정을 재발과 치유의 순환과정으로 보게 된다.

아동은 이 시점까지는 이러한 순환과정에 죽음이 포함된다는 것은 알지 못한다. 다섯 번째 단계에 들어가서야 죽음을 이러한 과정의 한 부분으로 인식한다.

정리하자면 다음과 같다. 아동은 자신이 심각한 질병에 걸렸다고 생각하지만 좋아질 수 있다고 여기다가 나중에는 항상 자신은 질병상태에 있으며 나아질 거라고 생각한다. 결국에는 항상 자신은 질병상태에 있으며, 좀처럼 나아지기 어렵다고 판단한다. 그리고 마지막에는 자신의 상태를 죽어가는 과정에 있다고 인식한다.

또한 아동은 다른 사람의 죽음을 이해하는 방식이 어른과 많은 차이가 있다.

사랑하는 사람이 죽었을 때, 어른은 자신의 슬픔에 사로잡혀 아이들의 감정적인 반응에 신경을 쓰지 못하게 된다. 예를 들어 아내가 죽었을 때 남편은 아내를 잃은 슬픔에 사로잡혀 어머니를 잃은 아이들이 무엇을 생각하는지 알지 못하는 경우가 많다.

성인과 마찬가지로 아동도 커다란 상실감을 해결하지 못할 경우 심리적으로 많은 후유증을 남기게 된다. 아동은 사랑하는 사람이 죽었을 때 정서적으로 시간이 멈추게 되어 성인으로 가는 성장과 성숙이 지연되거나 멈추기도 한다.

아이들은 어른에 비해 상실의 경험을 극복하기 어려운 점이 많다. 성인에 비해 가장 불리한 점은 아이의 사고능력이 미성숙하다는 것이다. 예를 들어 성인처럼 죽음의 의미 또는 영향을 이해하지 못한다. 5살 이하의 아동은 부모나 형제가 죽었을 때 잠시 어디로 떠났거나, 잠을 자는 정도로 생각한다. 비록 죽은 사람이 관에 누워 있거나 묘지에 묻혔다는 사실을 안다고 하더라도 죽은 사람은 여전히 숨을 쉬고, 음식을 먹고, 생각을 할 수 있다고 여긴다. 아동은 9살이 넘어서야 죽음을 객관화하고, 죽음이 모든 인간에게 불가피하다고 여기게 된다. 그리고 아동은 애도 과정에서 매우 중요한 자신의 감정, 사고, 기억을 언어로 표현하지 못한다.

또한 자신이 아무런 관련이 없음에도 사랑하는 사람의 죽음에 자신이 책임이 있다고까지 생각한다. 자신이 무언가 잘못해서, 아니면 신에게 죄를 지었기 때문에 어머니 또는 아버지가 자신의 곁을 떠났다고 생각한다. 또한 죽은 어머니나 아버지가 자신을 미워했기 때문에 자신을 버렸다고도 생각한다.

성인은 슬픔에서 벗어나기 위해 적극적으로 다른 사람을 찾아가 슬픔을 달래거나 전문적인 도움을 받을 수 있지만, 아동은 이런 적극적인 애도 과정을 거치는 데 많은 제한을 갖고 있다. 아이들은 조용히 자신의 생각에 몰입할 뿐, 슬픔을 해결할 수 있는 대안을 찾는 방법을 잘 알지 못한다.

아동은 고통은 결국 해결되고 인생은 계속된다는 경험이 없기에 앞으로의 인생은 불행한 일만 생길 수 있다고 단정짓게 된다. 또한 인생은 불행으로 가득 찼다는 염세적인 생각이 들 수도 있다.

또한 어른들은 아이가 상처를 받을까 봐 사랑하는 사람의 죽음에 대한 언급을 피하려고 한다. 즉, 가족들은 암묵적으로 이런 무거운 주제를 피하는 경우가 많다. 이러한 집안의 무거운 분위기는 아동들의 애도 과정을 방해하게 된다. 다시 말해, 사랑하는 사람에 대해 회상하고 이야기하는 것은 나쁜 것이라는 생각을 갖게 되면서 이들은 자신의 감정을 계속 쌓아놓기만 한다. 결과적으로 애도 과정은 지연되고 아이들은 오랫동안 사자(死者)에게 붙들려 있게 되어 생활에 적응하지 못하게 되는 것이다.

따라서 사랑하는 사람의 죽음 이후 아이가 급격히 말수가 줄어들거나, 다른 아이들과 잘 놀지 않으려고 하고 혼자 있는 시간을 가지려고 하거나, 유난히 눈물이 많아지면 아이에 대한 관찰을 할 필요가 있다. 이것은 애도 과정을 넘어서서 소아우울증으로 넘어간 단계이기 때문이다. 따라서 이런 경우 놀이치료나 상담치료 등 전문적인 치료를 통해 아동의 사랑하는 사람의 죽음으로 인해 힘든 마음과 외로움을 풀어줘야 한다. 그리고 필요하다면 약물치료를 병행해서 애도반응으로 인한 우울증을 극복할 수 있도록 세심한 보살핌이 필요하다.

안락사에 대한 논쟁

안락사(euthanasia)는 그리스어에 어원을 두고 있는데 eu(good)는 좋다는 의미이고, thanatos(death)는 죽음이라는 의미다. 즉, 좋은 죽음이라는 의미를 담고 있다. 그렇다면 고대에는 안락사가 긍정적인 의미로 받아들여졌을 것이라고 추측해볼 수 있다.

고대 그리스에서는 인간의 생명에 대해 현재와는 크게 다른 개념을 갖고 있었다. 그들은 인간의 생명이 모두 고귀하고 가치 있는 것은 아니라고 여겼고, 어떤 대가를 치르더라도 생명을 보존해야한다고는 생각하지 않았다. 예를 들면 스파르타에서는 장애를 갖고 태어난 아기를 죽였는데, 부모와 아기에게 불행한 삶보다는 죽음이 낫다고 생각했기 때문이다. 이런 유아살인은 스파르타에서만 있었던 것은 아니며, 아테네처럼 문명화된 사회에서도 장애를 갖고 있거나 건강하지 않은 아기를 죽이는 것이 허용되었다. 물론 아테네에서 장애를 가진 아기를 죽이는 것을 무조건 장려한 것은 아니며, 단지 이러한 유아살해를 금지한 것은 아니라는 의미다.

그리스에서 유아살해를 허용했다고 해서 그들이 인간 생명의 가치를 낮게 평가했던 것은 아니다. 그들도 다른 종류의 살인에 대해서는 엄격하게 금지했다. 일반적으로 그들은 자살을 허용하지 않았다. 피타고라스, 플라톤, 아리스토텔레스는 자살을 삶의 어려움을 피하려는 비겁한 행동이며 자신과 사회에 대한 의무를 저버리는 행동으로 보았다. 그러나 세 사람 모두 모든 상황의 자살을 금지하는 것은 어리석은 행동이라고 보았다. 그들은 도저히 낫지 않는 질병, 그로 인한 참을 수 없는 고통이 있을 경우 죽음을 앞당길 수 있다고 보았다.

의학의 아버지로 불리는 히포크라테스가 말한 히포크라테스 선서는 요즘도 의사가 되는 사람들에게 윤리적 지침이 되고 있다. 그중에 다음과 같은 내용이 있다. "죽음을 일으키는 어떤 약의 요청도 들어주지 않을 것이며, 이러한 어떤 암시도 주지 않을 것이다."

로마는 그리스의 사상을 많은 부분 그대로 적용했다. 예를 들면 스토아학파의 철학자인 세네카는 '우리는 끔찍한 출생을 파괴하고, 우리의 아이가 연약하고 장애를 가지고 있다면 익사시켜야 한다'고 했다. 이처럼 로마는 그리스에 비해 더욱 특정한 상황의 살인을 받아들였다. 스토아학파와 에피쿠로스학파 철학자들은 자살을 더 이상 삶을 돌보지 못하게 될 경우 받아들일 수 있는 선택이라고 보았다.

안락사는 의도적(voluntary), 비의도적(involuntary) 안락사로 구분한다.

의도적 안락사는 죽기를 원하는 사람이 자신의 죽음을 적극적으로 원하는 경우를 말한다. 의도적인 안락사는 우리가 흔히 알고 있는 전형적인 안락사를 말한다. 다음과 같은 경우가 그러하다. 전투 도중 한 명의 병사가 치명적인 상처를 입는다. 그러나 상황은 더욱 나빠져 남은 병사들은 적의 공격 때문에 철수할 수밖에 없다. 상황이 너무 급박해서 상처 입은 병사를 도저히 데리고 갈 수 없다. 상처를 입은 병사는 적의 포로가 되거나 고통스런 죽음을 당할 것이 분명하다. 이때 그 병사는 남은 병사에게 애원한다. "제발 저를 죽이고 가주세요." 깊은 슬픔에 빠진 동료병사는 잠깐 동안의 고뇌 끝에 상처 입은 병사를 죽이고 떠난다.

여기에서 상처 입은 병사는 적극적으로 자신의 죽음을 요청한 것이다. 이처럼 적극적인 안락사는 대상의 적극적인 요청이 있는 경우를 말한다.

비의도적인 안락사는 나치가 T4 프로그램으로 수많은 장애자를 희생시킨 것과 같은 경우를 사례로 들 수 있다. 또한 존엄사와 연명의료 논쟁을 불러일으킨 미국 여성 카렌 앤 퀸란의 경우처럼 환자가 식물인간 상태에 빠져 아무런 가망이 없는 경우, 자신의 의사를 전달할 수 없을 때 가족이나 의사가 죽음을 선택하는 경우를 말한다.

또한 안락사는 적극적인(active) 안락사와 소극적인(passive) 안락사로 다시 나뉜다.

소극적인 안락사는 도저히 가망이 없는 질병을 앓고 있는 환자의 경우 인공적인 수단에 의해 생명을 유지하는 장치를 제거하는 것만으로 숨지는 경우다. 카렌 앤 퀸란은 의식을 소실하고 인공호흡기로 생명을 연장하고 있었다. 이때 아버지는 그녀가 산소호흡기에 의지한 채 생명을 유지하는 것을 거부하고 산소호흡기의 제거를 요구했다. 그런데 퀸란은 산소호흡기를 제거하고도 9년을 더 생존했지만, 단순히 생명을 연장하는 기기의 제거만으로도 목숨이 끊어지는 경우를 말한다.

사실 이런 소극적인 안락사는 우리나라에서 흔히 일어나고 있다. 카렌 앤 퀸란의 경우처럼 재판을 벌여 힘들게 안락사를 시행하지 않는다. 왜냐하면 우리나라는 아직도 관례적으로 임종만은 밖이 아니라 집에서 해야 한다는 관념이 강하기 때문이다. 그래서 임종이 가까운 암환자나 치명적인 질환을 앓고 있는 환자의 경우 의사는 가족들에게 죽음이 임박했음을 알리고 집으로 데려갈 것을 말하는 경우도 있다. 또는 가족들이 의사에게 집에서 임종할 것을 요구하는 경우도 많다. 그러면 자연스럽게 인공호흡기가 제거되고, 집으로 이동하는 중에는 간이 호흡기를 통해 숨을 유지하다가 집에서 임종을 맞는다. 따라서 이런 소극적인 안락사의 경우 우리가 안락사라는 명칭을 붙이지 않았을 뿐 우리 주변에서 흔히 볼 수 있는 일이다.

만약 병원이 환자에게 약물이나 인공호흡기를 중단했다면 그것은 소극적인 안락사에 해당된다. 그러나 치명적인 양의 진통제, 신경안정제를 투여해 사망케 했다면 이것은 적극적인 안락사에 해당한다.

이런 적극적인 안락사의 예로는 잭 케보키언의 예가 가장 대표적이다. 그는 130여 명의 말기병을 가진 환자를 죽음에 이르게 하였다. 첫 번째 안락사는 알츠하이머병을 앓고 있던 54세의 환자에 대해 의사조력사망(physician assisted death)을 한 것이다. 이 사건으로 그는 살인혐의로 기소되었으나, 취하되었다.

지금까지 가장 논란이 일고 있는 것은 적극적인 안락사 중에서 의사조력사망이다. 말기질환을 앓고 있는 환자가 자신의 목숨을 끊는 과정에서 의사의 도움을 받는 것을 말한다. 여기에는 의사가 목숨을 끊을 수 있는 약물을 처방하고 환자가 약물을 복용하는 경우도 있지만, 의사가 직접 독극물을 환자에게 투여하는 경우도 있다.

수동적인 안락사의 경우 적극적인 반대의 의견은 거의 없지만, 적극적인 안락사 특히 의사조력사망은 끝없는 논란이 일고 있다. 적극적인 안락사를 찬성하는 측은 합법화를 추진하고 있지만, 반대하는 측은 적극적인 안락사는 의사에 의한 살인에 불과하다는 입장이다.

알코올 중독이 인간사에서
끊이지 않는 이유

그리스 신화에서 식물, 포도주, 도취, 갈등과 광란의 신은 디오니소스다.

그리스인들에게 술(포도주)은 식물의 정수라는 점에서 피와 동일시되어 생명 또는 불멸의 상징으로 여겨졌다. 그들은 술을 연금술에서 불과 물이 결합한 생명의 물이라고 보았다. 즉 상반되는 것의 결합, 일치를 상징했다. 창조와 파괴 두 가지 상태를 모두 가지는 남성과 여성, 능동과 수동을 나타냈다.

또한 술은 일상적 인식의 해방을 상징했다. 그리스의 철학자들은 술을 찬양했다. 그들은 취하지 않고서는 신들의 세계와 접촉할 수 없다고 믿었다. 이러한 영적인 체험, 즉 술로 인해 앙양된 기분을 즐기기 위해 사람들은 고대로부터 술을 마시기 시작했다. 그래서 술은 아편, 마리화나와 함께 인류가 사용한 최초의 약물이다.

이렇게 오랜 역사를 가지고 있는 만큼 술로 인한 폐해의 역사도 길다. 특히 알코올 중독은 고대로부터 잘 알려진 정신질환이었다. 그리고 알코올은 역사에도 영향을 미치게 된다. 알렉산더 대왕의 아버지는 심한 알코올 중독이었으며, 알렉산더도 폭음을 하고 33세에 요절하고 만다.

또한 고대 로마는 이탈리아 반도의 대부분에서 포도를 경작했는데, 포도주의 양산으로 인해 상류층과 황제들은 알코올 중독으로 인해 폭정이라는 사회문제를 일으켰다. 특히 초기 로마황제들(네로, 칼리굴라)의 폭압과 실정은 알코올 중독이 원인이 되었다고 볼 수 있다.

이런 알코올 중독의 문제는 기독교의 전파로 인해 감소되었으나 중세에는 수도원에서 포도주의 제조가 중요한 일이 되었다. 그래서 성직자들 사이에 음주문제가 심각하게 퍼지게 되었다.

중세까지 알코올 중독은 상류층의 문제였으나 이후 하류층에까지 퍼지게 된다. 이유는 바로 증류주를 만들 수 있는 기술이 개발되었기 때문이다. 그래서 18세기 영국에서는 하류층까지 알코올 중독이 늘어나게 되었다. 그러나 알코올 중독을 질병으로 분류하기 시작한 것은 19세기 초에 이르러서다. 물론 지금도 알코올 중독을 질병으로 보지 않는 곳도 많은 것이 사실이다.

알코올 중독이라고 하면 매일 다량의 술을 마시고, 금단증상으로 인해 손과 몸을 떠는 극심한 경우라고만 알고 있는 경우가 많다. 그러나 알코올 중독의 진단은 음주패턴이나 양과는 명확한 관련이 없고, 심리적 또는 사회적 장애를 얼마나 동반하는가를 기준으로 한다. 다시 말해, 가정과 자신의 일에 얼마나 장애를 보이는지에 따라 알코올 중독의 진단이 내려지는 것이다.

그렇다면 알코올 중독은 왜 생기는 것일까? 사람들이 자신의 목숨을 조금씩 갉아먹으면서도 알코올에 자신의 몸을 맡기는 이유가 무엇일까?

가장 큰 이유는 알코올이 사람의 기분을 들뜨게 만들기 때문일 것이다. 알코올(alcohol)이란 말은 라틴어로 스피리투스(spiritus), 즉 영혼과 같다고 보았다. 알코올을 통해 영혼과의 합일을 바라는 이유에서였다. 알코올에 심취하는 사람들을 보면, 평상시에는 의기소침하고 매우 얌전하고 조금은 우울한 성향을 가진 사람이 많다. 이들은 평소에는 남들로부터 받는 섭섭한 감정을 제대로 표현하지 못하고, 또 자기주장을 내세우지 못하는 경우가 많다.

그러나 이들은 마음속으로 자신이 항상 남들로부터 이용당하고 있다고 생각하며, 억울한 감정을 제대로 표현하지 못하는 것에 대해 열등감을 갖고 있다. 이들은 이러한 열등감과 의기소침한 감정을 술의 힘을 빌려 푸는 경우가 많다. 술이 가져다주는 기분의 들뜸은 평소 움츠리고 억눌렸던 감정을 벗어나 자신감을 갖게 한다. 또한 이들은 사랑의 대상에 대한 갈증이 있는 경우가 많다. 평상시 주변 사람들이 잘해주어도 이들은 공허함을 느낀다.

이런 감정은 술의 신인 디오니소스를 보면 명확해진다. 디오니소스의 어머니는 제우스의 아내인 헤라의 저주로 죽게 된다. 그래서 디오니소스는 어머니가 아닌 다른 사람들의 손에서 자란다. 이로 인해 디오니소스는 어머니에 대한 그리움을 안고 평생을 보내게 되고, 결국 어머니인 세멜레를 구하기 위해 저승까지 간다.

어머니 없이 자란 디오니소스의 공허감처럼 알코올 중독자들은 어린 시절부터 채워지지 않은 자신의 정신적인 갈증을 술로써 풀려고 하는 경향이 있다. 결국 이러한 심리적인 의존 상태는 알코올의 만성적인 복용으로 이어지게 되고, 만성적인 복용은 다시 신체적인 의존상태가 되어 술을 끊기 어렵게 한다. 술을 통해 심리적으로 일시적인 만족감을 얻었다고 하더라도 술을 끊은 후에 생기는 불쾌감, 우울감, 신체적인 피로감 등을 도저히 견딜 수 없게 되고, 다시 술을 찾게 되는 것이다. 바로 이것이 술 취한 다음 날 해장술이라는 명목으로 다시 술을 찾게 되는 이유인 것이다.

디오니소스는 영혼과 활력, 기존의 억압된 가치관을 허무는 술의 신으로 추앙을 받았지만, 또한 광기와 폭력의 신이기도 하다. 이면에 도사린 광기와 폭력은 바로 술의 폐해를 보여주는 것으로 해석할 수 있다.

디오니소스가 광기와 도취, 폭력의 신이라고 한 이유는 그가 다니는 곳마다 사람들의 광란상태를 불러왔기 때문이다. 예를 들어 디오니소스를 박대하던 리쿠르고스 왕은 도끼로 아들을 죽이면서 자신은 포도나무를 자르고 있다고 생각했다. 또한 프로이토스 왕과 미니아스 왕의 딸들은 디오니소스를 박대하고 미쳐서 광란상태에 빠진다. 이것은 알코올이 직접적으로 불러일으키는 광증을 의미하기도 한다. 술은 사람들의 밑바닥에 자리 잡고 있는 폭력성과 광기를 불러일으키기 때문이다.

또한 디오니소스의 저주에 의한 광증은 바로 알코올 중독 금단

섬망을 보여준다. 알코올 중독의 경우 오랫동안(수십년간) 술을 먹게 되면, 알코올 금단성 섬망 상태에 빠지게 된다. 알코올 금단성 섬망 상태에서는 자기 몸에 벌레가 기어가는 것이 보이거나, 방안의 누가 자신을 죽이려 한다는 환각이 보이기도 한다. 이 상태에서 리쿠르고스 왕처럼 가족을 살해하는 경우도 있다.

알코올 중독은 자기파괴적이라는 의미와 동일하게 생각해도 무방하다. 자살을 가장 많이 일으키는 정신질환으로 3가지를 꼽을 수 있다. 우울증, 조현병, 알코올 중독이 그것이다.

이런 알코올 문제에도 불구하고 디오니소스를 따르는 마이나데스(디오니소스를 따르던 여신도들, 그들은 산속에서 흥겨움에 겨워 황홀한 상태로 춤을 추고 의식을 거행했다)의 무리는 끊임없이 이어지고 있다.

양복장이와 구두장이 동화를 통해 새기는 IMF의 교훈

그림 동화집에 〈양복장이와 구두장이〉라는 이야기가 있다.

어느날 양복장이와 구두장이가 우연히 만나 동행을 하게 된다. 양복장이는 매우 명랑한 성격을 가졌으며, 돈이 생기면 맛있는 음식을 먹는 등 미래에 대한 준비가 전혀 없는 사람이었다. 반면 구두장이는 매우 욕심이 많고, 준비성이 철저한 성격을 갖고 있었다. 이들은 함께 먼 길을 떠나게 된다. 양복장이는 돈이 있으니 언제든 음식을 사 먹을 수 있다고 생각해 아무런 준비도 하지 않고 떠났다. 그는 심지어 일주일치의 빵을 갖고 떠나는 구두장이를 놀리기까지 했다.

둘은 점점 깊은 숲속으로 들어가게 되었고, 음식을 살 수 있는 곳은 전혀 없었다. 배고픔에 지친 양복장이는 구두장이에게 음식을 달라고 사정할 수밖에 없었다. 평소 양복장이의 행동을 못마땅하게 생각했던 구두장이는 한 가지 조건을 제시했다. 빵을 주는 대신 양복장이의 눈 하나를 도려내겠다는 것이었다. 다른 방법이 없었던 구두장이는 어쩔 수 없이 자신의 눈을 팔아 빵을 얻어먹었다.

그러나 양복장이는 다시 배고픔이 찾아오자 또 다른 한쪽의 눈을 구두장이에게 팔았다.

결국 장님이 된 양복장이는 그제야 자신의 경솔함을 깨닫게 되었지만, 때는 이미 늦은 뒤였다. 눈이 없는 양복장이는 더 이상 양복을 지을 수 없는 처지가 되었다. 그리고 구두장이는 장님이 된 양복장이를 버려두고 혼자서 길을 떠났다.

혼자 남은 양복장이는 우연히 사형을 당한 시체들이 하는 이야기를 엿듣게 되었다. "오늘 밤 말이지, 사형대에서 떨어질 이슬방울이 있을 텐데, 그 이슬로 얼굴을 씻으면 어떤 장님에게서도 눈이 새로 생긴단 말이지."

이 말을 듣게 된 양복장이는 이슬을 손수건에 묻혀 자신의 눈구멍에 대었다. 그러자 눈이 점차 자라나오기 시작해서 다시 앞을 볼 수 있었다.

이 동화에서 양복장이의 태도는 IMF 한파 전 우리의 모습과 비슷한 점이 많다. 양복장이는 지나치게 낙관적인 성격을 갖고 있으며, 즉흥적인 인물로 나온다.

'하면 된다'는 기치 아래 시작된 우리나라의 근대화는 노력하면 모든 것이 실현되었다. 경제개발 5개년 계획, 수출 100억 불 달성, 88올림픽 등 모든 것이 숨 가쁘게 진행되었고 모두가 앞만 보며 쉼 없이 내달렸다. 그리고 그 결과도 상당히 성공적이었다. 그래서 모두가 미래에 대해 지나치게 낙관적인 기대를 하기 시작했다. 또한 수단과 방법을 가리지 않은 수출주도정책은 우리 사회에 원리와 원칙을 상실하는 결과를 가져왔다. 그래서 원리와 원칙을 지키는 것은 고지식하고 뒤떨어진다고 간주되었고, 빨리빨리 결과를 이루는 것이 최고의 목표가 되었다.

이러한 '적당히'라는 의식은 즉흥적인 판단을 요구한다. 또한 우리는 미래에 대한 장구한 계획은 별로 중요하게 생각하지 않았다. 길어야 5년 앞의 미래를 내다보면 그만이었다. 왜냐하면 경제개발 5개년 계획이 말해 주듯이 우리의 미래는 단지 지금부터 5년 이내에 모든 것이 판가름 난다고 생각했기 때문이다. 그래서 이러한 지나친 낙관주의와 즉흥적인 사고가 우리 사회에 깊숙이 뿌리 내리기 시작했다.

양복장이는 매우 뛰어난 솜씨를 가지고 있어 여러 곳으로부터 주문을 받을 수 있었다. 그러나 그는 가진 것을 흥청망청 모두 써 버렸다. 왜냐하면 그에게는 언제나 일감이 밀려 있었기 때문이다.

손재주가 뛰어난 우리나라 국민도 뛰어난 솜씨로 무엇을 하든 재주를 인정받았으며, 일감은 영원히 밀려 있으리라 생각했다.

근대화와 함께 일기 시작한 전국 토지 개발 바람으로 인해 무위도식하고도 떼돈을 벌 수 있는 기회가 열렸다. 그러나 노력하지 않고 버는 돈, 즉 눈먼 돈은 결국 오래 머물지 않는다. 이러한 돈은 쉽게 유흥가로 흘러들어갔고, 돈은 돌고 돌아 일부 계층은 큰돈을 벌어들였다.

이는 다시 반상의 구별이 없어진 현대에서 있는 자와 없는 자에 대한 구분으로 이어졌다. 있는 사람들은 못사는 사람들은 도저히 구입할 수 없는 고가의 물건을 소유하고 자식들을 일찍부터 해외에 보내 공부를 시켰다. 이런 문화는 전 국민에게 쉽게 확산되었다. 왜냐하면 체면을 중시하고 지고 사는 것을 참지 못하는 우리의 정서 때문이다.

온 국민은 겉으로 보이는 삶을 위해 수입을 초과하는 소비생활을 했다. 그리고 이런 분위기를 방송매체는 부추겼으며, 정부는 장밋빛 꿈을 제시했다. 도리어 외국에서 우려의 목소리가 커지기 시작했다.

결국 1997년 말 우리는 외화를 탕진하고 IMF 사태를 맞고 말았다. 마치 두 눈을 잃은 양복장이처럼 많은 것을 잃게 되었다. 미국과 일본 자본의 유입과 수입선 다변화 해제로 인한 무차별적인 일본 상품의 유입과 그로 인해 입을 국내 전자산업의 초토화가 눈앞에 닥쳐왔다. 또한 자본시장의 완전개방은 우리의 우량기업들을 외국자본이 헐값에 사들일 수 있는 기회를 제공하는 것이었다. 결국 많은 기업이 도산했고, 많은 사람이 길거리에 내몰리며 생계의 위협을 당했다.

그러나 이런 위기는 이미 우리에게 몇 차례의 경고를 주고 시작되었다. 융이 말한 동시성의 원리에 따르면, 어떤 사건은 그 사건의 당사자에게 의미하는 바가 있다고 한다. 우리는 지나간 사건들을 살피며 대형사건들이 우리에게 경고하는 바를 읽어야 했다.

삼풍 백화점의 붕괴는 많은 것을 의미한다. 백화점은 사실 우리 사회를 보여주고 있는 축소판이었다. 백화점은 생활에 꼭 필요한 물건 이외에 자신을 과시하기 위한 물건을 구입하는 곳이다. 삼풍 백화점은 법원을 마주하고 있었으며, 근처에는 고급 아파트가 들어선 강남의 노른자위 땅에 있었다.

삼풍 백화점은 바로 우리가 쌓아올린 허영의 바벨탑이었다. 그런데 이 백화점이 법, 권력, 부의 중심부에 위치하고 있다가 쓰러진 것이다. 견고해야 하는 백화점이 일순간에 쓰러진 것은 상징적으로 우리가 모래 위에 성을 쌓아올렸다는 것을 IMF가 일어나기 몇 년 전 경고하고 있었던 것이다.

그림 동화의 양복장이는 다시 눈을 뜨게 된다. 그는 자신의 잘못을 반성하는데, 바로 자신의 두 눈을 잃고 난 다음이다. 그는 장님이 된 뒤에야 내면에 귀를 기울이게 된다. 비록 장님이 되었지만, 오히려 진리를 보는 눈이 생긴 것이다. 그는 깨달음을 얻은 뒤 사형대에 떨어진 이슬로 다시 현실의 눈을 찾게 된다.

IMF 한파는 장님이 된 양복장이의 처지처럼 우리에게 많은 시련을 안겨주었다. 대량실업 사태, 예전보다 못한 경제생활 등 전 국민이 경제적 어려움을 겪어야 했다. 그러나 양복장이가 시련을 통해 자신의 내면을 볼 수 있는 눈을 떴듯이, 우리는 경제적인 어려움 속에서 무엇이 진정한 가치가 있는지 돌아볼 수 있는 기회를 갖게 되었다. 또한 원리 원칙대로 하지 않았을 때 생기는 파국도 처절하게 경험했다.

양복장이가 눈을 뜨게 된 사형대의 이슬은 바로 죽음을 상징한다. 여기서의 죽음은 과거의 사고, 행동, 습관이 죽었음을 의미한다. 다시 말해, 과거의 사고가 죽고 거기서 새로운 눈을 찾을 수 있는 것이다. 그런 관점에서 보자면 IMF는 우리로 하여금 성장일변도의 자기과시적이며, 적당주의적인 사고를 버리고 진정 중요한 것이 무엇인지 의문을 갖도록 눈을 뜨게 한 계기가 된 것이다.

에밀 뒤르켐의
자살의 분류

자살은 심리적인 원인, 사회적인 원인 등에 따라 나눌 수 있다. 그 중 가장 유명한 자살의 분류는 프랑스의 사회학자 에밀 뒤르켐이 분류한 것이다. 그는 자살이라는 매우 개인적인 사건이 실은 사회적인 상황과 관련이 있음을 보여주고자 했다. 즉 사회 안에서 개인이 얼마나 통제상태에 놓여 있는가의 여부에 따라 자살을 3가지로 분류했다. 그는 자살을 이기적(egoistic), 이타적(altruistic), 아노미적(anomic) 자살로 나누었다.

이기적 자살이란 지나친 개인주의의 확산과 종교의 쇠퇴처럼 개인을 통제하는 사회의 가치가 영향력이 떨어졌을 때 발생하게 된다. 반대로 국제분쟁처럼 국민의 힘을 집결시키는 사건이 일어나게 되면 이런 이기적인 자살은 감소한다.

이타적 자살은 개인이 지나치게 사회에 통합되어 있는 경우로, 한 개인이 사회 안에서 개인화되지 못했을 때다. 이런 상황에서 개인은 사회집단에 흡수되고, 사회의 관습과 요구에 의해 행동이 결정된다. 따라서 이타적 자살은 문화적, 집단적, 사회적인 이익을 위해 자신을 희생하기 위한 의도에서 이루어진다.

아노미적 자살은 개인에 대한 사회의 통제가 불충분할 때 발생한다. 정상적인 상황에서 사회의 통제는 개인에게 평형감과 한계를 제공한다. 그러나 개인 또는 문화의 상황이 변화게 되면(경제적인 성공, 사별, 이혼) 이런 평형감은 무너지고, 통제상태에서 벗어나게 된다. 이런 상황에서 아노미적 개인은 자신의 행동을 통제하고 인도할 가치기준을 잃게 됨으로써 자살을 하게 되는 것이다.

뒤르켐의 분류는 인간이 사회 안에서 어떻게 영향을 받는가에 초점을 맞추었으며, 자살이 일어나는 원인을 사회적인 영향에 의해서 나타날 수 있다고 분류를 한 것이다. 따라서 자살은 한 개인의 문제뿐만 아니라 사회가 어떤 영향을 주느냐에 따라서도 자살의 빈도가 높아지게 되는 것이다.

그래서 우리나라의 경우 OECD국가 중 자살률이 제일 높은 나라인데 이는 사회적인 영향을 배제할 수가 없는 것이다. 지나친 경쟁과 취업의 어려움, 체면을 중시하는 사회적 분위기, 인간 생명에 대한 경시가 우리 사회에서 일어나는 자살의 큰 원인으로 볼 수 있다. 또한 자살 예방에 대한 시스템이 잘 갖추어져 있지 않고, 개인이 각자도생의 길을 걸어야 하는 제도적인 문제도 한몫을 하고 있다.

따라서 자살을 개인적인 문제로만 볼 것이 아니라 사회적인 맥락에서의 접근이 필요하며, 자살에 대한 심리적 부검을 통해 우리 사회에 만연한 자살을 줄이는 큰 노력이 필요하다.

엔도르핀은 만능인가?

인간이 아편을 사용하기 시작한 기록은 기원전 3세기경에 나타나 있다. 아편의 도취작용으로 인해 양귀비를 기쁨을 주는 식물이라고 부르기도 했다. 아편은 처음에는 지사제 등으로 많이 쓰였으나 나중에는 진통제로 쓰였고, 의존과 남용의 문제를 불러일으켰다.

이러한 아편과 유사한 물질이 인체 내에서 스스로 만들어진다는 사실이 1975년에 발견되었다. 이것을 엔도르핀(endorphin)이라고 부른다. 엔도르핀은 뇌의 송과체에서 만들어져 인체의 스트레스를 완화하는 작용을 한다고 보았다.

사람들이 스트레스를 받게 되면 인체 내에는 엔도르핀의 양이 증가하게 되고, 특히 외부에서 받는 스트레스가 심할수록 더 많이 만들어지게 된다. 실제로 엔도르핀의 작용을 억제하는 약물을 투여받은 사람들에게서 불안, 과민성, 우울증, 집중력이 떨어지는 증상이 관찰되었다. 이러한 결과를 통해 엔도프핀은 스트레스로 인한 부작용을 방지한다고 볼 수 있다.

처음에는 엔도르핀의 이러한 긍정적인 작용에 대해서만 관심을 가졌는데, 부정적인 작용도 드러나게 되었다. 동물실험에 의하면, 엔도르핀은 면역체계를 방해해서 암세포를 더욱 커지게 했다는 결과가 나왔다. 실제로 엔도르핀과 유사한 마약제를 오랫동안 복용한 사람들이 도리어 균에 잘 감염되었고, 특히 면역체계에 중요한 T임파구의 숫자가 줄어든 결과를 보였다.

이러한 결과는 엔도르핀에 대해 알고 있는 우리의 상식을 뒤집는 결과라 할 수 있다. 기분이 좋고, 만족스러울 때 엔도르핀이 상승한다고 알고 있는데, 실제로는 스트레스를 받을 때 엔도르핀이 상승한다는 것이다.

또한 엔도르핀은 단기적인 스트레스에 대해서는 인체에 긍정적인 영향을 주지만, 장기적으로 스트레스를 받는 경우 도리어 면역체계에 장애를 가져오는 것을 볼 수 있다. 결국 무엇이든 지나치면 화가 되는 것이다.

그러나 아직도 엔도르핀의 정확한 효능은 완전히 밝혀진 상태는 아니다.

영화가 주는
치유의 기능

"한 장의 그림이 천 마디 말보다 낫다(A picture is worth a thousand words)"라는 말이 있다. 한 장의 그림 속에 담긴 의미는 개인에게 여러 가지 의미를 던져주고, 영향을 준다는 의미라 할 수 있다. 그렇다면 수많은 이미지로 만들어진 영화는 사람들에게 얼마나 많은 영향을 줄까?

영화 한 편이 자신의 인생을 바꿔놓았다거나 자신의 생각을 바꿔놓았다는 이야기를 흔히 듣게 된다. 시각적인 이미지는 우리의 뇌에 걸러지지 않고 그대로 투영되기 때문에 그 영향력이 클 수밖에 없다.

우리는 살아가면서 우리에게 현명한 조언을 해줄 수 있는 사람들을 필요로 한다. 그것은 부모가 될 수도 있고, 친구, 형제, 선생님 등등 다양하다. 우리는 삶의 갈림길에서 어떤 결정을 내려야 할지, 어떤 선택을 해야 할지, 무엇을 해야 할지, 지금 제대로 가고 있는 것인지 등등의 문제에 맞닥뜨린다. 그럴 때 주변 사람들의 조언은 인생의 지도와 나침반 역할을 해준다.

인생의 지도나 나침반이 없다면 우리는 길을 잃어버리는 경우가 많으며, 엉뚱한 곳에서 헤매기도 한다. 심지어 길을 잃어 목숨을 잃는 수도 있다. 그럴 때 적절한 조언은 위로와 위안이 되며 인생길을 제대로 나아갈 수 있도록 이끌어준다.

그런데 문제는 내게 인생의 조언을 해줄 수 있는 사람이 많은 것은 아니며, 심지어 없을 수도 있다는 점이다. 그럴 때 우리는 영화를 통해 인생의 조언을 들을 수도 있고, 우리가 받은 상처나 아픔을 위로받을 수도 있다.

우리는 어떤 문제 안에 놓이게 되면 자신의 문제를 보지 못하는 경우가 많다. 그런데 영화를 보면 객관적으로 자신의 문제를 볼 수 있고, 자신을 객관화할 수 있다. 알코올 중독이 있는 사람의 경우 누가 술을 마시지 말라고 하면 이렇게 말하는 사람이 많다. "나는 단지 너보다 술을 더 많이 마실 뿐이지 내가 알코올 중독은 아니야."

하지만 그런 사람이 〈남자가 여자를 사랑할 때〉에서 앨리스가 어떻게 점점 알코올 중독이 되어 비참한 생활을 하게 되고, 심지어 결혼생활이 파탄에 이르는지 그 과정을 보게 된다면 어떨까? 또는 〈라스베이거스를 떠나며〉에서 벤이 알코올 중독으로 인해 가족도 떠나버리고, 직장에서는 해고를 당하고, 결국 라스베이거스에서 알코올 중독으로 인해 죽는 과정을 보게 된다면 어떨까?

아마도 알코올 중독을 가진 사람은 그동안 자신의 문제가 아니라고 생각했던 알코올 중독의 문제를 조금은 다른 각도로 보게 될 것이다. '혹시 내가 지금 알코올 중독은 아닐까?' '나도 저 영화 속의 주인공처럼 점점 삶이 황폐해지고 홀로 남게 되는 것은 아닐까' 등등 자기 자신을 보는 관점이 달라질 수 있다.

이는 영화를 보면서 자신을 영화 속의 주인공과 동일시하기 때문이다. 나를 대입해 주인공의 문제를 객관적으로 볼 수 있게 만드는 것이다. 그래서 우리는 영화를 통해 자신을 객관화함으로써 더욱 건강한 관점을 유지할 수 있게 된다.

1895년 뤼미에르 형제가 영화를 처음 상영했을 당시만 해도 영화는 특권층만 누릴 수 있는 사치품이었다. 이후 35mm 필름 영화가 보급되기 시작하면서 많은 사람이 극장에서 영화를 보기 시작했고, 사람들이 본격적으로 집에서도 영화를 볼 수 있게 된 것은 1980년대 VCR이 보급되기 시작하면서부터다. 이때 비디오테이프가 복제되어 각 가정에서도 자신이 편한 시간에 영화를 보거나 자신이 좋아하는 장면을 다시 볼 수 있게 되었다. 또한 비디오테이프를 소장하게 되면서 같은 영화를 마음껏 볼 수 있게 되었다. 이제는 언제든지 인터넷을 통해 자신이 보고 싶은 영화를 볼 수 있을 뿐 아니라, TV에서도 VOD(Video On Demand)서비스를 통해 영화를 원하는 때에 골라 볼 수 있게 되었다.

따라서 정신치료에 영화를 활용할 수 있는 좋은 시대가 되었다. 사실 영화가 인간의 마음을 치유할 수 있는 수단으로 사용되기 전 정신과에서는 독서치료를 권장했다. 환자에게 도움이 될 만한 책들을 골라 그 책을 읽고 와서 책에 대해 토론을 하기도 했다. 이제는 영상의 시대가 되면서 영화치료가 널리 활용되고 있다. 일단 독서치료에 비해 영화치료는 많은 장점을 갖고 있다.

영화는 책보다 많은 사람이 더 쉽게 접할 수 있다. 사실 책을 한 권 읽으려고 하면 일주일 이상 걸릴 수 있지만, 영화는 2시간만 투자하면 된다. 그리고 독서는 읽기 자체는 혼자 할 수 있는 경험이지만, 영화는 가족과 함께 시청하고 영화를 보고 난 뒤 토론을 통해 가족치료까지 가능하다. 또한 영화는 친숙한 매체로 언제든지 그 속에 몰입할 수 있는 장점이 있다.

이러한 장점들로 인해 영화는 좋은 치료적인 수단이 되었다.

영화는 우리 삶의 이야기를 담고 있다. 그 안에는 사랑, 절망, 죽음, 갈등, 가족, 친구, 명예, 패배 등 인간의 모든 감정과 이야기가 담겨 있다. 영화를 통해 우리는 남의 이야기를 보고 듣지만, 그 이야기 속에서 내 이야기를 발견하고, 내 감정을 확인하고, 내가 가진 상처를 보게 된다. 내가 숨기고 싶었던 감정도 들어 있고, 내가 치유하지 못한 상처도 영화 속에서 그대로 재현된다.

이런 간접적인 경험들은 자신을 돌아보는 계기가 된다. 그러한 자기성찰이 자신의 문제를 똑바로 보게 하고, 자신이 해결하지 못하고 덮어놓은 상처를 끄집어내어 아물게 한다. 또한 같은 고통을 가진 영화 속의 배역을 통해 카타르시스를 느끼게 되는 것이다.

운명 신경증의 원인

운명 신경증은 도덕적 피학증이라고도 불리운다. 이런 성향을 가진 사람들은 무의식적으로 항상 자신을 어려운 처지에 놓이게 한다. 그러나 자신의 운명은 왜 이러냐고 항상 불평을 한다. 이들은 자신의 운명에 대해 항상 불만을 품고 자신이 하는 일은 언제나 문제가 생긴다고 생각한다. 그러나 진짜 문제는 그런 운명에 놓이게 된 것이 자신의 탓이라는 것을 의식하지 못하는 점이다.

이들은 무의식적으로 실패할 만한 사업을 벌이거나, 부실한 회사에 입사하고, 문제가 있는 배우자를 만나기도 하며, 위험한 상황에 뛰어든다. 그래서 결과적으로 실패와 불행을 맛보게 된다. 이러한 실패와 불행이 자신의 무의식적인 판단에 의해 생기는데도 불구하고, 이들은 자신은 항상 운이 없다고 자신의 신세를 한탄한다. 이들은 자신에게는 '머피의 법칙'이 따른다고 생각한다.

그래서 자신에게 항상 불운이 따른다고 생각하는 사람은 자신의 생활 전반에 대해 세세히 살펴보는 자세가 필요하다.

이러한 운명 신경증의 원인은 '죄책감을 극복하기 위한 의도'를 들 수 있다. 이들은 자신의 가혹한 도덕적인 판단 때문에 항상 불필요한 죄책감을 갖고 있다. 따라서 이들은 이런 죄책감을 덜기 위해 항상 자신을 고통의 한가운데로 밀어넣어 스스로 자신에게 벌을 내리는 것이다.

〈토토의 천국〉이란 영화를 보면 주인공 토토가 운명 신경증 환자라는 것을 알 수 있다. 주인공 토토의 집은 이웃집 알프레드의 집보다 가난하다. 토토는 자신과 알프레드가 태어나던 날 병원에 화재가 발생해 서로의 운명이 바뀌었다고 굳게 믿고 있다. 그는 자신의 아버지가 비행기 사고를 당해 죽은 것도 친구의 아버지 때문이라고 생각한다. 그러나 실상은 토토의 아버지는 친구 아버지의 물건을 배송하다 사고를 당한 것뿐이다.

또한 토토는 누나를 부추겨서 알프레드의 집에 불을 지르라고 한다. 결국 누나는 그 집에 불을 지르다 화상으로 죽고 만다. 그러나 토토는 누나를 죽게 한 것이 알프레드라고 생각하며 그를 더욱 미워한다.

또한 토토는 성인이 되어서 이벨리느라는 여성을 만나 사랑에 빠진다. 그런데 이벨리느는 하필 알프레드의 아내였다. 토토와 이벨리느는 함께 도주하기로 하지만 실패하고 결국 둘은 헤어진다. 그러자 토토는 이 모든 것이 알프레드 때문이라고 생각한다. 그런데 알프레드 부부는 토토로 인해 파경을 맞는다.

영화의 사건들을 살펴보면 토토는 모든 것이 알프레드 때문이라고 탓을 하지만 어떤 것도 알프레드의 잘못은 없다. 아버지는 비행기 사고를 당한 것이고, 누나는 토토 자신 때문에 죽었다. 그리고 이벨리느라는 알프레드의 아내를 사랑하는 바람에 그 부부는 결별을 하고 만다. 사실 여기서 피해자는 토토가 아니라 오히려 알프레드다.

사실 우리는 살면서 토토와 같은 실수를 많이 저지르게 된다. 자신으로 인해 부정적인 결과가 생긴 것임에도 환경 때문에 또는 타인 때문에 그러한 결과가 생겼다고 원망한다. 운명 신경증은 자신의 책임을 피하려는 데서 기인한 것이다. 실패와 불행에 맞닥뜨렸을 때 모든 것은 남의 탓이 아니라 내 탓이고 내 운명이었음을 자각하자. 그러면 그 실패와 불행을 헤쳐나갈 주체도 나 자신임을 깨닫게 되고, 그 과정에서 그것을 벗어날 방법을 찾게 될 것이다.

운전 중에 사람들이
쉽게 흥분하는 이유는 무엇일까?

운전 중의 태도가 평상시 행동과 매우 다른 모습을 보이는 사람들을 흔히 볼 수 있다. 평상시에는 점잖고 화 한 번 내지 않던 사람이 운전 중에는 난폭하게 차를 몰기도 하고, 상대방 운전자에게 욕설을 퍼붓기도 한다.

과연 이런 현상은 운전자의 숨겨진 공격성이 튀어나오는 것일까, 아니면 자동차 운전으로 인한 불가피한 현상일까?

자동차 운전 중 일어나는 운전자의 감정적인 흥분과 분노는 자동차의 구조를 보면 좀 더 명확하게 이해할 수 있다. 자동차는 상반되는 공간개념을 갖고 있다. 자동차는 좋은 시야를 확보하기 위해 대부분의 공간이 투명한 유리로 되어 있다. 그래서 운전자는 창밖의 상황을 살펴볼 수가 있으며, 타인도 자동차 안을 들여다볼 수 있다. 자동차는 이런 특성 때문에 개방적인 공간이라고 생각할 수 있지만 사실 폐쇄된 공간이기도 하다.

엘리베이터처럼 안과 밖의 시야가 차단된 곳만이 폐쇄된 공간이 아니다. 자동차는 움직이기 시작하면서 이동하는 폐쇄공간이 된다. 이동 중의 자동차는 타인과의 의사소통이 많은 부분 차단되고, 운전자만의 공간으로 바뀌게 된다. 운전자는 이제 자신의 사적 공간에서 자기 취향의 음악을 들을 수도 있고, 공상에 빠질 수도 있다.

자동차는 그 폐쇄성뿐만 아니라 타인과의 의사소통 수단의 제한으로 인해 운전자간에 많은 오해를 일으킬 수 있어 사람들의 흥분과 공격성을 자극하기도 한다. 자동차의 의사소통 수단은 운전자가 우회전이나 좌회전을 하겠다는 좌우측 깜빡이등과 전조등이 전부다. 운전자는 자동차에 부착된 몇 가지의 장치만으로 타인과 의사소통을 할 수밖에 없다. 예를 들어 잘 알지 못하는 길에 들어선 운전자가 있다고 하자.

운전자는 초행길이므로 천천히 달리면서 자신의 목적지를 향하게 된다. 이때 자신의 목적지가 우회전을 해야 한다는 사실을 갑자기 알게 되면, 이 사람은 줄지어 늘어선 차량 사이로 끼어들 수밖에 없다. 뒤에 서 있던 차량들은 그 운전자가 초행길인지 혹은 운전에 서툰지 등의 여부는 모른 채 단지 새치기를 하는 얌체라고만 생각할 뿐이다. 만약 다양한 의사소통 수단이 자동차에 있어서 상황을 알릴 수 있다면, 뒤에서 기다리던 운전자들이 그렇게 흥분할 필요는 없을 것이다.

또한 자동차의 폐쇄성은 어느 정도 익명성을 보장한다. 사람들은 익명성이 보장되는 상황이 되면 체면이나 염치가 없어지기 쉽다. 자신의 페르소나를 마음껏 벗어버릴 수 있는 좋은 기회이기 때문이다. 그래서 운전자들은 남들에게 예의를 갖추고, 남에게 피해를 주지 말아야 한다는 생각이 없어진다. 그래서 다른 차량의 작은 실수에도 욕설을 퍼붓고, 전조등을 켜고, 위협적인 난폭운전으로 겁을 주게 되는 것이다.

이런 자동차의 구조로 인해 야기되는 운전자의 행동뿐 아니라 사람들의 성격도 큰 관련이 있다.

우선, 운전 중에 쉽게 흥분하고 화를 폭발하는 사람들은 평소 참을성이 없고 지루함을 견디지 못하는 사람인 경우가 많다.

한 평도 안 되는 공간의 자동차는 아무리 안락한 설비가 갖추어져 있다고 해도 운전자의 손발을 묶어놓은 상태라 할 수 있다. 운전자의 눈은 전후방의 시야를 계속 관찰해야 하고, 양손은 핸들을 붙들고 있어야 하며, 두 발은 클러치, 브레이크, 액셀러레이터에 고정되어 있다. 그래서 운전자가 자유로운 부분은 입밖에 없다. 그리고 머리는 항상 앞차와의 거리를 유지하는 데 신경을 써야 한다. 이렇게 대부분의 신체가 자동차에 묶인 채 앞으로 달려가고 있는 것이다.

이러한 신체의 구속은 참을성이 없는 사람의 신경을 날카롭게 하고, 갑갑함은 운전자를 안절부절못하게 한다. 또한 대도시의 교통사정은 운전자의 신경을 자극하는 원인이 되기도 한다.

다음으로 운전 중 태도가 돌변하는 사람의 특징으로 권위에 대해 민감한 사람을 들 수 있다. 어떤 권위체계에 대해 항상 적대적이고 도전적인 사람들은 운전 중 발생하는 끼어들기 행동 등을 용

납하지 못한다. 자동차는 마치 인도의 카스트 계급(4단계)처럼 신분을 단순하게 구분되게 하는 특징이 있다. 소형, 중형, 대형 등 서너 단계로 경제적인 능력이 구분된다. 특히 대형차는 사회적인 권위나 부를 상징하기도 한다. 그래서 이런 대형차가 끼어드는 경우 권위에 민감한 사람은 더욱 화를 참지 못하게 된다.

그리고 경쟁심이 강한 사람도 운전 중 돌변하는 경우가 많다. 매사에 다른 사람과의 경쟁에 민감한 운전자의 차를 얻어 탄 적이 있다. 그 사람은 자신의 차가 추월당하자 마치 자신이 어떤 경쟁에서 지기라도 한 것처럼 끝까지 그 차를 추적해서는 다시 추월하고 나서야 만족했다. 이런 사람들은 자신과 자동차를 동일시하는 경향이 있어 자신의 차가 추월당했다는 것은 자신이 그 사람에 비해 떨어지는 것이라 생각하고 기어코 추월하려고 한다. 자동차와 자신이 한 몸이라는 착각을 하는 것이다.

월경을 가부장제 사회에서
터부시했던 이유

처음 인류의 역사가 시작되었을 때 남성은 조연에 머물 수밖에 없었다. 그 이유는 바로 여성의 출산능력 때문이다. 원시인들이 보기에 새로운 생명을 탄생시키는 여성의 능력은 정말 경이로운 것이었다. 출산은 월경과 관련이 있으며, 월경은 달이 차고 기우는 것과 관련이 있다고 생각했다. 즉, 여성의 출산능력은 달의 움직임이라는 초자연적인 현상과 닿아 있는 경이로운 현상이라고 생각했다. 그래서 여성은 우주의 현상과 잇닿아 있으면서 새로운 생명을 창조하는 능력을 가진 범접할 수 없는 존재였다.

남성들은 처음에는 여성의 이러한 능력을 경외했지만, 가부장제가 뿌리내리면서 이런 여성의 능력을 폄하하기 시작했다. 가부장제를 이어갈 남성들이 여성에 대해 신비롭게 생각하거나 경이감을 갖거나 또는 여성을 동경하게 되면 가부장제는 흔들릴 것이라고 생각했기 때문이다. 그래서 남성들의 이탈을 방지하기 위해서 여성의 능력을 과소평가하기 시작했으며, 이것은 모든 문화에 걸쳐 나타나는 공통된 현상이었다.

우리나라에서도 심마니들이 산삼을 캐러 갈 때 아내가 월경을 하면 부정이 탄다는 이유로 산에 올라가지 못했다. 모든 문화에서 공통적인 현상은 남성이 사냥이나 고기잡이를 할 때 아내가 월경을 하면 남편은 작업에서 제외되었다.

서양에서도 월경에 대한 금기는 매우 강했다. 아리스토텔레스는 월경하는 여성의 더러운 숨결은 음식물을 오염시킨다고 했다. 또 로마의 역사가 플리니우스는 월경하는 여성이 접근하면, 농작물이 시들고 죽을 것이며, 꿀벌은 그들의 벌집을 버릴 것이라고 썼다.

이렇게 여성의 월경에 대한 폄하를 하면서도 남성들이 여성의 월경을 흉내 내는 의식이 있다. 어느 부족에서는 할례의식의 피흘림을 통해 여성의 월경을 모방하기도 한다.

그런데 재미있는 사실은 아프리카 칼라하리 사막의 부족에서는 월경에 대한 금기가 없다는 것이다. 이유는 바로 이 부족에서는 남녀 간의 지위가 거의 같기 때문이다. 이를 통해 월경에 대한 금기가 심할수록 여성의 지위가 낮은 것을 반영하고 있음을 알 수 있다.

월경은 임신이 가능할 만큼 성숙한 여성의 자궁 내벽에 임신 시 태반을 받치기 위해 일종의 선지피 같은 조직을 이용해서 자궁 내벽을 두껍게 만드는데, 만약 일정 기간 내에 수정이 성립되지 않아서 임신하지 않는 경우 황체의 황체 호르몬 분비가 감소하기 때문에 자궁 내막이 벗겨져서 혈액(월경혈), 분비물 등이 난자와 함께 자궁 밖으로 배출되는 생리 현상이다.

피는 생명을 의미한다. 사냥을 했던 원시인들은 동물들이 피를 흘리며 죽는 것을 보고 피에 생명이 존재한다고 생각했다. 피가 다 빠져버리면 죽기 때문이다. 그런데 그들은 여성들이 한 달에 한 번 피를 흘리고도 죽지 않고 아무렇지 않게 생활하는 것을 보고 놀라지 않을 수 없었다. 그래서 그들은 여성들에게는 뭔가 특별한 능력이 있다고 여겼다.

그러나 남성들이 가부장제를 만들면서 여성들이 가진 특별하고 신비한 능력에 빠져들거나 여자를 숭배하는 것을 원치 않았던 것이다. 그래서 그렇게 많은 월경에 대한 비하와 폄하가 퍼지게 된 것이다.

그래서 여성의 생리 현상인 월경에 대한 폄하와 비하는 이제 사라져야 한다.

윤회 사상은 왜 존재할까?

힌두교와 불교에서는 모든 존재는 삶을 무수히 반복한다고 말한다. 모든 존재는 탄생과 죽음의 순환에서 해방되지 않으면 끝없이 삶을 되풀이할 수밖에 없다고 하는데, 이것이 윤회다. 윤회는 산스크리트어로 '삼사라'라고 하는데, '삼사라'는 '방황'이라는 뜻이다.

인간이 윤회의 사슬을 끊지 못하는 이유는 바로 자신의 '카르마(업)' 때문이다. 이 카르마에서 벗어나 대자유를 얻으려면 도덕, 헌신, 참다운 지식을 통해 집착하지 않는 마음에 이르러야 한다. 이 집착(업)이 바로 윤회의 원인이 되는 것이다.

이런 윤회사상은 동양뿐 아니라 서양에서도 존재했다.

그리스 신화를 보면, 조물주는 물, 불, 흙, 공기의 네 원소를 결합해 영혼을 만든다. 이때 영혼은 네 원소 중 가장 탁월한 요소인 불의 형태를 취해 화염이 된다. 이 화염을 종자(種子)로 해서 여기에 흙을 여러 비율로 섞어 인간을 만들었다. 그런데 흙의 비율이 많을수록 그 개체는 순수성이 적어진다. 특히 나이가 든 사람일수록 육체와 영혼이 결합하고 있는 시간이 길어 불순성은 영혼으로 옮겨간다.

따라서 이러한 불순성을 사후에 없애야 하는데, 영혼에 바람을 쐬어 깨끗하게 하거나, 물속에 담그거나, 불로 불순성을 태워버려야 한다. 그러나 극소수의 사람들은 이런 불순성을 없앨 필요 없이 항상 미풍이 부는 영웅들의 천국인 엘리시온으로 가게 된다.

그러나 대부분의 사람들은 육체에 깃든 흙의 불순성을 없애고, 망각의 강인 레테에서 전생의 기억을 완전히 지운 뒤에 정화된 영혼이 다른 육체와 만나 새 삶을 시작하는 것이다. 이런 식으로 계속해서 세 번의 죄 없는 삶을 산 사람은 페르세포네가 탄생의 쳇바퀴에서 풀어주어 엘리시온에서 영생을 누리게 된다고 한다. 영혼이 너무 부패해 인간의 신체를 받을 수 없는 사람들은 사자, 범, 고양이, 개, 원숭이 등과 같은 짐승으로 환생한다.

이것을 고대 사람들은 메템사이코시스(metempsychosis), 즉 영혼의 윤회라고 불렀다. 이런 윤회관은 플라톤의 《국가론》 제10권에도 기록되어 있다.

고대 로마의 아르메니우스의 아들이었던 에르가 죽은 지 12일째 되는 날 다시 소생해서 자신이 겪었던 저승의 이야기를 전하는 대목이 나온다. 에르에 의하면 저승에서 영웅인 오디세우스는 자신이 참여했던 대전쟁을 회상하고는 야망의 덧없는 꿈에서 깨어나 다음 생에는 걱정 근심이 없는 평범한 인간의 삶을 살기로 선택했다고 하며, 음악가였던 오르페우스는 백조를 선택해 환생했고, 아가멤논은 독수리를 선택해 환생했다고 전한다.

이러한 서양의 윤회사상은 기독교의 보급으로 맥이 끊기게 된다. 원래의 구약과 신약에는 인간의 윤회에 대한 언급이 있었지만, 서기 325년 로마의 콘스탄티누스 대제와 그의 어머니가 신약에 실려 있던 환생에 대한 언급을 삭제했다고 한다. 그리고 서기 553년 콘스탄티노플에서 열린 제2차 공의회는 이 조치를 승인하고 윤회의 개념을 이단으로 규정했다.

한때 우리나라에서 전생에 대한 관심이 유행했던 적이 있다. 그렇다면 사람들은 왜 전생을 알고 싶어 하는 것일까?

이 시대의 전생붐은 아마도 세기말적인 인류의 불안과 대재난의 예언 등 미래에 대한 암담함 때문일 것이다. 사람들은 앞에 펼쳐진 세계가 암담할 때 과거를 돌아보고 싶어 한다. 이런 것이 시대의 모습이라면, 개인적인 차원에서는 현재에 적응하지 못하는 사람들의 모습이기도 하다. 현재의 불만스런 상황이나 위치는 사람들로 하여금 전생에서는 자신이 높은 지위나 위치를 차지했을 것이라는 공상을 하게 한다.

사실 서양과 동양의 윤회사상 모두 이생에 태어나기 위해서는 망각의 강을 건너고, 망각의 물을 마셔야 한다고 말한다. 다시 말해, 과거의 모든 기억을 씻어내고 다시 태어나야 한다는 것이다. 이는 과거의 삶이 현재를 지배해서는 안 된다는 의미로 해석할 수 있다. 어떤 문헌에서도 전생의 기억을 찾는 것이 진리에 이른다는 구절은 존재하지 않는다. 바로 현재의 삶에 최선을 다해서 살아야 한다는 평범한 진리이기도 하다.

의무적인 자살은
집단의식의 강압적 형벌

힌두교의 신에 마하데바라는 신이 있다. 마하데바에게는 사티라는 아내가 있다. 사티의 아버지는 마하데바를 못마땅하게 생각해서 어느 날 모든 신들이 모인 장소에서 마하데바를 비난했다. 이때 사티는 남편의 명예를 지키기 위해 아버지 앞에서 목숨을 끊었다. 그래서 사티(Sati)는 원래 진정한, 충실한 아내라는 뜻이다.

그러나 인도에서 사티는 미망인이 된 여인이 남편의 화장의 불에 뛰어들어 목숨을 끊는 관습으로 바뀌었다. 사티는 기원전 316년의 문헌에도 언급이 있으며, 처음에는 왕족과 귀족계층에 국한되었지만 점차 일반화되었다. 영국은 1829년 인도의 이런 잔인한 관습을 금지했지만, 일부 지방에서 아직도 남아 있다. 사티는 처음에는 아내가 자발적으로 남편을 따라 죽는 행사였지만, 점차 이것을 거부한 여인은 그 지역에서 추방되었다.

이처럼 어떤 사회에서는 특정한 상황에서 의무적으로 스스로 목숨을 끊어야 하는 경우가 있는데, 이것을 의무적인 자살이라고 한다. 인도에서 한동안 성행했던 사티의 관습도 그 대표적인 예다.

모든 미망인이 남편을 따라 죽고 싶지는 않았겠지만, 마치 의무처럼 이런 관습이 지켜졌다. 한 개인이 자신이 속한 사회에서 관습으로 정해놓은 것은 그것이 죽음이라 할지라도 거부하기 어렵다. 관습을 거부하는 것은 그 사회의 이단아가 되는 것으로 결국 죽음보다 못한 운명에 놓이기 때문이다. 그런 점에서 조선시대에 여성이 외간 남자에게 정절을 잃으면 자결을 한 것도 일종의 의무적인 자살이라 할 수 있다. 정절을 잃은 여성이 완고한 유교적인 사회에서 낙인이 찍힌 채 살기는 어려웠을 것이며, 이것은 조선의 여성들에게 강압적으로 쓰인 형벌과도 같은 것이었다.

세계적으로 가장 유명한 의무적인 자살은 일본의 할복자살이다.

이 자살 의식은 처음에는 사무라이 등의 무사 등에서만 행해졌는데, 다른 계층에까지 퍼져나갔다. 할복자살은 국가에 죄를 지었거나 개인의 명예가 훼손되었을 때 시행되었다.

고대 일본사회에서 국가에 누를 끼치거나, 명예가 훼손되는 것은 그 사회에서 버틸 수 없는 상황에 빠진 것이나 마찬가지였다. 그래서 결국 죽음이 해결책이 되므로 의무적인 자살에 속한다. 또한 국가에 누를 끼쳤다고 하더라도 자발적으로 할복자살을 할 경우 자살자의 재산은 모두 가족들이 가질 수 있었는데, 천황의 명령에 의한 자살은 재산의 반만을 지킬 수 있었다. 이런 점에서도 할복자살은 강제성을 띠었다고 할 수 있다.

의존증이 삶에 끼치는
부정적인 영향

우리는 평생을 관계의 틀 속에서 서로 얽혀서 살아간다. 그래서 어떤 사람들은 독립적인 한 사람으로 존재하는 것에 대한 건강함과 편안함을 경험하지 못하는 경우가 있다. 어른이 되지 못하고 어린 상태로 결혼을 하고, 부모가 되는 것이다. 그래서 혼자 모든 것을 처리하는 능력은 개발되지 않은 상태에서 아내, 남편, 또는 부모의 역할을 하게 된다.

의존상태에 놓여 있는 상황에서 어른의 역할을 한다는 것은 쉽지 않으며, 많은 어려움이 따르게 된다. 의존상태를 벗어나지 못하게 되는 가장 큰 이유는 어린 시절부터 자기확신이 없이 남에게 의존하면서 자랐기 때문이다.

부모는 아이가 안쓰럽다는 이유로 아이가 할 수 있는 일을 박탈하는 경우가 많다. 또한 성격이 급한 부모는 아이가 스스로 하는 것을 기다리지 못하고, 자신이 아이를 위해 모든 것을 해버린다. 또 부모가 의존적일 경우 아이를 의존상태로 묶어두는 경우도 있다. 만약 자식이 부모의 곁을 조금이라도 벗어나려 하면, 아이에게 커다란 위험이 닥친다고 위협하거나 야단을 쳐서 항상 자신의 주변에 머물게 한다. 이는 실제로는 부모가 자식에게 의존하지만, 결과적으로는 자식이 부모에게 의존하는 상태로 나타나는 것이다.

이런 관계가 오래 지속되면, 아이는 혼자서 하는 행동은 항상 위험이 따른다고 생각하고, 자신은 혼자서 어떤 일도 제대로 하지 못할 것이라는 위축감이 생기게 된다.

의존관계에 놓여 있는 사람들은 자신의 무기력감을 채우기 위해 항상 누군가를 찾게 되고, 결국 다른 사람이 자신의 중심에 놓이게 된다. 의존적인 사람은 그러한 관계를 통해 편안함과 안정감을 느낀다. 이러한 경험은 계속 반복되고 의존감은 더욱 증가한다.

시간이 흘러 의존적인 관계에 있는 사람과 헤어지거나 관계가 멀어지게 되면, 의존적인 사람은 불안, 두려움, 긴장감이 고조된다. 이들은 자신이 가치 있는 사람이라는 생각을 하지 못하기 때문에 그러한 공백을 다른 사람의 존재로 채우려고 한다. 이러한 의존적인 관계는 사람과의 관계에만 국한되는 것이 아니다. 알코올, 일, 음식, 권력에 대한 집착으로 나타날 수도 있다.

사람들에 대한 의존관계는 어떤 특정한 사람 한 명일 수도 있지만, 계속 상대방을 바꾸며 의존적인 관계를 형성하기도 한다. 어떤 남성의 경우 어릴 때는 어머니, 결혼해서는 아내, 나중에는 자식에게 병적인 의존을 보인 사례도 있다.

서로 의존적인 관계에 있는 부부의 경우, 서로 분리되어서는 살지 못한다. 또한 동반의존증은 서로의 독립을 방해하고, 서로의 자유를 구속한다. 특히 동반의존적인 부부의 의존성이 얼마나 큰지는 부부관계가 깨질 때 명확해진다. 이때 서로에 의해 덮여 있던 열등감과 감춰진 불화, 혼자서는 아무것도 할 수 없다는 무기력감 등이 드러난다. 그래서 이런 부부가 사별할 경우 사랑이라는 이름으로 죽은 배우자를 따라서 죽기도 한다.

배우자 또는 친구에게 병적인 의존성을 보이는 징후는 다음과 같다.

1. 어떤 일을 할 때 항상 의존상태에 있는 사람에게 전화를 건다.
2. 대부분의 시간을 함께 보낸다.
3. 우정이나 부부간의 사랑을 다른 사람들과 비교해 지나치게 요구한다.
4. 다른 사람과 함께 있지 않을 때 자주 불안감을 느낀다.
5. 다른 사람이 자신에게 원하고 요구하는 것이 자신이 상대방에게 바라는 것보다 중요하다.
6. 의존하고 있는 사람이 떠나면 자신은 혼자서 아무것도 할 수 없을 것 같다는 생각을 한다.
7. 의존하는 사람이 생각하고 느끼는 모든 것을 알고 싶어 한다.

"인생이란 혼자 가는 것이다"라는 말이 있다. 생로병사에서 벗어날 수 있는 인간은 아무도 없으며, 사랑하는 사람도 자식도 언젠가는 모두 떠나가게 되고, 본인도 결국 한 줌의 재로 변하게 된다.

그런데 사람들은 이런 진리를 알면서도 항상 누군가 옆에 있어주기를 바라는 마음이 있다. 누군가 나를 도와주겠지, 내 일을 대신 해줄 사람이 있겠지 라고 생각한다.

하지만 긴 관점에서 보자면 궁극적으로 그런 사람은 존재하지 않는다. 친구도 가족도 끝까지 나를 책임져주지는 못한다. 우리 삶은 관계의 연속이지만, 궁극적으로는 혼자이기에 자신의 인생은 자신만이 책임질 수 있다. 그것이 인생이고, 혼자 남겨졌을 때 헤쳐나갈 수 있는 마음가짐이기도 하다.

인간이라는 존재의
시작점은 언제일까?

기원전 5세기에 히포크라테스는 남자아이의 경우 엄마가 임신한 지 30일, 여자아이는 42일이면 인간이라고 할 수 있다고 보았다. 아리스토텔레스는 남자가 더 빨리 인간이 된다는 히포크라테스의 의견에 동의했지만, 날짜를 더 길게 잡아 40일과 90일이 걸린다고 주장했다. 이때쯤이면 태아가 움직임이 있고, 영혼이 깃드는 시기라고 보았다.

고대 그리스의 유명한 의사인 갈레노스는 남자와 여자의 성장 기간을 동등하게 보아 40일이면 인간으로 볼 수 있다고 주장했다. 이후 영국의 법은 임신 5개월의 태아를 인간으로 볼 수 있다고 정했는데, 이때 태아의 움직임을 외부에서도 느낄 수 있다는 이유였다. 토마스 아퀴나스도 5개월을 주장했는데, 이 시기에 이르면 태아가 발로 차는 것을 감지할 수 있기 때문이다.

태아를 인간으로 보는 시각과는 달리 폴리네시아 한 부족에서는 첫 번째 숨을 쉴 때를 인간으로 보았는데, 이때 아기가 영혼을 들이마신다고 믿었기 때문이다. 또 아기가 첫울음을 울 때를 인간으로 보는 지역도 있다.

태아를 어느 시기부터 인간으로 보는가에 대한 문제는 그 사회나 문화에서 허용하는 시기에 도달하는 것이 기준이 된다. 따라서 사회가 정한 기준에 미달할 때 사회가 정한 장례 등의 의식을 하지 않는다. 그래서 어떤 인디안 부족에서는 태어난 지 10일 이전에 아기가 죽으면, 태반과 함께 아무런 의식을 하지 않고 땅에 묻는다. 이것은 우리나라나 대부분의 문화에서 매우 유사하게 나타난다.

삶의 끝이 죽음이라는 것은 명확한 사실이다. 그러나 생명의 시작이 어디서부터인지에 대한 논란은 여전히 계속되고 있다. 과연 어느 시기부터 인간이라고 부를 수 있는 것일까?

난자와 정자가 결합된 순간부터인지 아니면 태아가 인간의 모습을 어느 정도 갖추게 되었을 때인지, 혹은 아홉 달을 다 채우고 난 순간부터인지에 대한 논란은 지속되고 있다.

인간이라는 정의를 내리는 것에 대한 논란은 매우 중요한데, 그 이유는 이때부터 인간으로서의 권리를 존중받을 수 있기 때문이다. 이는 낙태논쟁과도 무관하지 않다.

인간의 유용성만을 강조한
T4 프로그램

1920년 독일에서는 법학자 칼 빈딩과 정신과 의사 알프레드 호헤가 《살 만한 가치가 없는 생명 파괴의 허용》이라는 책을 출판했다. 이 책에서는 환자가 죽을 수 있는 도움을 원한다면, 의사는 도움을 줄 수도 있다고 했다. 그들은 삶의 질을 강조했는데, 만약 삶의 질이 떨어질 때는 죽는 것이 낫다고 언급했다.

이 책의 저자들은 환자가 죽을 수 있는 도움을 받는 것이 의학적인 윤리에 부합되고, 고통 속에 빠진 환자를 도울 수 있는 해결 방법이라고 주장했다. 그들은 죽음의 도움을 받을 수 있는 사람을 자신이 죽겠다는 의사를 적극적으로 표현하는 환자에만 국한하지 않았다. 그들은 "육신밖에 없는 인간" 예를 들어 뇌손상 환자, 정신과 질환 환자, 정신지체 환자는 정신적으로 이미 죽은 상태로 보고 더 이상 호전될 가능성이 없는 환자로 포함했다.

그들은 이런 "의미없는 생명"에게 투자했던 돈을 적절한 사람에게 투자할 수 있다고 하면서 그로 인한 사회적인 이득이 막대하다고 주장했다. 더욱이 1920년 여론조사를 통해 심한 지체장애의 어린이를 자녀로 가진 부모와 보호자들의 73%가 의사가 이들의 목숨을 끊는 것에 찬성하는 것으로 나타났다. 신문, 잡지, 영화는 대중의 여론을 더욱 찬성쪽으로 몰아가기 시작했다.

또한 헬무트 웅거라는 의사는 여론을 더욱 안락사 쪽으로 기울게 하기 위해 1936년 의사가 다발성 경화증이라는 불치의 병을 앓고 있는 아내를 안락사하는 소설을 출판했다.

T4 프로그램으로 명명된 장애 어린이에 대한 안락사는 독일의 병원에서 본격적으로 시작되었다. 병원에서 장애를 가진 많은 어린이를 서서히 굶겨 죽이거나 약물을 주입했다. 1941년에는 안락사가 병원의 일상적인 업무가 되었다. 이런 안락사는 처음 어린이를 대상으로 했지만, 점차적으로 연령을 높여 성인까지 대상으로 했다. 그중 장애인을 대상으로 안락사를 시행했던 하다마르 병원에서는 10000번째 환자의 안락사 뒤 기념 파티를 열었다.

이로 인해 8만~10만 명의 성인 정신질환자, 병원에 수용되었던 5000명의 어린이, 병원에 수용된 1000명의 유대인 등이 안락사로 희생되었다.

1941년 히틀러는 T4 프로그램의 중단을 지시했지만, 바로 유대인의 집단학살이 시작되었다. T4 프로그램을 이끌었던 지도자들은 동유럽으로 보내졌고, 자신의 경험을 살리게 되었다. 이들은 T4 프로그램의 경험을 통해 다음과 같은 결론을 내렸다.

집단학살은 총살이나 다른 살인 방법보다 가스실을 이용하는 것이 좋은데, 이유는 가격이 싸고 기술적으로 쉽기 때문이 아니라 희생자들을 보지 않아도 되기 때문이다. 또한 이로 인해 학살에 참여한 인원들에게 스트레스를 줄여줄 수 있다. 집단학살 전 사회와의 분리가 필요한데, 이는 다른 집단에게 불필요한 공포를 주지 않기 위해서다. 이는 특별한 교육을 받았던 장애아들이 사회와 격리되어 있어 안락사가 용이했던 경험 때문이다. 또한 비인간화는 살인을 용이하게 한다. 즉 인간을 짐승처럼 취급함으로써 사람이라는 생각을 덜 갖게 해 살인에 대한 두려움을 없애줄 수 있다는 것이다.

독일의 T4 프로그램은 그럴듯한 논리로 무장한 채 시작되었지만, 결국 600만의 유대인을 학살한 방법의 이론적인 토대가 되고 말았다.

그래서 안락사를 반대하는 측은 반대의 이유로 독일의 T4 프로그램의 예를 든다. T4 프로그램도 처음의 그럴듯한 논리가 결국은 무고한 사람들을 죽였듯이, 안락사도 끊임없는 고통 때문에 고생하고 있는 말기 환자를 고통에서 해방해주는 것처럼 보이지만 결국은 변질되고 말 것이라는 주장이다. 그들은 말기질환 환자 중 목숨을 유지하고 싶은 사람들도 가족과 의료진의 무언의 압력에 의해 안락사의 길을 택할 것이라고 주장한다. 또한 의사들도 자신의 권리를 남용해 귀찮은 환자에게 안락사를 은근히 권유할지도 모른다는 우려의 목소리를 높이고 있다.

결론적으로 T4 프로그램은 실용적인 관점에서 나온 인간의 어두운 면을 보여주고 있다. 그것은 사회에 보탬이 되고, 돈을 벌고 일을 하는 등 사회에 도움이 되는 사람들만이 인간의 가치를 갖고 있다는 생각에서 비롯되었기 때문이다. 하지만 한 생명 한 생명 귀하지 않은 생명은 없으며, 우리는 서로 연결되어 있는 존재다. 인간이 만든 유용한가 아닌가의 관점은 넓은 시야로 이 세상을 바라보지 않기 때문이다. 인간은 어떻게 태어났든 연결 사슬에서 존재 자체로 가치를 가지며 또 남을 위해 존재하고 있다는 사실을 간과해서는 안 된다.

인생이 고해인 이유

산다는 것은 기쁨과 행복보다 고통과 고난이 더 많은 과정이다. 그래서 수많은 어려움을 이겨낼 용기가 있어야 한다. 어느 누구도 인생의 고통과 고생을 피할 방법은 없다.

인생이 고해라는 사실은 텔레비전 뉴스만 봐도 잘 알 수 있다. 우리는 하루도 빠짐없이 사람들이 겪고 있는 수많은 불행과 각양각색의 사건사고들을 보게 된다. 또한 우리 각 개인도 살면서 실직, 이혼, 질병, 중독 등등 이런저런 사건사고를 겪게 된다. 이런 일들은 누구에게나 일어날 수 있으며, 또 고통스러운 삶의 과정이다. 그러나 인생은 고해라는 사실을 인정하는 사람과 인정하지 않는 사람 간에는 커다란 차이가 생기게 된다.

이러한 불행이 삶의 한 부분이며 누구에게나 일어날 수 있다는 것을 인정하는 사람은 쉽게 무너지거나 자포자기하지 않는다. 왜냐하면 이런 일들은 예상했던 일이어서 불행이 닥쳤을 때 어떻게 해결해야 할지를 준비해놓기 때문이다.

그러나 인생이 고해라는 사실을 인정하지 않으면, 항상 문제의 주변부에 맴돌게 된다. "왜 나에게 이런 일이 닥쳤는지 모르겠다" 고 불만이 쌓이고 자신의 삶이 불행하게만 느껴진다. 또한 현실을 부정하고 싶은 마음이 앞서 문제를 제대로 돌아볼 마음의 여유가 생기지 않는다.

〈신데렐라〉 동화를 보면 신데렐라가 떨어트리고 간 유리구두의 주인을 찾기 위해 왕자의 신하들이 전국을 돌아다닌다. 그런데 신 데렐라의 의붓언니들은 그 신발의 주인이 되고 싶어 유리구두에 발을 내밀고 어떻게든 구겨 넣으려고 한다. 그러나 언니들 모두 발 이 커서 유리구두가 맞지 않는다.

이런 것이 바로 우리 인생이다. 내가 원하는 대로 되는 것도 있 지만 안 되는 것이 더 많다. 우리 인생이 괴로운 이유는 이처럼 바 라는 마음이 크기 때문이고, 그것이 꼭 이루어져야 한다고 간절히 바라기 때문이다. 하지만 인생은 바라는 대로 되는 것도 있고, 그 보다 안 되는 것이 훨씬 많다. 그래서 우리 인생은 고통스러운 것 이다.

그러나 생각을 바꿔보자. 인생에서 꼭 이루어져야 하는 것은 없 다. 우리 욕심이 그렇게 바랄 뿐이다. 그래서 내려놓을 줄 아는 것 이 중요하다. 바라지 않았는데 이루어졌을 때의 기쁨과 성취감은 오히려 배가된다.

일중독증에 담긴
자기 파괴성

우리가 어떤 일에 지나치게 집중하고 성취할 때 여기에는 역설적인 효과도 함께 나타나게 된다.

성취는 우리에게 더 많은 인정, 더 많은 책임, 더 많은 것을 해야 한다는 것을 의미한다. 또한 어떤 일에 너무 많은 시간을 투자한다는 것은 우리의 다양한 욕구 중에 다른 욕구에는 관심이 없다는 뜻이 된다. 자기 자신뿐 아니라 주변 사람들에 대해 소홀히 하고, 자기 자신을 아는 것과 자신의 가장 큰 관심을 망각하는 일이기도 하다.

일중독증에 걸린 사람은 일에 쫓겨서 지내며, 항상 바쁘다고 말한다. 이들이 제일 어려워하는 것은 휴일이다. 휴일에도 무언가를 해야 한다는 강박관념 때문에 여가시간에도 항상 불안해하는 경우가 많다. 부부 사이의 관계는 겉으로 보기에는 좋아 보일지라도, 이런 사람들은 일과 결혼했기 때문에 부부 사이의 친밀성은 존재하지 않는다. 이들은 사실 자기 자신에게도 타인이라 할 수 있다.

일중독자가 자신의 일에 매달리는 데는 이유가 있다.

첫째, 자신의 감정을 마취시키기 위함이다.

이들은 뛰어난 능력을 갖고 있음에도 불구하고 자신에 대한 불만으로 가득 차 있다. 뭔가 모자란 느낌이 들고, 무언가 더 해야 한다는 생각을 갖고 있으며, 자신이 한 일에 대해 만족감을 느끼지 못한다. 그래서 자신에 대한 불만족스러운 감정이 고개를 들고 자신을 괴롭히는 것이 두려워 그러한 감정이 들 사이도 없이 자신을 몰아붙인다.

둘째, 자신에 대한 불만족스러운 부분을 보상하기 위해 일에 몰두한다. 일은 자신을 어떤 중요한 사람으로 만들어주기 때문이다.

셋째, 자신에 대한 열등감을 외부로부터의 보상으로 채운다. 그래서 이들은 남들로부터 받는 좋은 평가와 찬사가 자신의 전부가 되어버린다.

넷째, 외부로부터 받는 평가를 즐기게 되면 그것에 도취되어 끊을 수 없게 된다. 결국 남들의 찬사만을 의식하며 살게 되어 자신은 육체적, 심리적으로 피폐해진다. 남들의 시선이 곧 삶의 목적이 되었기 때문이다.

다섯째, 이들은 일에 파묻혀 사느라 여가시간에서 즐거움을 찾는 능력을 완전히 상실했기 때문이다.

다음은 일중독증 환자들이 보이는 특징들이다.

1. 항상 피곤해 보인다.(특히 눈 주위의 피곤이 심하다.)
2. 종종 슬퍼 보인다.(이들은 감정적으로 가족들과 거리감을 두고 있기

때문에 항상 외로움을 느낀다. 또한 친밀하게 지내는 친구들도 별로 없는 편이다.)

3. 늦게까지 직장에 남아 일을 한다.
4. 집안일을 거의 돕지 않는다.
5. 주말에도 일을 한다.
6. 항상 커다란 가방을 들고 다닌다.
7. 월차나 휴가를 내지 않거나 반납한다.
8. 항상 바쁘다.
9. 빠르게 식사를 한다.
10. 남에게 일을 맡기지 않는다.
11. 자신이 관여하지 않은 일까지도 책임을 지려고 한다.

일중독증에 걸린 사람은 사회적인 성취도 면에서는 남들로부터 인정을 받을지 모르지만, 정작 자기 자신과 가족들은 외면하고 있는 상태라고 할 수 있다. 자신의 내면의 목소리는 전혀 듣지 않고, 가족들은 소홀히 한 채 오직 타인의 시선만을 신경 쓰며 살고 있기 때문이다. 이는 결과적으로 자기파괴적인 행동일 수 있다. 왜냐하면 40대의 돌연사는 일중독증의 결과일 수도 있기 때문이다.

〈제8요일〉이란 영화를 보면 세일즈 기법 강사인 '아리'라는 인물이 등장한다. 그는 사회적으로 크게 성공했지만, 일중독증에 빠져 가정을 돌보지 않아 아내와 별거 중이다. 그러다가 다운증후군을 앓고 있는 조지를 만나게 된다. 그러면서 그의 생활에 변화가 찾아온다. 조지는 내일은 생각하지 않고, 오늘 하루만을 즐길 뿐이다. 그리고 일을 하지 않아도 행복하게 지낸다. 그런 조지의 모습을 보면서 아리는 삶의 진정한 행복을 깨닫게 된다. 그리고 점점 일중독증에서 벗어나게 된다. 항상 정확한 시간에 일어나 정해진 루틴을 살고, 완벽한 강의를 했던 아리는 아내와 화해를 하고, 나무 그늘 아래에 식구들과 누워서 한가롭게 시간을 보내며 삶의 행복을 누린다.

일중독증 환자들에게는 이런 시간이 필요하다. 산책길의 들꽃을 보고, 바닷바람에 머리를 흩날리고, 땀을 흘리면서 등산을 해보자. 그리고 노트북과 핸드폰을 끄고 마음을 충전하며 소소한 행복을 누리면서 자신을 돌아보는 여유를 가져보자.

DICTIONARY OF THE MIND

자살의 역사

인간의 역사에서 자살에 대한 태도는 시대와 문화에 따라 계속 달라졌으며, 사회적 반응 또한 다양하다.

자살에 대한 첫 번째 기록은 4000년 전 이집트에서 발견된다. 어떤 남성이 "인생이 참을 수 없는 고통과 고뇌로 가득 차 있다"고 하면서 심각하게 자신의 목숨을 끊을지 말지에 대해 언급하고 있다. 고대 이집트에서는 자살이 종교적으로나 법적으로 범죄로 생각되지 않았다.

역사적으로 자살에 대해 관대한 태도를 보인 것으로 눈에 띄는 것은 스토아학파와 에피쿠로스학파다. 이 두 학파는 모두 삶과 죽음에 초연해야 한다고 주장했다.

기원전 3세기경 아테네에서 발생한 스토아학파(금욕주의)는 "삶은 이성에 따라야 하며, 환경이 더 이상 참을 수 없을 경우 개인은 자발적으로 자살로써 삶에서 벗어날 수 있다"고 생각했다. 그래서 스토아학파의 창시자 제논은 그의 나이 70세에 넘어져 발가락이 부러졌다는 이유로 자살했다.

또한 로마 스토아학파의 철학자 마르쿠스 포르키우스 카토는 스스로 목숨을 끊었다. 그는 카이사르의 독재 밑에서 사는 삶을 혐오했으며, 카이사르를 이길 수 없다고 생각해 자신의 배를 갈라 자살했다.

자살에 대한 관대한 태도는 에피쿠로스학파에게서도 보인다. 에피쿠로스학파에서는 인생의 주요한 목적은 마음의 안정과 행복의 추구라고 생각했다. 따라서 삶이 더 이상 행복하지 않을 때, 자살이 하나의 선택이라고 보았다.

물론 그 당시에도 자살이 긍정적이고 받아들일 수 있는 선택이라고 생각한 것은 아니었다. 플라톤은 에피쿠로스학파의 이론이 어리석다고 여겼다. 그는 《국가론》에서 무조건적인 쾌락만을 추구할 수는 없으며, 단지 자신에게 해당하는 유용한 쾌락만을 가질 권리가 있다고 말했다. 따라서 필요하다면 불의의 극단에 위치해서 극도의 고통을 받을 수도 있다고 보았다. 비록 인생이 어려움과 고통의 순간에 있더라도 이성은 인간에게 용기를 제공한다고 생각했다. 그런 점에서 에피쿠로스학파가 인생이 취할 수 있는 최적의 쾌락적인 조건이 주어지지 않을 때 자살을 선택할 수 있다고 믿었던 반면, 플라톤은 인생의 고통의 시기라도 이것을 겪어나가야 한다고 역설했다. 그러나 그는 자살에 대해 제한적으로 동의하기도 했다. 그는 고통스런 병이나 견딜 수 없는 속박의 상황이라면 자살할 만한 충분한 이유가 된다는 예외를 언급하기도 했다.

소크라테스는 자살이 결코 도덕적으로 정당화될 수 없다고 주

장했다. 그는 인간은 신의 소유물이고, 따라서 목숨이란 개인에게
속한 것이 아니기 때문에 죽을 권리는 없다고 생각했다.

그러나 소크라테스는 정적으로부터 모함을 받고 감옥에 갇혔을
때 충분히 자신의 목숨을 구할 수 있었지만 독약을 마다하지 않았
다. 그는 신에 대한 모독이라는 이유로 자살을 반대했지만, 자신의
신념을 굽히지 않기 위해 죽음을 받아들였다.

아리스토텔레스도 소크라테스와 비슷한 이유를 들어 자살을 반
대했다. 자살은 국가를 더럽히고 유용한 시민을 파괴함으로써 국
가를 약화시키기 때문에 '국가에 대한 범죄'라고 했다.

반면 자살에 대한 관대함은 고대의 바이킹에서 발견된다. 바이
킹은 자살이 대단한 덕행으로 간주되었다. 바이킹의 천국은 발할
라(Valhalla)라고 불렸는데, 이곳에는 전투에서 죽은 자들만이 들어
갈 수 있었다. 여기서 가장 큰 명예를 받은 사람은 전투에서 죽은
사람이었고, 그다음이 자살한 사람이었다. 나이가 들거나 병으로
죽은 사람은 영원히 발할라에 들어갈 수 없었다.

에피쿠로스학파와 스토아학파는 고대 그리스인들과 고대 로마
인들에게 큰 영향을 미쳤다. 이들에게는 어떻게 죽느냐가 인간의
우열을 판가름하는 결정적인 척도였다. 따라서 외부의 상황이 견
딜 수 없을 때의 자살은 정당한 것이라고 생각했다. 그들은 이런
생각을 자연과 조화된 삶이라고 보았다. 그래서 그들은 목숨을 끊
을 것인가 말 것인가의 문제가 아니라, 어떤 방법으로 영예스럽고
고상하게 목숨을 끊을 것인가의 문제에 봉착했다.

역사적으로 기독교는 자살에 대해 가장 큰 금기를 갖고 있었다. 자살을 하게 되면 지옥의 밑바닥에 떨어져 영원한 형벌을 받게 되고, 영혼은 구원받을 수 없다고 가르쳤다. 또한 자살한 사람뿐 아니라 가족들도 많은 불이익을 받아야 했으며, 교회묘지에 매장되는 것도 금지되었다. 또한 자살한 사람의 시체는 모욕을 당하기도 했다. 중세 교회의 권위가 한창이었을 때 자살도 그만큼의 강도로 금지되었다.

그러나 기독교가 처음 도입되었을 때의 상황은 정반대였다. 로마인들이 가지고 있던 자살에 대한 관대한 태도가 반영되어 있었다. 위에서 언급했지만 로마인들에게 죽음 자체는 중요치 않은 일이었다. 그 대신 이성적으로 점잖게, 적절한 순간에, 위엄 있게 죽는 것이 중요했다. 그들에게는 죽음의 방식이 삶에 대한 최종적인 가치의 척도였던 것이다.

또한 초기 기독교의 교리에서는 사후의 영광을 강조했다. 그리고 순교자의 이름은 교회의 연중행사에서 대대로 찬미되었고, 성인으로 받들어졌다. 그래서 초기 기독교 신자들은 순교열에 휩싸였다. 그들은 콜로세움의 격투장에서 사자의 먹이로 바쳐졌지만, 이것을 영광과 구원의 수단으로 여겼다.

이런 자살에 대한 선풍을 처음으로 금지한 것은 성 아우구스티누스였는데, 그전까지 교회는 공식적으로 자살을 금지하지 않았다. 아우구스티누스는 자살을 죄로 규정했는데, 자살은 일말의 회개의 가능성을 완전히 없애 버리는 것이라고 주장했다.

아우구스티누스의 영향력과 수많은 순교자 때문에 여론은 자살을 금지하는 쪽으로 돌아섰다.

교회에서 자살을 완전히 공식적으로 금지한 것은 6세기가 되어서다. 서기 533년 오를레앙의 제2차 공회에서 교회는 자살을 모든 범죄 중에서 가장 우려할 만하고 죄질이 나쁜 죄라고 여겼다. 또한 563년 성체성사와 성가의 암송 등의 장례절차도 자살자에게는 치르지 못하도록 금지했다. 그리고 673년 자살한 사람에게는 교회에서 행해지는 장례절차 자체가 완전히 금지되었다. 1284년에는 자살자는 교회에 매장하지 못하도록 했다. 즉 로마인들에게는 품위 있는 대안책이었고 초기 기독교에게는 천국으로 가는 열쇠였던 자살이 이제는 죽은 자들 중에서 가장 큰 죄가 된 것이다.

아우구스티누스가 자살을 금지한 이유를 더 정교하게 다듬은 이가 토마스 아퀴나스였다. 아퀴나스는 3가지 이유로 자살을 금지했는데, 첫째 생명을 보존하려는 천부적인 성향과 자신에 대한 자비에 반(反)하며, 둘째 사회공동체에 대한 범죄이며, 셋째 인간에게 생명을 부여한 신에 대한 죄라는 이유였다.

이런 자살에 대한 금지는 교조로 자리잡아 자살은 지옥의 밑바닥으로 굴러떨어지는 최악의 범죄가 되었다. 이후 자살은 서구사회에서 해서는 안 될 추악한 범죄로 여겨졌다. 그리고 이에 따른 낙인도 따라다니게 되었다.

그래서 지금까지도 자살을 하는 사람에 대한 편견과 소외는 계속되고 있다.

물론 이런 자살에 대한 금지는 서구사회에서만 있었던 것이 아니라 여러 문화에서 나타났다. 캄보디아의 한 부족은 자살한 사람은 마을에서 멀리 떨어진 깊숙한 숲에 시체를 매장했다. 또한 앨라배마 인디언은 자살자는 그 시체를 강물에 던졌다.

각 문화에 산재한 자살에 대한 금지는 서구사회에서 그 정도가 가장 심했다. 자살을 시도했으나 실패한 사람과 자살자가 가족 중에 있는 경우 그들은 사회에서 고립되었고, 소외를 당했다.

3세기 전 미국의 이주민들은 종교적인 교리에 따라 자살한 사람을 교회에 매장하지 않았다. 1660년에는 이를 법률로 구속하는 법률을 통과시켜 국내 거주자 또는 외국인에 상관없이 자신에 대해 자해를 하거나 자살을 하면, 교회의 공동묘지에 묻히는 특권이 박탈되었다. 또한 묘지에는 자살자를 모욕하기 위해 한 무더기의 돌을 올려놓았다. 사람들에게 이런 지옥에 굴러떨어지는 죄를 저지른 행동에 대한 경고를 하기 위해서였다.

영국에서는 자살에 대한 금지가 더욱 엄격했는데, 사람이 죽으면 사후에 검시관의 검사를 받게 했다. 만약 자살이 확인되면, 재산을 몰수하고, 대로상에 매장을 하며, 심장에 말뚝을 박았다.

그러나 이런 종교적인 금지에 대한 의문이 조금씩 제기되기 시작했다. 17세기의 철학적인 흐름은 자살에 대한 새로운 시각을 가져왔다. 이는 종교의 강력한 권위가 흔들리기 시작하면서 이루어지게 되었다. 또한 유명한 시인이자 세인트 폴 대성당의 수석사제였던 존 던은 교회의 자살에 대한 태도에 대해 처음으로 의문을 제기했다. 그는 그의 저서《비아사나도스(Biathanatos)》에서 자살에 대한 이해를 주장했다. 그는 자살이 법률을 위반하는 것도, 이성에 반하는 행동도 아니라고 보았다. 그의 생각은 몽테스키외, 볼테르, 흄, 루소 등의 계몽사상 철학자들에게 공감을 얻었다. 이들 철학자들은 특정한 상황에서의 자살을 옹호하기 시작했으며, 교회의 권위와 개인의 자유에 대한 논쟁을 벌였다.

자살은 특정한 상황이라면 어느 정도 용서할 수 있다는 생각의 전환이 시작된 것이다.

현대에 들어와서 독일의 목사이자 신학자인 디트리히 본회퍼는 "신은 신 자신만이 생명의 종말을 결정하는 권리를 가지고 있다"라고 하며 자살을 신을 부정하는 행동으로 간주해 죄라고 보았다. 그러나 그는 "전쟁 중 포로가 되어 자신의 정보를 적에게 알려주게 되면 많은 생명을 파괴하게 될 것이다"라고 하여 이런 경우의 자살에 대해서는 판단을 유보했다. 자살의 동기와 위대한 선이 자살을 평가하는 결정요인이 된다는 것이다.

또한 모든 기독교 집단이 자살을 죄로 규정한 것은 아니다. 영국 국교회의 일부 신학자들은 이전의 신학자들에 비해 융통성을 가졌는데, 개인의 자살이 가지는 특별한 상황과 개인의 독특성을 고려해야 한다는 생각을 피력했다.

오늘날 많은 성직자가 자살을 신학적인 차원뿐 아니라 심리적인 원인, 사회적인 관련성까지 살피게 되었다. 즉 윤리적이며 종교적인 접근에 사회과학적인 접근을 하게 됨으로써 자살자에 대한 관용이 베풀어지게 되었다. 또한 종교의 권위가 떨어지면서 자살에 대한 관용도 커진 것이 사실이다.

이제 자살한 사람이나 자살을 시도한 사람에 대해서 법적인 책임을 묻는 지역은 없다. 또한 자살로 남겨진 가족들의 재산이 박탈당하는 일도 없어졌으며, 시체가 모욕당하지도 않는다. 또한 자살한 사람이 지옥에서 벌을 받아야 할 만큼 자살이 추악한 범죄라고 여기지지는 않게 되었다. 그 이유는 자살에 대한 종교적, 철학적 편견이 벗겨지게 됨으로써 임상적인(과학적인) 접근이 가능해졌기 때문이다.

잠을 경시하면 안 되는 이유

인류에게 커다란 재앙이었던 체르노빌 원전사고, 스리마일섬의 사고, 엑슨 발데즈호의 치명적인 알래스카 기름 유출사고, 우주선 챌린저호의 폭발 사고의 공통점이 있다. 이 모든 사고는 관련자들의 수면 부족으로 인한 실수가 사고를 일으킨 원인 중의 하나라는 것이다.

우리나라도 한때 에너지 절약을 이유로 서머타임을 실시한 적이 있다. 그런데 한 연구에 따르면 서머타임을 도입함으로써 잠을 한 시간 잃어버린 결과 사망사고율이 6% 정도 상승했다고 한다. 미국의 경우 잠을 제대로 자지 못해 일어나는 총사고(교통사고를 포함)의 비용이 570억 2000만 달러에 이르렀다는 연구 결과도 있다.

잠의 효능에 대해 아직도 밝혀진 것이 많지 않지만, 잠은 생명 유지에 가장 필수적이라는 점은 분명한 사실이다. 또한 우리가 병에 걸리거나 감염이 되면 매우 졸립고 잠이 더 많이 오는데, 그 이유는 신체의 신진대사를 느리게 해서 신체의 에너지를 아껴 외부에서 침입한 균에 대항하기 위해서다.

우리가 잠을 자면 면역체계가 활발해진다. 쥐의 실험을 통해 밝혀진 바에 따르면, 쥐들을 오랫동안 자지 못하게 하자 쥐들이 모두 감염으로 죽었다. 독일의 한 건강관련 잡지에서는 충분한 수면을 취하는 것이 운동을 매일 하는 것보다 건강에 더 좋다는 기사를 싣기도 했다. 인류는 200만 년의 진화과정에서 근대 100년을 빼고는 10시간 이상 수면을 취했다.

만약 우리가 잠을 충분히 자지 못하게 되면 여러 가지 증상이 나타난다. 생각이 느려지고 집중력 시간이 짧아지며, 기억력이 떨어진다. 그리고 결정을 내리는 데 어려움을 겪으며, 잘못된 결정을 하기가 쉬우며, 무기력해지고, 기분의 변화가 일어나 짜증이나 화가 나게 된다. 또 주목할 만한 사실은 음주운전보다 수면 부족으로 인한 자동차 사고로 사망하는 사람이 더 많다는 점이다.

무엇보다 중요한 점은 장기간 충분한 수면을 취하지 못할 경우 아주 다양한 건강상의 문제가 나타난다는 사실이다. 수면 부족은 온몸에 영향을 준다고 볼 수 있다. 모든 성인 질환과 관련이 있다고 해도 과언이 아니다. 심혈관계 질환, 특히 관상동맥질환과 밀접하게 연관이 있다. 또한 혈압이 올라가고, 심장 마비, 뇌경색이 발생하며 당뇨는 매우 악화되고 혈당 조절이 되지 않는다. 그리고 수면 부족인 사람들은 에너지가 부족하다고 느껴서 더 많은 칼로리를 섭취해 비만이 될 가능성이 높다.

그런데 가장 큰 문제는 이런 악영향이 있음에도 사람들은 잠을 경시하고 잠을 줄이며 성공을 위해 달린다는 것이다.

자폐증에 대한 오해

〈레인맨〉이라는 영화를 보면 자폐증이 무엇인지 잘 알 수가 있다. 일단 의사소통이 잘 되지 않고, 상동행동이라는 반복적인 행동을 하며, 자신의 물건이 가지런히 놓여 있어야 하고, 소리를 지르고 자해를 하는 특징을 가지고 있다. 특히 의사소통 능력이 떨어져 다른 사람과 소통을 하지 못하고 눈을 맞추지 못하는 등의 행동을 보인다. 그리고 대부분 지능지수가 떨어진다.

사실 〈레인맨〉의 더스틴 호프만이 연기했던 레이몬드처럼 비상한 기억력을 갖는 자폐증은 손에 꼽을 정도로 드물다고 할 수 있다. 사람들이 자폐증에 대해 갖는 몇 가지 오해는 다음과 같다.

첫째, 자폐증은 아무런 문제없이 지내던 사람이 갑작스레 말이 없어지고 사회적인 관계를 피하려 하는 증상이라고 생각한다.

사람들은 사회에서 고립되어 혼자 지내는 사람을 보고 자폐증에 걸렸다고 말하는 경우가 많다. 그러나 성인이 되어 발병하는 자폐증은 없다. 자폐증은 생후 1~2세 사이에 발병하는데, 정확한 표현은 이때 발견된다고 해야 할 것이다. 왜냐하면 전형적인 자폐증은 태어날 때 이미 질병을 가지고 있지만, 이 시기 정도가 되어야 자폐증 여부를 가늠할 수 있기 때문이다.

둘째, 자폐증은 부모의 심리적인 문제 등 환경적인 요인에 의해 발병한다고 생각한다.

소아정신과 의사였던 레오 캐너에 의해 자폐증이 처음 보고될 때만 해도 자폐증은 부모가 아이에게 냉담하고, 무관심한 점이 발병의 원인이라고 생각했다. 그러나 이것은 원인과 결과를 반대로 본 해석이었다. 자폐증은 심리적인 원인이 아닌 뇌의 신경전달물질에 의한 기질적인 원인을 가지고 있는 질병이다.

자폐증 아이들은 부모에 대해 애착도 보이지 않고, 무생물에만 관심을 보이며, 제 고집대로만 행동한다. 따라서 이렇게 힘든 아이들을 키우면서 부모들은 자연스럽게 지치게 된다. 자폐증아이를 키우면서 지친 부모들의 반응을 원인으로 잘못 본 것이다.

셋째, 자폐증 아이들은 영화 〈레인맨〉의 레이몬드처럼 비상한 기억력을 가지고 있다고 생각한다.

이 영화로 인해 사람들은 자폐증 환자들은 한 가지의 비상한 재주를 가지고 있다고 생각한다. 그러나 다른 능력에 비해 음악적 또는 기억력 등의 재주가 뛰어난 경우가 드물게 있다. 이런 경우는 예외적인 경우이고, 실제 자폐증 환자의 40%는 IQ가 55 이하이며, 30%는 70 이하다. 결국 자폐증 환자의 70% 정도는 지적장애의 지능을 가지고 있는 것이다.

자폐증 환자들의 전형적인 특징은 〈레인맨〉의 레이몬드가 보였

ㅈ

던 비상한 기억력이 아님에도 오해를 받고 있다. 자폐증의 가장 큰 특징은 인간관계를 맺지 못하는 것이다. 즉 사람들에 대한 애착이 없고, 관심도 없다. 또한 의사소통 능력이 떨어져서 발음이 명확하지 않거나, 말을 거꾸로 하거나, 반복해서 하는 경우가 많다.

장례식이 갖는
치유적 의미

전통적으로 상례란 '상제로 있는 동안에 행하는 모든 의례'이며, 장례는 '시체를 묻거나 화장하거나 하는 의례'를 말한다. 따라서 상례와 장례를 합쳐서 생각한다면, 사람이 죽은 순간부터 시체를 매장하고 일정 기간 동안 상복을 입은 뒤 일상생활로 돌아오기까지 행하는 모든 의례절차라 할 수 있다.

유교적 관례를 중요시 여겼던 우리나라에서는 매우 복잡한 장례 절차를 갖고 있다. 일단 상례는 크게 초상, 반우, 소상과 대상의 세 단계로 나뉜다. 그리고 각 단계는 또다시 여러 가지 절차를 거치게 된다.

현대인들은 이렇게 복잡하게 장례식이 진행될 필요가 있을까 하고 의문을 가질 것이다. 또한 이렇게 복잡하고 거창하게 장례식을 치른다고 해서 사자(死者)가 무엇을 알겠는가 라고 생각할 것이다. 그러나 장례식의 목적은 사실 사자(死者)를 위한 것이 아니라 산 자를 위한 것이다.

모든 의식(儀式)은 새로운 변화에 적응하는 기회를 제공한다. 그래서 모든 문화에서 중요한 변화의 시기 즉 탄생, 사춘기, 결혼, 죽음에는 의식을 치른다. 우리나라에서도 예로부터 관혼상제를 중요시 여겼던 이유가 있는 것이다. 그리고 의식에 참석하는 동안 참석자들은 상징적인 행동을 통해 의사소통을 하고, 혼란과 혼돈의 기간 동안 일정한 행동양식을 제공받게 되어 방향감을 잃지 않을 수 있게 된다.

장례식은 그런 점에서 사랑하는 사람을 잃고 비탄에 잠겨 있는 사람들에게 부정하고 싶은 사랑하는 사람의 죽음을 직면하도록 해주고, 도저히 메울 수 없을 것 같은 상실감을 채울 수 있게 해주는 역할을 한다.

사랑하는 사람이 죽었을 때 대부분의 사람들은 큰 충격과 깊은 슬픔에 빠지게 된다. 한동안 어떤 일이 벌어졌는지 이해할 수 없고, 혼란스러움에 빠진다. 그리고 도저히 죽음을 믿을 수 없다. 마치 죽은 사람이 저녁이 되면 다시 돌아올 것 같거나 먼 여행을 떠나 언젠가는 다시 돌아올 것이라고 믿고 싶어진다. 또한 사랑하는 사람이 없이는 아무것도 할 수 없을 것 같은 큰 상실감에 빠진다.

이같은 슬픈 감정을 해결해가는 것을 애도과정이라고 한다. 사자의 그늘에서 완전히 벗어나 일상생활로 돌아갔을 때, 정상적인 애도과정을 거쳤다고 할 수 있다. 그러나 이런 애도과정이 순조롭게 진행되지 않고, 병적으로 발전해 지속될 수도 있다. 그래서 사자를 따라 죽는 경우도 있고, 깊은 우울증에 빠지기도 한다.

이런 애도과정을 순조롭게 진행시키고, 산 자를 다시 일상생활로 돌려주는 것이 장례식이다. 사랑하는 사람의 죽음은 남겨진 사람들에게 커다란 상처를 안겨주어 사자를 자신의 마음에서 놓지 않아 우울증이나 생활의 장애를 겪게 한다. 그런 점에서 장례식은 남겨진 가족들에게 미치는 부정적인 영향을 최소한으로 줄여주는 치료적인 효과를 갖고 있다. 우리의 장례식은 어떤 면에서 남겨진 사람들의 심리적인 상처를 보듬고 치유할 수 있도록 고안되었다고 볼 수 있다.

사랑하는 사람이 죽었을 때 애도과정을 잘 거치지 못하는 가장 큰 이유는 사랑하는 사람의 죽음을 받아들이지 못하기 때문이다. 남겨진 사람들은 그 사실을 인정하고 싶지 않은 마음이 있다. 그러나 애도과정은 이러한 현실을 받아들이는 것에서부터 시작된다.

장례식은 사랑하는 사람의 죽음을 확인시킨다. 죽음의 확인은 남겨진 사람들이 시체를 확인하는 것에서부터 시작이 되고 염을 하고, 입관을 하는 등 장례식의 여러 절차를 거치면서 점차 죽음을 받아들이게 된다. 이런 과정은 감정적으로 사자를 받아들일 수 없다고 하더라도 장례절차에 참여한 경험에 대한 기억은 나중에라도 사자가 다시 돌아올 수 없는 현실을 받아들이게 한다.

또한 애도과정을 잘 거치지 못하는 사람들의 특징은 자신의 슬픈 감정을 제대로 표현하지 못하기 때문이다. 자신은 어른인데 어떻게 남 앞에서 눈물을 보일 수 있으며, 어린아이처럼 망자에게 붙들려 있는 모습을 보일 수 있나 라고 생각하는 사람들이 있다. 결국 이렇게 억압된 감정은 표현되지 못하고 잠재해 있다가 몇 달

혹은 몇 년 후에 우울증으로 나타나는 경우가 많다. 그래서 장례식은 남겨진 사람들에게 충분히 자신의 감정을 표현할 수 있는 분위기를 만들어주고, 슬픔을 인정하도록 한다.

우리의 장례식에서는 이런 슬픔을 참지 못하게 한다. 그래서 심지어 가족들에게 억지로 곡을 하도록 하고, 곡을 전문적으로 하는 노비를 두기도 했다. 슬픈 감정을 표출하도록 하는 의도라고 볼 수 있다. 또한 장례의 절차가 복잡하기 때문에 가족들은 눈물을 흘릴 수 있는 기회가 더욱 많이 주어지고, 이런 과정을 통해 망자에 대한 슬픈 감정을 남김없이 쏟아낼 수 있는 것이다.

또한 장례식은 슬픔을 특정한 시기에 국한하는 치료적인 면이 있다. 장례식이 없다면 남겨진 사람들은 언제까지 슬퍼해야 할지 모른다. 이때 장례식은 일정 기간을 정해주기 때문에 가족들로서는 한정된 기간 동안 모든 슬픔을 토해내고, 다시 일상생활로 돌아갈 수 있게 된다.

죽은 사람과의 절연을 위해서는 사자에 대한 기억을 정리해야 한다. 정리되지 않은 상태에서 사자를 자신의 마음에서 떠나보내는 것은 불가능하다. 그러나 장례는 절차마다 죽은 사람에 대한 기억을 떠올리게 하고, 이 과정에서 가족들은 사자에 대한 여러 가지 이야기가 나오며 더욱 슬퍼지지만, 눈물을 통해 감정들이 배출된다. 그리고 사자에 대한 이미지가 통합되는 기회를 갖게 된다. 그런 과정에서 가족들은 사자에 대한 정보를 공유하면서 서로를 위로할 수 있는 기회를 제공받는 것이다.

장례식에는 많은 친지들이 찾아온다. 그들은 자신의 사별경험을 들려주기도 하고, 가족들이 겪고 있는 슬픔이 매우 정당하고 당연하다는 사실을 인식시켜준다. 또한 사자가 없는 비정한 현실에서도 이렇게 많은 사람이 주변에 있다는 사실을 인식시켜줌으로써 가족들은 위안을 받게 된다.

우리의 장례식은 한바탕 잔치처럼 치러진다. 한쪽에서는 술을 마시고, 화투를 치고, 노래를 부르기도 한다. 가족의 입장에서 볼 때 야속하다는 생각이 들 수도 있지만, 슬픔에 지쳐 있는 가족들은 문상객들을 보면서 한숨을 돌릴 수 있는 것이다. 왜냐하면 사랑하는 사람이 죽었다고 하더라도 세상은 여전히 잘 움직이고 있다는 사실을 발견해 문득문득 찾아오는 비현실감을 잊을 수 있기 때문이다.

그리고 이제 가족들은 마지막으로 입관을 하고, 흙을 덮고 난 뒤 몇몇의 친지들이 올라가 땅을 다지는 장면을 보게 된다. 가족들에게 이보다 야속한 장면은 없을 것이다. 어떻게 사자의 위에 올라가 무참히 저렇게 할 수 있을까 라는 생각이 들 수 있기 때문이다. 그러나 이것이 장례 절차의 클라이맥스라 할 수 있다. 이제 가족들은 남아 있던 사자에 대한 미련을 버릴 수 있는 계기가 되는 것이다. 그리고 사자가 그 무거운 흙을 헤치고 나올 것이라는 기대를 할 수 없게 된다. 그리고 가족들은 이제 사자가 없는 현실을 받아들이고 다시 새로운 삶을 시작할 수 있게 된다.

현대화의 물결에서 허례허식을 없애자는 명목으로 전통적인 의례의 과정이 매우 단순화되었다. 그러나 한편으로 의례의 생략과 단순화로 인해 의식(儀式)은 치료적인 의미를 상당히 잃게 된 부분도 있다.

전기경련요법의
가장 큰 장애

1900년대 초반 헝가리의 정신과 의사인 메두나는 정신질환을 가진 환자에게 경련을 유발했을 때 정신병이 호전된다는 사실을 알게 되었다. 그래서 장뇌(camphor)를 환자에게 투여해 경련을 유발하는 데 성공은 했지만 일정하게 경련이 유발되는 것은 아니었다.

이후 1930년경 이탈리아의 의사 유고 세를레티는 충분한 강도의 전기자극을 동물에게 주었을 때 경련을 일으킨다는 사실을 알게 되었다. 그러나 이러한 전기자극이 사람을 감전사시키지 않을까 하는 두려움 때문에 임상실험을 하지 못했다. 망설이던 세를레티는 결국 임상실험을 강행했고, 결과는 성공적이었다.

전기경련요법(Electroconvulsive Therapy)은 처음에는 조현병 등의 정신병에 효과가 있다고 생각했지만, 나중에 우울증에 더 효과가 있다는 사실이 밝혀졌다. 심한 우울증의 경우 자살 위험이 높고, 제대로 식사를 하지 못해 신체적으로 위험한 상태에 빠질 수 있다. 이때 전기경련요법은 매우 빠른 증세의 호전을 가져온다. 그래서 정신과 전문의를 대상으로 한 설문에서 많은 의사가 자신이 우울증이 걸린다면 전기경련요법을 받겠다고 응답했다.

그러나 전기경련요법에 대해 사람들은 많은 편견과 오해를 갖고 있다. 가장 커다란 편견은 이 치료법이 마치 전기고문과 같다고 생각하는 것이다. 이런 편견은 〈뻐꾸기 둥지 위로 날아간 새〉라는 영화의 영향도 있다. 이 영화에서는 병원의 불합리한 제도에 맞서는 범죄자 맥머피가 전기경련요법과 뇌수술로 인해 백치가 되는 내용이 나온다. 이로 인해 사람들은 전기경련요법을 치료가 아니라 처벌로 생각하는 것이다.

그러나 전기경련요법은 나온 지 오랜 세월이 흘렀음에도 정신과 영역에서 여전히 효과적인 치료법으로 인정받고 있다. 이유는 치료를 받을 때 일반인들이 생각하는 것처럼 고통이 있는 것이 아니며, 치료 뒤의 부작용도 다른 치료법에 비해 적기 때문이다.

그러나 이 치료법의 가장 큰 장애는 바로 일반인들이 갖고 있는 편견이다.

예전에 밥을 먹지 않고 죽음만을 기다리는 우울증 환자가 있었다. 약도 거부해서 죽음 직전까지 갈 상태였다. 그래서 전기경련요법을 실시했다. 그 후로 환자는 상태가 매우 좋아지고, 웃음을 되찾았으며, 일상생활로 돌아갈 수 있었다. 따라서 전기경련요법은 예전에 비해 덜 시행되지만 여전히 시행되고 있으며, 안전하고 치료확률이 높은 치료방법이다.

정치적 또는
이데올로기적인 자살

1970년 청계피복 노조 위원장 고 전태일의 분신자살은 우리나라 노동운동의 상징이 되었다. 자살은 이념이나 정치적인 주장을 관철하기 위해 벌어지기도 한다. 세계적으로 가장 널리 알려진 정치적인 자살은 1960~1970년대에 베트남 전쟁에 반대한 승려들의 분신자살이었다.

우리나라에서도 1970년부터 1988년까지 정치적인 목적을 띤 자살이 70여 건 이상 이르렀다. 특이한 점은 이런 자살이 시기적으로 4월과 5월에 몰려 있다는 사실이다. 이 시기는 바로 4.19와 5.18 등 학생시위의 시기와 맞물려 있기 때문이다.

그렇다면 왜 우리나라에서 정치적인 자살이 많았던 것일까?

그것은 우리의 과거 역사가 충분히 말해주고 있다. 그 당시 현실의 산적된 문제는 제도적인 차원에서 해결되지 못했다. 심지어 그런 문제를 문제라고 말하는 자체가 구속 및 탄압의 근거가 되는 상황이었으므로 극단적 수단을 통해 입장을 표명한 것으로 볼 수 있다.

정치적인 자살에서는 자신의 신념을 드러내고 주장하는 것이 목숨보다 더욱 중요한 요소가 된다. 물론 그들의 목적은 죽음이 아니라 자신의 주장을 피력하는 것이었다.

정치적인 자살은 대부분 과거 우리나라의 상황처럼 정상적인 방법으로는 자신의 주장을 피력하기 어려운 상황에서 이루어진다. 그래서 정치적인 자살을 시도하는 집단은 막강한 권력에 대항하는 방법으로 매우 충격적이고 치명적이며 극단적인 자살 방법을 선택한다.

우리나라의 정치적인 자살에서 특이한 점은 분신자살이 많다는 것이다. 이는 과거 우리사회와 상황이 비슷했던 중남미에서는 거의 없는 일이다. 그러나 불교국가인 베트남에서는 분신자살이 흔히 있는 일이었다. 따라서 분신자살은 어쩌면 불교에서 말하는 소신공양의 영향으로, 우리나라는 아직도 불교적인 영향을 많이 받고 있기 때문인지도 모른다.

우리나라의 1970~1980년대 정치적인 자살은 현실에 대한 고발과 항거를 위한 소극적인 것만은 아니었다. 그 안에는 나 하나의 죽음으로 인해서 보다 나은 내일이 건설되기를 바라는 간절한 소망도 담겨 있었다.

또 남을 위해서 하는 자살이 한 가지 있다. 바로 이타적인 자살이다.

어떤 자살은 가족과 주위 사람들에게 부담을 주지 않을 목적으로 죽음을 선택하는 경우가 있는데, 이를 이타적인 자살이라고 한다. 이타적 자살을 하는 경우 자살자는 대개 말기질환, 신체적 장애, 노령으로 가족들에게 의존해야 하는 상황에 놓인 경우가 많다.

알츠하이머병과 관절염을 앓던 미국의 노부부가 천만 달러의 재산을 자선사업에 사용하도록 할 목적으로 동반자살을 했다. 두 사람은 차고에 있던 캐딜락에서 죽은 채로 발견되었다. 노부부는 유서에서 "우리는 죽을 때까지 최고의 의사와 훌륭한 병원, 24시간을 돌봐주는 가정 간호의 혜택을 받을 수 있을 만큼 재산이 충분하다, 그러나 우리 부부는 그런 여생을 원치 않으며, 질병치료에 집착하면 재산의 대부분을 써버리게 될 것"이라며 자신들의 재산이 전 세계 젊은이와 어린이들을 돕는 데 쓰이길 바란다고 했다. 노부부의 남편은 죽기 전 관절염과 천식으로 휠체어에 의지했고, 부인은 알츠하이머병으로 고통 속에서 살았다.

위의 사례는 가장 전형적인 이타적인 자살로, 주위 사람들에게 부담을 주지 않고 사회라는 공동체에 공헌하기 위해 스스로 목숨을 끊은 것이다.

반대로 타인에 의한 자살이라는 것이 있다. 자살의 자(自)라는 글자가 설명하듯이 자살은 자신에 의한 죽음이다. 그러나 타인으로 인한 직접적인 영향으로 인해 자살을 할 수도 있다. 이런 타인에 의한 영향으로는 어떤 대상에 대해 고의적으로 감정적인 폭력을 행사하는 것도 있고, 직접적으로 자살을 강요하는 경우도 있다. 또한 자살을 하도록 설득당할 수도 있으며, 동정심 때문에 따라서 하는 자살도 존재한다. 이런 것을 통틀어 타인에 의한 자살이라고 한다. 이러한 타인에 의한 자살은 범위를 넓히면 한 사람을 죽음으로 몰고가는 여론도 포함된다.

타인에 의한 자살에는 서로에게 가장 큰 영향을 주게 되는 연인, 친구가 원인이 되는 경우가 가장 많다. 직접적인 타인에 의한 자살 이외에 여론이나 소문이 개인을 사지로 몰아넣어 자살에 이르게 하는 경우도 많다.

조작적 조건화가
인간의 행동에서 보이는 사례

심리학자 B. F. 스키너가 고안한 학습과 행동의 이론으로 조작적 조건화(Operant Conditioning)라는 이론이 있다.

파블로프의 개 실험으로 유명한 고전적 조건화에서는 동물은 자신의 선택은 전혀 없는 상태에서 음식을 줄 때 침을 흘리는 반응만을 하게 된다. 반면, 조작적 조건화에서는 동물에게도 선택권이 부여된다. 예를 들면 발판을 누르면 먹이가 나오게 한 상자에 쥐를 넣고 발판을 누르면 먹이가 떨어지게 해서 먹을 수 있게 하는 것이다. 발판을 누르면 먹이가 나오므로 쥐는 이러한 행동을 반복하면서 발판을 누르면 먹이가 나온다는 것을 학습하게 되어 이 행동이 강화되는 것이다.

이때 발판을 누르면 먹이가 나오는 비율을 조절해볼 수 있다. 발판을 누를 때마다 음식이 나올 수도 있고(지속적 강화), 어떤 때는 음식이 나오고 어떤 때는 나오지 않게(부분적 강화) 장치를 할 수 있다. 그러면 쥐는 발판을 눌러도 음식이 이따금씩 나오도록 조정한 경우에도 계속적으로 발판을 누르고, 나중에 음식이 나오지 않더라도 계속 발판을 누르는 습관을 쉽게 버리지 못한다.

쥐 실험의 부분적 강화는 인간의 행동에도 적용할 수 있다. 사람들이 좋아하는 슬롯머신, 낚시 등이 부분적 강화에 해당한다. 즉, 두 가지 모두 어쩌다 한 번 걸리는 횡재의 맛을 사람들은 잊지 못하는 것이다. 그래서 계속 슬롯머신에 동전을 넣고, 낚시꾼은 낚싯대를 물속으로 드리우는 것이다.

쥐가 먹이가 나오지 않더라도 발판을 누르는 행동이 오래가듯이, 사람도 돈을 모두 잃거나 한 마리의 고기도 낚지 못한다고 하더라도 이런 행동을 지속하는 경우가 많다. 왜냐하면 언젠가는 성공할 수 있다는 희망 때문이다.

그래서 도박중독에 걸린 사람들을 상대로 사기도박을 하는 사람들은 그들의 심리를 이용해 처음에는 일부러 돈을 잃어주어 피해자가 자신감을 갖게 만든다. 그리고 큰돈을 몇 차례 따게 해서 그 짜릿한 느낌을 각인시킨다. 사기도박에 걸리면 돈을 잃어도 계속 하는 이유는 자신이 돈을 딴 것이 각인되었기 때문이며, 그 느낌을 다시 느끼고자 하는 욕구 때문이다. 그래서 돈을 잃으면서도 지인들에게 돈을 빌리거나 어떻게든 마련해서 도박을 하게 되는 것이다. 그러나 도박의 마지막은 큰돈을 잃어 망하거나 심지어 자살을 하는 비극적인 결과를 가져온다.

도박도 중독이기 때문에 금단증상이 오고 끊기가 매우 어렵기 때문에 단도박회에 가입하고 약물치료를 병행해야 한다.

'조현병을 일으키는 어머니' 가설

공포영화의 대명사 〈사이코(Psycho)〉는 영화사에서 가장 유명한 영화 중의 하나로 꼽힌다. 이 영화의 주인공 노먼 베이츠는 자신이 운영하는 모텔에 들어오는 여인들을 엽기적으로 살해한다. 모텔 위쪽에 있는 베이츠의 집에서는 노먼과 그의 어머니가 싸우는 소리가 들려온다. 그 내용은 아들이 다른 여자에게 관심을 갖지 않나 하는 어머니의 질투 섞인 질책이었다.

그러나 실상은 노먼의 어머니는 그에게 살해당한 지 오래되었으며, 노먼이 죽은 어머니의 역할까지 한 것으로 밝혀진다. 심약한 노먼은 죽은 어머니에게 사로잡힌 채 자신 안에 존재하는 어머니의 명령대로 여성들을 차례로 죽인 것이다.

한때 학자들 사이에서는 어머니의 아이에 대한 태도가 조현병을 일으킨다는 생각을 했다. 그것을 '조현병을 일으키는 어머니 (schizophrenogenic mother)'라고 불렀다.

어머니가 자식에게 냉정하고, 지배하려 하며, 공격적이고, 비판적이며, 끊임없이 청결을 요구하는 성격을 가진 경우 아이들에게 조현병을 일으킨다는 가설이었다. 이 가설은 나중에 잘못된 것으로 판명되었는데, 조현병 환자의 어머니가 이런 성향을 가진 경우는 매우 적었으며, 조현병을 일으키는 일정한 환경적인 요인이 없다는 사실이 밝혀졌기 때문이다.

이것은 제2차 세계대전 뒤 정신분석이나 발달심리학의 영향 때문이다. '조현병을 일으키는 어머니'의 가설은 기본적으로 아이들에게는 아무런 문제가 없고 단지 부모, 특히 어머니에게 문제가 있을 때 아이들의 정신적인 건강이나 성격에 문제가 생긴다고 보았다. 이러한 풍조는 아이들의 양육서도 한몫을 했다고 할 수 있다. 그 책들은 어머니는 아이를 천재로 키울 수 있을 뿐 아니라 심한 정신질환자로도 만들 수 있는 영향력을 갖고 있다고 주장했다.

결국 이러한 여러 심리학적, 교육학적 이론들은 어머니를 자녀 양육에 있어서 중심의 위치로 끌어올리는 데는 성공했다. 그러나 한편으로 어머니는 부담스러운 위치가 되고 말았다. 이러한 이론에 따르면 어머니는 언제든지 자식을 망쳐놓을 수 있는 자리이기 때문이다.

그런데 이런 가설들은 현대에도 많은 아동학자, 교육학자, 심리학자, 정신분석가들에 의해 지지를 받고 있다. 계속 쏟아지고 있는 육아에 대한 정보는 많은 어머니를 긴장시킨다. 또한 비행청소년의 문제가 부각될 때마다 아이의 가정환경 특히 부모가 어떤 사람이며, 어떤 환경에 놓여 있었는지가 언론의 초점이 된다. 물론 환경이 매우 큰 영향을 미치는 것은 사실이지만, 절대적인 것은 아니다. 같은 환경에 놓여 있어도 그렇지 않은 청소년도 존재하기 때문이다.

'조현병을 일으키는 어머니'가 자식을 배척하고, 자식에 대한 애정이 없어서 비난을 받은 반면, 현대의 어머니들은 '나약한 아이'에 대한 책임을 져야 한다.

쌀쌀맞지 않은 어머니가 되기 위해 어머니들은 자식에게 무한한 애정을 쏟고, 항상 아이들이 원하는 대로 해주며, 아이가 잘못을 해도 꾹 참자 또 다른 문제가 생겨났다. 이러한 태도로 인해 어머니들이 '나약한 아이'를 만든다는 비난을 듣게 되었다.

더욱이 요즘은 성공한 자식을 둔 어머니들이 나는 이렇게 해서 자녀를 성공시켰다는 내용의 성공사례를 적극적으로 매스컴이나 서적을 통해 보여주는 것이 유행이 되었다. 이는 다시 한 번 어머니들에게 교육의 전지전능함을 심어주는 역할을 한다. 이로 인해 대중에게 어머니의 능력이 자식을 성공의 대열에 올려놓을 수 있다는 오해를 심어줄 수 있다.

이런 여러 가지 배경으로 인해 역사상 유례없이 현대의 어머니들은 자녀양육에 대해 책임과 죄책감을 가져야 하는 위치가 되고 말았다.

그렇다면 근대화가 되기 전의 자녀양육은 어떠했을까?

먼저 태어난 아이는 부모가 일을 나가면 동생들을 돌보고 키우는 일을 했다. 또한 아이들은 지금처럼 귀한 대접을 받지 않고도 잘 자랐고, 부모의 무관심에도 불구하고 삐뚤어지게 자란 것은 아니다. 또한 지금처럼 비행 청소년이 더 많았던 것도 아니다.

결국 근대화가 가져온 청소년의 비행 문제를 가정이 책임을 떠맡게 되었으며, 특히 어머니들의 책임이 더욱 가중되었다.

어머니의 역할이 자식의 양육에서 매우 중요한 것은 사실이지만, 결코 전지전능한 위치는 아니다. 아이가 태어날 때 백지상태로 태어나는 것은 아니다. 어머니가 여기에 악마를, 천사를, 천재를 그릴 수는 없다. 과연 아이는 무죄이지만, 부모의 양육과 환경이 그렇게 만드는 것일까? 그런데 부모에게는 아무런 문제가 없음에도 비행을 저지르는 아이들을 많이 볼 수 있다.

아이들은 태어날 때 이미 많은 밑그림을 갖고 태어나며, 독립된 인격을 갖추고 어머니와 상호작용하며 자라는 존재다. 역사상 지금까지 많은 자녀양육 이론이 등장했지만, 그중에는 근거가 없거나 거짓인 이론도 많다.

많은 이론에서 자녀양육에 어머니의 역할만을 강조했지만, 아버지의 역할도 못지않게 중요하며 양육의 책임은 어머니에게만 있는 것이 아니다.

그래서 어머니들은 '이상적인 어머니상'의 환상에서 벗어나 솔직하게 자신의 감정을 표현하고, 인내하지 못할 때는 그런 사실을 아이에게 알려주며, 아이의 눈치를 보며 양육하는 자세를 버려야 한다. 아버지도 양육의 한 축을 이루는 중요한 존재이며 아버지와 어머니 양쪽의 사랑과 관심이 더욱 좋은 양육 환경을 만들게 된다.

주의력결핍 과잉행동장애

유명인 중에 주의력결핍 과잉행동장애를 가진 사람들이 있는데, 모차르트, 윈스턴 처칠, 에디슨 등이 해당한다.

영화 〈아마데우스〉는 천재음악가인 볼프강 아마데우스 모차르트의 생애를 그리고 있다. 이 영화가 많은 사람의 관심을 끌었던 이유는 영화의 배경이 되었던 음악뿐 아니라 천재를 시기했던 궁정음악가 살리에리의 입장이 많은 공감을 주었기 때문일 것이다.

그리고 이 영화를 보면서 모차르트의 음악만을 알았던 사람들은 다소 당혹스러웠을 것이다. 영화 내내 모차르트가 매우 방정맞고, 즉흥적이며, 산만하게 보이기 때문이다. 영화 속에서 모차르트는 음악 이외의 삶에서 매우 분주하고, 계속 돌아다니며, 킬킬거리는 모습이 자주 등장한다. 현대의 심리학적인 측면으로 보자면 모차르트는 '주의력결핍 과잉행동장애'에 해당한다.

과거에는 이러한 주의력결핍 과잉행동장애라는 진단 자체가 없었다. 과거 농경사회에서는 집중력이 떨어진다고 해서 문제될 것이 없었기 때문이다. 하지만 현대사회에서는 두뇌를 많이 써야 하는 직종이 늘어나고, 오랫동안 앉아서 작업을 해야 하는 일이 많아지면서 오랫동안 집중하지 못하는 성향을 가진 사람들에게 이런 진단이 붙여지게 되었다.

또한 현대사회는 사람들이 자동차를 비롯해서 많은 위험요인에 노출되고 있다. 이때 집중력이 없는 사람의 경우 더 많은 위험성에 노출되는 것이 사실이다.

주의력결핍 과잉행동장애는 매우 산만하고, 가만히 있지 못하며, 다른 친구들에게 지분거리는 특징이 있다. 저학년일 경우 수업시간에 교실을 배회하고, 한자리에 있으라고 해도 잠깐 앉아 있을 뿐 다시 돌아다닌다. 따라서 학습을 쫓아가지 못하는 경우도 많고, 충동적이고 폭력적인 모습을 보이기도 한다. 주의력결핍 과잉행동장애의 50%는 비행청소년으로 넘어가는 경우가 많다. 성인이 되어서도 이런 문제를 보이는 경우가 많은데 잦은 교통사고나 폭력적인 행위 등이 나타나기도 한다.

현재는 약물치료가 최선의 방법으로 메틸페니데이트라는 약물이 대표적이며, 이 약물을 먹였을 때 집중력이 높아지고 한자리에 오래 앉아 있게 된다. 따라서 자신감을 찾게 되며, 지적당하는 일이 훨씬 적어져 열등감이 줄어들게 된다.

집단 자살의 심리적 원인

자살은 한 명, 또는 동반자살, 그리고 수많은 사람이 동시에 자살을 하는 집단자살의 형태가 존재한다.

집단자살은 자살자의 숫자가 많다는 차이일 뿐 집단자살의 특정한 원인은 없고 다양한 원인에 의해 벌어진다. 집단자살의 가장 유명한 예가 유대인 역사가 플라비우스 요세푸스의 《유대 전쟁사》에 기록된 마사다 요새에서의 유대인 집단자살이다. 서기 73년 수백 명의 유대인이 마사다 요새에서 로마군에게 항복하지 않고 자살했다.

역사적으로 기록된 집단자살은 대개 전쟁 중에 벌어지는 경우가 많았다. 제2차 세계대전 말 1944년에는 미군이 사이판섬에 상륙하자 그곳에 있던 일본군과 민간인들이 절벽에서 뛰어내려 목숨을 끊었다.

두 가지 사례는 모두 전쟁 중 적에게 잡혀 수치와 모욕을 당하는 것을 피하기 위해서 벌어졌다.

특이한 집단자살의 예로는 남미의 원주민들에서 발견된다. 스페인 침략자들은 원주민을 잔인하게 다루었다. 그들이 원주민 40명을 멕시코만으로부터 광산으로 보내기 위해 배에 태웠는데, 39명이 자살했다. 그들은 머리를 들 수 없을 정도로 낮은 배의 밑바닥에서 앉거나 무릎을 꿇은 상태에서 목을 매어 죽었다.

현대에 들어오면서 집단자살은 사교집단이라는 등식이 성립하게 되었다. 가끔씩 세상을 떠들썩하게 하는 집단자살이 모두 사교집단과 관련이 있기 때문이다.

1978년 남미의 가이아나에서 900여 명이 집단자살하는 사건이 벌어졌다. 이 종교집단은 창립자겸 교주인 짐 존스에 의해 시작되었다. 처음에는 계급타파, 빈민구제 등의 교리를 갖고 출발해 소수민족과 소외된 흑인들을 중심으로 교세가 확장되었다. 그러나 결국 구타와 체형, 강제노동으로 점철되는 사교의 모습을 벗어나지 못했다. 이 사교를 추적하던 미국의 하원의원 리오 라이언이 사교집단에 살해당하자 이를 은폐하기 위한 교주의 명에 따라 자살이 시행되었다. 사망한 914명의 대부분이 음료수에 탄 독약을 마시고 자살했다.

또 1994년 발생한 '태양의 사원' 사건이 있다. 스위스의 조용한 농촌 마을 셰이리시의 한 농가에서 23명의 시체가 종교의식 제단 주변에 가지런히 누운 채 발견되었다. 또한 스위스 남부 그랑주 쉬르 살방시의 산장 2곳에서도 비슷한 시각에 화재가 발생했으며, 이곳에도 25구의 시신이 발견되었다.

문제의 '태양의 사원' 종파는 기독교의 종말론은 신봉했으며, 벨기에 의사 출신인 뤽 주레와 조셉 디 맘보로가 창시했다. 그들은 불의 심판론을 펴면서 세상을 바로잡는다고 선언하며 신도들을 끌어모았다고 한다.

이런 사교집단의 자살에는 여러 가지 의문이 남게 된다. 과연 신도들이 죽음을 순순히 받아들였는가 라는 점이다. 그러나 대부분의 사교집단의 자살에는 타살의 흔적이 발견되었고, 죽음을 쉽게 받아들이게 하기 위해 마약을 사용하기도 했다. 또한 자신의 죽음을 결정할 수 없는 어린이들은 예외 없이 살해당했다는 비인간적인 면을 드러내고 있다.

이런 집단자살은 앞으로 기존의 종교가 점점 세력을 잃게 되면서 생기는 사교집단의 난립과 각종 종말론으로 인한 사람들의 불안감, 문명의 발달로 인한 비인간화의 가속화로 인해 계속 발생할 가능성이 매우 높다.

ㅈ

DICTIONARY OF THE MIND

책임을 짐으로써
삶에서 얻게 되는 것

책임을 진다는 것은 개인의 모든 행동에 대해 자신의 탓으로 돌리겠다는 의지이며, 가능한 모든 방법을 동원해 자신이 모든 것을 떠안고 간다는 것을 말한다.

사실 자신의 삶을 조절할 수 있는 능력이 생기는 데는 긴 시간이 필요하다. 이러한 능력이 생기게 되면 사람들은 결과가 어떻든 자신의 선택과 결정을 받아들일 수 있게 된다. 우리가 좌절하고, 어려움을 겪고, 실패를 하는 이유는 바로 다른 사람에게 책임을 떠넘기기 때문이다. 다시 말해, 자신의 힘을 남에게 넘겨주고, 자신은 자유를 잃게 되었기 때문이다.

성격장애를 앓고 있는 사람들의 가장 큰 문제점은 바로 모든 것을 자신이 아닌 남의 탓으로 돌리고 책임지고자 하는 의지가 전혀 없다는 것이다. 이들은 주변의 환경, 부모, 사회가 자신을 이 지경으로 만들었다고 생각한다. 그래서 자신을 바꾸려 하지 않고, 주변을 바꾸려고 하다가 실의와 절망에 빠지는 것이다.

그러나 자신의 인생에 대한 책임을 지고 모든 것을 자신의 탓으로 돌리게 되면, 우리는 독립과 만족감을 얻게 된다. 그러나 사람들은 일반적으로 자신에게 생기는 불쾌한 일들을 남의 책임으로 돌린다. 그러고는 남을 비난하고, 원망한다. 그리고 남들이 바뀌기를 기대한다.

사이가 좋지 않은 부부들을 상담하면 공통점을 한 가지 발견하게 된다. 갈등의 근원을 상대방의 탓으로 돌리고, 상대방이 바뀌면 서로간의 갈등이 모두 해결될 것이라고 생각하는 것이다.

한 여성이 있었다. 그 여성은 자신이 항상 남편에게 억압을 당하고, 시어머니는 자신을 학대하며, 자신은 할 수 있는 것이 없는 처지에 놓인 불행한 삶을 살고 있다고 생각했다. 그런데 그 여성의 이야기를 전부 들어보면 남편은 나름대로 아내를 편안하게 해주려고 했으며, 시어머니도 평범한 사람일 뿐이었다. 그러나 그 여성은 언제나 자기 자신에 대한 불만을 상대방의 탓으로 돌리면서 살아왔던 것이다. 그 이유는 모든 것은 남에 의해 이루어지고 내가 처한 인생의 불행은 모두 그들의 탓이라고 하면 자신은 희생자 역할만 하면 될 뿐이었기 때문이다. 즉, 모든 책임을 회피하고자 했던 것이다.

그러나 자신이 아닌 다른 사람을 바꾸는 것은 결코 쉽지 않고, 심지어 불가능하다. 그래서 갈등은 결코 해결되거나 풀리지 않고 이로 인해 영원한 불만족 상태에 빠지게 된다. 그러므로 남을 바꾸려고 하는 대신 자신을 바꾸려는 시도가 바로 책임 있는 태도라 할 수 있다.

자신에게 책임이 있다는 생각을 하게 되면, 자신의 모습을 객관적으로 바라볼 수 있게 된다. 남을 비난하고 다른 사람을 변화시키려고만 했으며, 이런 무모한 시도는 결국 자신을 더욱 불행하게 한다는 사실을 인식할 수 있다. 그리고 자신이 변화하는 것이 가장 빠른 해결책임을 깨닫게 된다.

사실 이런 책임감을 인식하고 행동으로 옮기기까지 오랜 시간이 걸린다. 책임을 지는 것보다 남에게 책임을 지우는 것이 훨씬 쉽기 때문이다. 자신의 감정, 욕구, 선택, 기대, 좌절 등 모든 것에 대한 책임을 질수록 남들로부터 받는 책임감은 더 줄어들 수 있다. 남들에게 내 문제를 떠맡길수록 그만큼 우리는 남들의 눈치를 더 많이 봐야 하기 때문이다.

남들로부터 더 자유로울 수 있는 방법은 자신이 더 책임을 지는 것이다.

첫눈에 반했는데
왜 사랑이 식을까?

첫눈에 반하는 경우가 있다. 첫눈에 반하는 시간은 겨우 3초밖에 걸리지 않는다고 한다. 그렇다면 상대방에 대해 알고 있는 것이 없음에도 어떻게 첫눈에 반할 수 있을까?

이유는 상대방을 보는 순간 직감적으로 자신이 가지고 있는 무의식적인 조건에 맞는다고 느끼기 때문이다. 이런 무의식적인 조건은 투사되어 상대가 자신이 무의식적으로 소망하는 모든 것을 갖춘 사람으로 보이는 것이다. 그래서 사랑에 빠졌다는 것을 정신분석학에서는 실제의 사람과 사랑에 빠졌다고 보지는 않는다. 자신이 생각하는 이상적인 상이 상대방에게 투사되어 미화되고, 교정되고, 신격화되는 과정을 거치는 것이다. 이렇게 되면 사람은 열정에 사로잡히고, 이성이나 논리가 통하지 않게 된다.

그래서 사랑이란 상대방을 좋아하는 것이 아니라 자기 자신이 가지고 있는 이성상을 상대방에게 투사하는 것이라고 할 수 있다. 그러나 무의식적인 투사는 영원히 지속되지 않는다. 세월이 흐르면서 사랑의 투사는 걷히게 되고 점차적으로 현실적인 상대방의 모습이 드러나기 때문이다. 마치 여신처럼 보였던 아내는 평범한 여자에 불과하고, 자신처럼 화장실을 들락거리고, 밥을 먹으면서 소리를 내기도 하고, 잠꼬대를 하고, 사소한 실수를 자주 벌이는 모습이 목격된다. 또 세상에 둘도 없는 남신처럼 보였던 남편은 샤워도 제대로 하지 않고, 속옷도 자주 갈아입지 않으며, 집을 엉망으로 만들어놓기도 한다. 그러면서 남편과 아내는 현실의 배우자 또는 연인을 마주하게 되는 것이다.

그래서 인간이 사랑하는 사람을 3초 만에 알 수 있다고 하는 것은 어쩌면 이런저런 일상적인 모습들을 보지 않기 위해서인지도 모른다. 만약 상대의 현실을 전부 안다면 상대방을 사랑하기 쉽지 않기 때문이다. 그래서 우리는 사랑을 사랑할 뿐이다. 사실 실제 존재하는 그 사람을 사랑하는 것이 아니라는 의미다.

그런 의미에서 첫눈에 반하는 것은 자신의 무의식적인 이상형을 사랑하는 것이라고도 볼 수 있다. 그래서 사랑은 나르시시즘의 대표적인 사례라고 할 수 있을 것이다. 사랑하는 사람은 없고 자신 안에 존재하는 인물을 투사한 것이기 때문이다.

그래서 사랑은 언젠가 식을 수밖에 없고, 어느 정도 시간이 지난 후에는 내 앞에 서 있던 세상에 둘도 없는 멋진 사람은 그저 평범한 한 사람으로 존재하는 것이다.

청소년기는
왜 질풍노도의 시기인가?

1994년 11월 18세의 남학생이 친구들이 모두 쳐다보는 가운데 아파트 옥상에서 투신하여 목숨을 끊었다. 그는 옥상의 난간에 걸터앉아 아파트 아래에 있던 친구들에게 "야, 너희도 올라와서 같이 죽자"는 등 고함을 지르다가 다른 사람이 손을 쓸 틈도 없이 뛰어내렸다. 이 남학생은 부모의 이혼과 아버지의 사업 실패로 인해 자신의 처지를 비관하여 목숨을 끊은 것이다.

중학교에 다니던 남학생이 "키 때문에 놀림 받기 싫어서 학교에 가지 않을래요"라고 하자, 아버지는 꾸중을 했다. 그러자 남학생은 차비를 달라고 했다. 그 학생은 아버지가 돈을 가지러 간 사이에 베란다를 통해 18층 아래로 뛰어내려 목숨을 끊었다. 그의 키는 145cm였다.

미국 마이애미 교외에 거주하는 중학생인 크리스찬 다빌라(14)와 메릴링 플로어(13)는 연인 사이였다. 1995년 11월 그들은 손을 잡고 운하에 투신자살했고, 사흘 뒤 시체로 발견되었다. 플로어의 어머니는 딸이 크리스찬과 만나는 것을 반대했다. 플로어는 "엄마

아빠가 세상에서 그를 못 만나게 하니 다른 곳으로 가겠어요. 그를 잃고 난 살아갈 수 없어요"라는 내용의 유서를 남겼다.

1996년 1월 여중생이 얼마 전 사망한 가수의 테이프를 듣고 있다가 갑자기 화장실에 들어가 목을 매어 목숨을 끊었다. 그녀는 사망한 가수의 죽음 이후 "나도 따라 죽고 싶다"는 말을 자주 했다고 한다.

위의 자살사건을 접한 성인들은 이런 끔찍한 사건에 대해 이해할 수가 없을 것이다. 자살을 한 이유가 목숨을 버릴 만큼 대단한 것인지 이해가 가지 않기 때문이다. 이러한 기사들이 활자화되는 이유도 성인들에게는 상식 밖의 일이기 때문일 것이다.

과거에는 청소년들이 성인의 축소판이라는 인식을 갖고 있었다. 그러나 청소년은 어른과는 다른 독특한 사고와 행동방식을 가지고 있다는 것이 알려지기 시작했다. 따라서 자살을 결정하고 실행에 옮기는 것도 청소년들만의 방식이 존재한다. 이런 점이 간과되면 청소년의 자살은 진정한 이해 없이 항상 사회면에 등장하는 센세이션한 사건으로 간주될 수밖에 없다.

청소년의 사고는 매우 독특하다. 그들은 전혀 존재할 수 없는 세계를 상상하곤 한다. 부모는 아무런 결점이 없는 신에 가까운 존재여야 하며, 가족들은 항상 화목해야 하고, 자신의 앞날에는 항상 행복한 날만이 지속되어야 한다고 생각한다. 그러나 현실적으로 이런 바람은 불가능하기에 그들은 좌절감과 우울감에 쉽게 빠진다.

또한 청소년들은 성인에 비해 주변을 제대로 보지 못하는 '자기 중심적인 사고'로 인해 자신만이 독특하고, 이해받지 못하며, 외롭다는 생각을 갖게 된다. 그래서 청소년들의 흔한 불만은 '아무도 나를 이해해주지 않는다'라는 것이다.

청소년 문제 중에 '폭주족'은 심각한 문제 중의 하나로 꼽을 수 있다. 사회에서 소외된 도시의 청소년들에게는 사회가 요구하는 사람이 아니라는 열등감이 있다. 그리고 아무리 노력해도 자신이 바라는 위치에 들어갈 수 없다는 절망감도 내재해 있다. 이들은 이런 열등감과 소외감을 분노로 표시한다. 폭주족이 질주하는 도로의 선은 이들에게 무의미하다. 차도의 선은 이들에게 사회가 그어놓은 커다란 벽으로 느껴지고, 도저히 넘어갈 수 없는 선이기도 하다. 그들은 자신의 근처에 항상 죽음이 존재하고 있다는 것을 알지만 개의치 않는다. 그들은 사회에서 정한 체계에 들어갈 수 없다는 절망감으로 결국 만성적인 자살의 방법(자신이 죽을 줄 알면서도 위험한 스포츠를 즐기거나, 만성 알코올 중독으로 죽을 줄 뻔히 알면서도 술을 끊지 못하거나, 당뇨가 심한데도 불구하고 폭식을 하며 자신의 목숨을 단축하는 것 등)을 택하고 있는 것이다.

청소년기의 가장 큰 특징 중 하나는 빠른 신체적 성장이다. 이 시기에는 성호르몬의 분비도 증가하며, 남성과 여성의 구분을 명확히 하는 성징이 확연히 드러나기 시작한다. 그러면서 자신의 신체에 대한 관심이 많아지게 되는데, 남들과 비교해서 자신의 신체 조건에 대해 만족하는 청소년은 많지 않다. 특히 청소년 시기에는 또래 친구들 또는 연예인과 자신을 비교하며 깊은 열등감에 빠진다. 청소년들은 자신의 좁은 시야로 인해 외모가 모든 것을 좌우한다고 생각한다.

또한 이때는 자신이 누구인지, 자신이 무엇을 해야 할 것인지에 대한 정체감을 확립해야 하는 시기이기도 하다. 이때 자신이 누구인지, 사회에서 어떤 역할을 할지 결정되지 못하면, 정체감의 혼란에 빠진다. 결국 사회에 소속되지 못하는 이방인의 위치라는 생각에 깊게 빠지게 된다. 따라서 이들에게 미래는 불투명하면서 희망이 없는 것처럼 느껴진다.

또래들은 무엇인가에 열중하고 앞으로 나아가고 있는 것처럼 보이는데 자신은 도대체 무엇을 해야 할지, 무엇을 좋아하는지조차 모르는 상태처럼 고통스러운 것은 없다. 그래서 청소년들은 이런 감정의 고통을 약물, 술, 환각제, 가출, 비행을 통해 잊고 싶은 유혹에 빠진다.

더욱이 도덕적인 판단은 흑백논리에 따라 움직이기 때문에 자신에 대한 판단은 무자비할 경우가 많다. 또한 성인만큼 책임이 크지 않은 위치이기 때문에 결과를 중요시하지 않는다. 그래서 이유가 자신에게 합당하기만 하면 무엇이든 행동으로 옮길 수 있는 것이다.

청소년 시기는 특별한 이유가 없어도 희망을 곧잘 잃을 수 있고, 정체감의 혼란이라는 불편한 감정 상태에 자주 빠지고, 자신에 대해 무자비한 판단을 내린다. 이런 것들이 자살을 부르는 요인으로 작용한다.

또한 낭만적 사랑의 대명사인 로미오와 줄리엣의 사랑은 청소년들의 환상을 자극한다. 사랑을 위해서는 목숨을 바칠 수 있다는 달콤한 이야기는 청소년들에게 죽음에 대한 매력을 심어주게 된다. 즉, 죽음은 사랑의 결실이고 사랑의 맹세라는 잘못된 관념을 심어주게 되는 것이다.

그래서 이들은 자신의 사랑이 막다른 골목에 다다르게 되면 낭만적인 사랑에 대한 환상을 따라서 하게 된다. 진실한 사랑은 목숨을 바쳐도 된다는 위험한 환상에 사로잡히는 것이다.

최면요법은
정신치료에 효과가 있을까?

오스트리아의 의사였던 프란츠 안톤 메스머는 1775년 비엔나에서 자기 치료를 선보였다. 그는 자기장이 환자의 질병을 고치는 능력이 있다고 확신하고 있었다. 그는 바퀘트(baquet)라는 장치를 고안했다. 큰 나무통에 유리가루, 쇳가루, 물을 채우고, 바퀘트 안의 자기장을 사람들에게 전달하기 위해서 환자들을 통 밖으로 나온 쇠막대기를 잡고 둘러앉게 했다.

이 치료의 가장 중요한 특징은 방 안의 분위기였다. 방은 두꺼운 커튼을 쳐서 어둡게 했으며, 환자들에게는 침묵을 요구했다. 메스머는 멋지게 차려입고 긴 쇠막대기로 환자들 몸의 아픈 곳을 건드리면서 돌아다녔다. 이때 어떤 환자들은 경련을 일으키기도 했고, 어떤 환자들은 혼수상태에 빠지기도 했다. 또 어떤 환자들은 수면상태에 들어가 자신이 꿈속에 있는 것 같은 느낌을 받기도 했으며 이것을 자기 수면이라고 불렀다.

메스머는 이런 경험이 치료효과를 가져온다고 주장했다. 메스머는 이런 비과학적인 치료로 인해 비엔나를 떠나 파리로 가게 되었다. 1784년 벤자민 프랭클린(당시 프랑스 주재 미국대사)을 위원장으로 하는 프랑스 정부 조사위원회가 열려 메스머의 치료에 대한 효용성을 조사했다. 이들은 바퀘트는 아무런 효력도 없으며, 치료효과는 단지 여기에 참여한 환자들의 상상력에 의한 산물이라고 결론 내렸다.

이러한 치료는 1800년대 장 샤르코 등에 의해 최면요법이라는 이름으로 탄생하게 되었고, 프로이트는 이들의 밑에서 공부하며 최면을 환자의 치료에 이용했다. 프로이트는 환자에게 최면을 걸었을 때 환자들이 억압하고 있던 생각과 잊었던 기억들을 다시 회상하게 되면서 증세가 좋아지는 것을 발견했다. 프로이트는 이를 통해 인간이 의식하지 못하는 세계, 즉 무의식이 존재하고 있다는 것을 알게 되었다.

프로이트도 결국 최면요법을 포기하게 되었는데, 이유는 모든 환자들이 최면에 걸리는 것은 아니었으며, 최면을 걸지 않고 환자가 자유롭게 자신이 떠오르는 생각들을 이야기했을 때도 비슷한 결과를 얻었기 때문이다.

많은 사람이 최면은 뭔가 신비하고 마술적인 효력이 있다고 생각한다. 대표적으로 다음과 같은 오해들이 존재하는데, 이는 최면에 대한 정확한 지식이 없기 때문이기도 하다.

1. 최면 상태는 잠이 든 상태다.

이런 편견이 생긴 것은 최면(hypnosis)이라는 용어에서 비롯

된다. hypnosis의 어원은 그리스어의 잠(hypnos)이다. 최면 상태에 빠지는 사람들은 눈을 감고 있고, 숨을 규칙적이고 조용히 내쉬고 있기 때문에 사람들은 그들이 수면상태에 빠진 것으로 착각한다. 그러나 최면상태는 의식의 변화된 상태이지 잠이 든 것은 아니다. 최면상태에 빠지면 의식은 더욱 명료해지고, 언제든지 최면상태에서 빠져나올 수 있다. 이것은 뇌파로도 증명된다.

2. 최면상태에 빠지는 것은 최면을 거는 사람의 능력이 피최면자에게 옮겨가서 생긴다.

최면을 거는 사람의 어떤 능력이 최면이 걸린 사람에게 영향을 주어 최면이 걸린다고 생각하는 사람이 많다. 마치 최면을 거는 사람의 자기장이나 보이지 않는 능력이 피최면자를 꼼짝 못하게 만든다고 생각한다. 그러나 최면이 걸리는 것은 피최면자의 능력이다. 최면을 거는 사람은 단지 최면이 걸리도록 분위기를 만들어주는 것이다.

연구에 따르면 성인의 1/4은 최면에 걸리지 않으며, 성인의 10~20%는 깊은 최면 상태에 빠질 수 있는 성향을 가지고 있다고 한다.

3. 마음이 약하거나 문제가 있는 사람이 최면에 걸린다.

이것에 대해서는 최면요법의 대가였던 샤르코와 번하임의 격론을 통해서도 알 수 있다. 샤르코는 자신이 치료했던 히스테리 환자를 예로 들면서 최면에 걸리는 것은 정신의 불균형이 있는 사람이라고 주장했다. 반면 번하임은 최면에 걸린다고 해서 그 사람이 정신병리가 있는 것은 아니라고 주장했다. 번하임의 주장대로 최면에 걸린다고 해서 그 사람의 정신에 문제가 있는 것은 아니다. 오히려 심한 정신질환을 앓고 있는 사람의 경우 전혀 최면에 걸리지 않는다.

4. 여성이 최면에 더 잘 걸린다.

남성과 여성 간에 최면이 걸리는 데는 차이가 없다.

환자들은 최면상태에서 자신의 과거를 말하기도 하고, 자신이 겪는 심리적인 고통을 자연스럽게 털어놓게 되면서 해소되는 느낌을 받는다. 이처럼 최면상태에서는 억압되었던 기억들과 현재의 갈등이 나오는 경우가 많다. 또한 이를 꺼내어 말하면서 무의식의 억압이 풀려 증세가 좋아지는 경우가 많다. 그래서 우리나라에서도 한때 최면치료가 유행한 적이 있었다.

그런데 문제는 최면치료는 환자가 가진 방어기제가 약화되면서 자신이 그동안 털어놓지 못한 부분을 이야기함으로써 카타르시스를 느끼고, 자신의 힘든 감정을 배출하는 데서 치료효과가 있는 것이다. 그리고 최면치료에 대한 편견이 있는데, 최면치료를 한두 번 받으면 모든 병이 다 나을 것이라는 착각이다.

하지만 최면치료도 오랜 시간 동안 의사와 환자간의 대화를 통해 이루어지는 것으로 단시간에 치료효과를 기대한다면 크게 실망할 것이다. 최면치료는 그동안 억압했던 의식이 약해지면서 지금까지 하지 못했던 말이나 누구에 대한 원망, 자신의 고생담을 입 밖으로 배출함으로써 치료효과가 있는 것이다. 정확히 말해, 최면 치료는 오랜 기간 동안 의사와 환자간의 대화를 통해 문제를 해결 하는 정신치료의 한 방법일 뿐이다.

치매는 불치병인가?

〈그리스 신화〉에는 다음과 같은 이야기가 전해진다. 새벽의 여신 에오스는 트로이의 왕 라오메돈의 아들 티토노스를 보고 첫눈에 반해 사랑하게 되었다. 에오스는 티토노스를 납치해 자신의 궁전으로 데려가 두 아들을 낳고 행복하게 살았다. 그러나 에오스는 인간인 티토노스가 언젠가는 죽을 것이 두려워 신의 왕인 제우스에게 티토노스를 영원히 살 수 있게 해달라고 간청했다. 그러나 이때 그녀는 티토노스에게 영원한 젊음까지 달라는 말을 깜박 잊고 말았다. 그래서 티토노스는 영원히 살 수는 있었지만 점차 노쇠해가면서 쪼그라들어 매미가 되었다.

인간은 예로부터 불로장생을 꿈꾸었다. 그러나 우리의 몸은 시간이 흐르며 노화가 진행되고 각종 질병이 찾아온다. 그리고 치매라는 질병이 찾아오기도 한다.

최근 50대 후반의 조기 치매 환자들이 늘었다. 물론 이것은 예전에 비해 늘었다는 것이고 65세 이하에서 치매에 걸리는 확률은 낮다. 하지만 80대가 되면 3명 중 1명이 치매에 걸리게 된다. 기억

ㅊ

력과 지적 능력이 파괴되는 치매는 60% 이상이 알츠하이머형 치매다. 알츠하이머는 아밀로이드 베타라는 독성 단백질이 뇌에 쌓이면서 신경세포를 파괴해 생기는 병이다.

나머지는 주로 뇌졸중·고혈압·당뇨 등으로 뇌혈관이 손상되면서 나타나는 혈관성 치매다. 알츠하이머를 일으키는 원인은 아직 확실치 않아 진행을 늦추는 것 외에는 치료가 불가능하다.

흔히 건망증과 치매를 혼동하는데, 휴대전화를 어디에 뒀는지 모르면 건망증이고, 휴대전화를 보고도 그게 휴대전화라는 사실을 모르면 치매라고 볼 수 있다. 알츠하이머는 아주 서서히 진행되기 때문에 환자는 물론 가족들도 초기에는 모르고 지나치는 경우가 많다. 치매의 초기에는 불면증이 오는 경우가 많으며, 작은 일에 짜증을 내거나 쓸데없는 일에 신경을 쓰고, 기운이 떨어진다고 호소하기도 하며, 작은 스트레스도 이겨내지 못한다.

또한 단기기억력이 떨어져서 자신이 밥을 먹고도 돌아서서 밥을 달라고 하는 경우도 있다. 그러다 이 병이 진행되면 망상이 나타나게 된다.

망상으로는 자식이 돈을 훔쳐갔다고 하기도 하고, 다녀가지도 않은 사람이 다녀갔다고 이야기를 하고, 자식들이 자신의 재산을 빼돌린다고 여기기도 한다. 여기서 가족들이 착각하는 것은 치매가 진행되고 있음에도 불구하고 정상적인 노화과정으로 기억력이 떨어진다고 여기는 것이다. 그래서 치매가 많이 진행된 후에 병원에 오는 경우가 많다.

사실 치매, 특히 알츠하이머의 치료법은 현재 신통한 것이 없다. 단지 치매로 인한 여러 가지 장애를 최소화할 수 있을 뿐이다. 지능 저하·기억력 저하·판단력 저하, 길을 잃는 등의 행동, 자신의 옷도 제대로 입지 못하는 등의 증상을 개선하기는 어렵다. 치매에 동반되는 우울증, 불안, 망상, 수면장애에 대한 약물을 투여하여 증상을 완화하는 길 밖에 없다. 치매환자의 평균수명은 3~8년 정도인데 사망의 원인은 치매 자체 때문이 아니라 치매의 말기에 거동이 불편해지고 움직이지 않아 폐렴이나 감염병으로 사망하는 것이다.

뇌에 대해 우리가 아는 것은 사실 그다지 많지 않다. 따라서 치매의 예방법도 딱히 신통한 방법은 없지만, 자신이 하지 않았던 일을 하는 것이 도움이 된다. 그림을 그려보지 않았던 사람은 그림을 그리고, 글을 쓰지 않았던 사람은 시나 산문을 써보고, 소극적으로 인생을 살았던 사람은 적극적으로 인생을 즐겨보는 것이다.

칭찬의 함정

우리는 대부분 칭찬은 무조건 좋은 것이라고 생각한다. 거짓으로 칭찬하는 것은 결국 서로에게 좋지 않다는 것은 분명히 알고 있지만, 진심으로 하는 칭찬은 나쁠 것이 전혀 없다고 생각한다. 사람들은 다양한 이유로 다양한 대상에게 칭찬을 한다. 어떤 이의 능력을 칭찬하기도 하고, 노력을 칭찬하기도 하며, 외모나 소유물에 대한 칭찬을 하기도 한다. 하지만 이런 모든 종류의 칭찬이 항상 좋기만 한 것은 아니다.

칭찬을 어떻게 하는지가 아이들의 행동에 큰 영향을 미친다는 실험 내용이 있다. 보통 수준의 문제를 푼 아이들 중 "똑똑하다"는 칭찬을 반복적으로 들은 아이들은 똑똑하지 않다는 이야기를 들을까 봐 더 어려운 도전을 하지 않았다. '칭찬'을 계속 듣기 위해 성장을 위한 도전을 꺼리게 된 것이다. 반면 "열심히 한다", 혹은 "노력했다"는 칭찬을 들은 아이들은 문제를 맞게 푸는지보다는 노력의 행위에 대한 칭찬을 받았기 때문에 어려운 도전도 거리낌 없이 할 수 있었다고 한다.

미국 오하이오 주립대 연구팀이 〈심리과학(Psychological Scien-ce)〉에 발표한 연구결과는 자기존중감과 칭찬의 연관관계를 보여준다.

연구팀은 먼저 114곳 가정의 부모에게 수학 문제를 주고 아이에게 이를 풀도록 하였다. 연구팀은 이에 앞서 며칠 전 아이들의 '자기존중감 지수'를 측정했다. 두 번째는 240명의 어린이들에게 고흐의 그림을 베껴 그리도록 했다. 한 과제가 끝난 뒤에는 난이도가 더 높은 문제를 풀거나 다른 그림을 그리게 했다.

연구팀은 실험 과정에서 부모들이 아이들을 어떻게 칭찬하는지 관찰했고, 이를 적정한 칭찬과 과도한 칭찬으로 분류했다. 그리고 연구팀은 아이들의 반응을 비디오 촬영을 통해 관찰했다. 그 결과 자기존중감과 칭찬 사이에 큰 연관성이 있는 것으로 나타났다.

자기존중감이 높은 아이들은 통상적인 수준 이상의 칭찬을 받으면 더욱 고무되어 다른 과제를 수행하려고 하는 것으로 나타났다. 반면 자기존중감이 낮은 아이들은 그와 반대되는 행동을 보였다. 오히려 거부감을 보이고 다른 과제에 대한 흥미를 잃었다.

이는 자긍심이 낮은 아이들에게 하는 과도한 칭찬은 오히려 반발심을 불러일으킬 수 있음을 보여준다. 따라서 칭찬도 상대에 따라서 적절한 방식으로 해야 하는 것이 중요하다는 사실을 알 수 있다. 자기존중감이 낮은 아이들은 칭찬이 가장 필요하지만 오히려 역효과를 나타낼 수 있기 때문이다.

이처럼 진심으로 칭찬한다고 해서 무조건 좋은 결과를 만들지는 않는다는 사실을 알 수 있다. 위의 사례에서처럼 '칭찬'이 아이의 성장을 더디게 만들 수도 있다.

이뿐만이 아니다. 우리가 흔히 하는 외모에 대한 칭찬은 강박으로 이어질 수 있다. 건강하지 않은 방법으로 마른 몸매를 가지게 되었을 때 예쁘다, 혹은 보기 좋다는 칭찬을 듣게 되면 그러한 생활패턴을 계속 유지해야 예뻐 보일 수 있다고 생각해 심한 경우 거식증으로 이어질 수도 있다. 칭찬이 결국 병을 불러오는 것이다.

또한 '칭찬' 자체가 좋지 않다고 주장한 심리학자도 있다. 칭찬에 중독되면, 또 칭찬에 빠져들게 되면 자기 자신을 잃어버리는 수도 있다는 것이다. 항상 칭찬을 듣고 자란 사람은 다른 사람들의 칭찬을 듣기 위해 남들에게 맞춰서 살아가려는 성향이 생길 수 있다. 또한 남들이 자신을 칭찬하지 않거나 심지어 비난을 하면 자존심이 몹시 상하고, 자신감이 급격히 떨어져 더욱더 남들의 입맛에 맞추려 애쓰게 된다. 이것이 바로 칭찬의 독이다.

또한 칭찬은 타인을 자신의 입맛에 맞춰서 조종하기 위한 수단이 되기도 한다. 사기꾼들의 특징 중 하나가 피해자에게 과도한 칭찬을 해서 자신의 목적을 위해 피해자의 정신을 조종하기 때문이다. 그래서 과도한 칭찬을 하는 이들을 경계할 필요가 있으며, 타인의 평가에 자신이 좌우되지 않는 태도를 가져야 한다.

DICTIONARY OF THE MIND

컴퓨터 프로그램을 닮은
생각 프로그램

인류 역사에서 가장 위대한 기술 중의 하나는 바로 컴퓨터일 것이다. 컴퓨터의 출현 이후 인간의 삶과 생활방식은 그 이전과 비교해 크게 변화했다. 공상과학 소설에서 흔히 등장하는 주제는 컴퓨터가 결국 인간을 지배하고 통제할 것이라는 예측이다. 그것은 컴퓨터가 인간의 지능과 많이 닮았기 때문일 것이다.

그러나 무엇보다 놀라운 것은 인간이 컴퓨터와 매우 닮았다는 점이다. 컴퓨터는 정해진 프로그램에 따라 움직이게 된다. 결국 컴퓨터가 어떻게 작동하는지는 어떤 프로그램을 가지고 있는지에 따라 달라진다. 컴퓨터는 프로그램이 정한 바에 따라 그대로 움직인다. 그런데 인간의 마음에도 일정하게 작동하는 프로그램이 존재한다. 이러한 마음의 프로그램을 '가정' '믿음' '신념이라고 부르는데, 이것은 자신에 의해 또는 남들에 의해 만들어진다. 물론 이런 프로그램에 유전적인 요인뿐 아니라 환경, 문화적, 사회적 영향 등도 관여한다.

사실 인간의 마음은 인간이 가지고 있는 가장 강력한 도구다. 그러면서도 가장 어처구니없는 부분이기도 하다. 마음은 자신의 생각을 제대로 파악하지 못한 채 무조건 과정을 밟아나가는 경우가 많기 때문이다. 마치 컴퓨터의 스위치를 켜면 부팅이 되고 예정된 프로그램이 돌아가는 것과 비슷하다. 그러한 프로그램으로는 다음과 같은 것이 있다.

1. 지나친 보편화

   작은 실수나 실패를 가지고 자신의 전체를 판단하는 경우다. 머피의 법칙이 가장 대표적인 예라 할 수 있다. 사람들은 항상 실패하는 것이 아님에도 어쩌다 한 번 실수 하거나 실패를 하면 '그럼 그렇지, 내가 무얼 하겠어. 내가 하는 일은 항상 안 된단 말이야. 나는 항상 불행의 그림자가 따라다니는 것 같아'라고 생각한다.

2. 전부 아니면 무사고

   특히 청소년들에게 이런 반응이 많다. 예를 들면 성적이 굉장히 좋던 어떤 학생이 몇 번 성적이 떨어지면 자신은 실패자라고 생각하고 앞으로도 희망이 없다고 스스로 단정한다. 그래서 조금 떨어진 성적을 이유로 자살하는 경우도 있다. 남들이 보면 전혀 이해가 가지 않지만 자신에게는 심각한 일인 것이다.

   이유는 모든 사건을 흑백의 범주로 보기 때문이다. 최고가 아니면 나머지의 경우는 모두 실패로 보는 것이다. 이것은 자신은 언제나 완벽한 상태에 있어야 한다는 강박관념 때문이다. 따라서 이런 경우 자신에게서 만족을 찾기란 매우 힘들다.

3. 선택의 편견

일상에서 일어나는 여러 가지 상황 중에서 항상 자신에게 불리한 경우만을 뽑아서 강조한다.

주위 사람들이 자신을 괴롭히거나 피해만 끼친다고 생각하는 사람들이 있다. 사실 주위에 피해를 끼치는 사람이 있기 마련이지만, 유독 자신에게 피해를 끼친 사람들만 떠올리면서 자신의 처지를 한탄한다.

또 실패를 하면 자신은 어리석기 짝이 없다고 생각하는 사람들이 있다. 성공한 경험도 있을 것이고 남들이 보기에는 상황이 나쁘지 않음에도 오직 실패한 사실만을 생각하고 강조한다.

4. 성급한 결론

정확한 사실은 알아보지도 않은 채 항상 자신에게 불리하게 해석한다. 예를 들어 복도에서 아는 사람을 만났는데 자신의 인사를 받아주지도 않고 지나갔다고 하자. 그러면 그때부터 프로그램이 작동되어 "저 사람이 나를 무시하는군. 나를 좋아하지 않는 것이 분명해"라고 생각한다. 그 사람은 바삐 움직이느라 그 사람을 보지 못했을 수도 있는데 정확한 이유는 알아보지 않고 일단 자신에게 불리하게 해석을 한다.

또 어떤 사람이 유난히 침묵하는 것을 보고는 "저 사람이 나에게 화가 난 것이 분명해, 내가 무얼 잘못했지?"라고 생각한다. 그 사람은 단지 자신의 문제에 골몰해 있을 뿐인데 자신에게 어떤 문제가 있는가부터 먼저 살펴보는 것이다.

5. 평가절하

항상 자신의 능력이나 재능을 깎아내리려고 하는 경향을 말한다. 이들은 남들이 진심으로 그 사람에 대해 칭찬을 할 때도 "분명 의례적으로 나에게 칭찬을 하는 것이 분명해", 또는 "나에게 잘 보이려고 갖은 애를 다 쓰는군"이라고 생각한다. 또 자신이 성공을 했을 때는 "나는 단지 운이 좋았을 뿐이야, 사실 이 자리는 내게 너무 과분한 자리지"라고 생각한다. 다시 말해, 성공한 다음에도 항상 자신에게 불리하게 생각함으로써 만족하지 못하고 불안해한다.

6. 역할에 대한 자학

사람들은 가족 내에서 또 사회에서 몇 가지의 역할을 하게 된다. 가정 내에서는 아버지, 남편, 자식의 역할을 동시에 수행하고, 직장에서는 자신이 상사도 되고 부하직원도 된다. 이때 자신의 역할과 관련된 일에서 조금이라도 실수가 있으면 자신을 폄하한다.

예를 들어 어떤 어머니가 아이를 야단쳤는데, 감정이 격해져서 심하게 때렸다고 하자. 그러고 나서 이 어머니는 "나는 정말 나쁜 엄마야, 엄마 자격도 없어. 무조건 참았어야 했는데"

라고 생각한다. 자신이 자식에게 헌신했던 일은 모두 잊어버리고 자신의 역할에 대한 부정적인 생각만을 하는 것이다.

또 어떤 선생님의 경우 학생이 하는 질문을 제대로 대답해주지 못하면 이때부터 '나는 선생님 자격이 없어. 그것도 모르다니'라며 자학을 하는 경우도 있다. 자신이 그동안 학생들을 가르치기 위해 노력한 것은 그 순간 모두 잊어버리는 것이다.

우리의 생각은 이러한 프로그램들이 마구 돌아가면서 자신을 모자라고, 아무런 가치가 없다고 여기도록 만든다. 또한 실수들이 많이 쌓일 경우 자신을 항상 안 좋은 일만 생기는 불행의 주인공으로 생각하게 한다.

또한 생각의 프로그램은 자신의 능력은 과소평가하고, 남의 능력은 과대평가하게 만든다. 그래서 항상 자신의 모자란 점만을 생각하게 되고 남들을 부러워하게 된다. 그로 인해 항상 자신감이 없고 위축된다.

이런 프로그램은 대개 어린 시절부터 제대로 칭찬을 받지 못하거나, 적절한 평가를 받지 못한 사람들에게서 흔히 발견된다. 정신과 상담 중에 가장 안타까운 것은 충분한 능력이 있는 사람들이 자신의 프로그램에 짓눌려 항상 열등감에 사로잡혀 있는 모습이다.

컴퓨터를 사용하다 보면 새로운 버전의 프로그램을 구입해서 사용하기가 망설여질 때가 많다. 왜냐하면 현재의 프로그램에 문제가 있다고 하더라도 어찌됐든 익숙해졌기 때문이다. 이때 용기를 내서 업그레이드 된 프로그램을 구입해서 매뉴얼을 보고 새로운 프로그램의 사용법을 익히면 정말 바꾸기를 잘했다는 생각이 들게 된다. 우리의 생각도 마찬가지다. 다음과 같은 성향의 사람은 생각의 프로그램을 교체할 필요가 있다.

1. 머피의 법칙이 항상 들어맞는다고 생각하는 사람.
2. 항상 자신에게 불운이 따라다닌다고 생각하는 사람.
3. 자신이 하는 일은 항상 실패한다고 생각하는 사람.
4. 남들의 평가와 자신의 평가 사이에 지나친 차이를 보이는 사람
5. 지나치게 부끄러움을 많이 타고, 남 앞에 나서기를 싫어하는 사람

코르셋에 담긴 사회적 잣대

영국에서는 크리스마스 전주가 되면 남성들로 속옷가게가 붐빈다고 한다. 남성들이 자신의 아내와 애인을 위해 야한 속옷을 선물로 사려고 하기 때문이다. 그리고 크리스마스 다음 주에는 선물받은 속옷을 자신이 입기에 편한 것으로 바꾸느라고 여성들로 붐빈다고 한다. 이것은 바로 남성과 여성의 시각 차이가 얼마나 큰지 보여주는 일화라고 할 수 있다.

18세기 절대주의 시대에 유럽에서 가슴을 거의 드러낸 의상(데콜테)이 유행했다. 이때 이 의상을 돋보이게 하기 위해 많은 여성이 코르셋을 받쳐 입었다. 코르셋은 허리를 가늘게 하고 가슴을 받쳐주어 가슴이 더욱 두드러지게 하는 역할을 했다. 여성들은 데콜테와 코르셋뿐 아니라 가슴을 더욱 돋보이게 하기 위해 하이힐까지 신었다.

이 세 가지 중에서 여성들을 가장 괴롭힌 것은 코르셋이다. 허리를 더 가늘게 보이도록 하기 위해 식사 전에 코르셋의 끈을 조여 소화가 안 되는 여성이 많았으며, 숨조차 제대로 쉬지 못할 정도였다고 한다.

또한 코르셋으로 조여지는 피부는 거칠어지고 피멍이 들었으며, 코르셋의 자국이 지워지지 않고 영구히 남는 여성까지 생기게 되었다. 심지어 척추가 휘어지고 장기를 압박해 실신하거나, 변비로 고생하는 여성도 많았으며, 행동에도 많은 제약을 받았다.

이런 코르셋은 20세기 초가 되면서 점차 사라지게 되었다. 여성들이 사회에 진출해 일을 하면서 불편한 의복에서 벗어나게 되었기 때문이다. 이러한 여성의 신체를 억압했던 코르셋은 이제 사라졌지만, 코르셋으로 상징되는 사회적인 억압은 사실 계속되고 있다.

우리가 아름답다고 여기는 신체의 기준은 시대와 문화에 따라 크게 다르다. 신석기 시대의 여성조각이나 렘브란트의 그림 등에 등장하는 아름다운 여성상은 통통한 몸매였다. 그러나 현대의 여성에 대한 미의 기준은 키가 크고 마른 체구다.

이런 체형은 사실 평균분포곡선에서 한쪽 극단에 위치한 소수의 사람만이 가질 수 있음에도 불구하고 많은 여성이 소수의 여성에 자신의 몸을 맞추려고 애쓰고 있다. 이것은 매스컴의 영향 때문일 것이다. 마르고 키가 큰 여성들을 매스컴에서 자주 등장시키고, 우상화하며, 광고에서는 이런 여성들이 등장하여 자신의 몸매를 따라하라고 유혹한다.

현대 여성들은 코르셋에서 해방된 것처럼 보이지만, 사회의 코르셋은 더욱더 압박을 가하고 있다. 코르셋보다 더한 미의 기준이 현대 여성의 신체를 억압하고 있는 것이다. 설사 다이어트에 성공한 여성이라 하더라도 18세기 코르셋으로 인해 여성들이 겪었던 기형적인 신체상태에 빠져 있는 것과 같다. 금방이라도 쓰러질 듯한 가냘픈 몸매와 제대로 식사를 하지 못해 핏기 없는 얼굴은 사실 여성의 왕성한 활동을 제한하는 가장 큰 요소로 작용한다. 이런 여성들의 신체변형은 먼 훗날 미의 기준이 다시 바뀌면 기이한 관습으로 비칠 수도 있다.

마치 우리가 원시림에 존재하는 부족들이 이상한 기구를 입술에 삽입해서 입을 늘린다거나, 목에 목걸이 같은 이상한 장식으로 목을 늘리기도 하고, 귀에 귀걸이를 해서 신체를 변형하는 풍습을 괴이한 미의 기준이라고 생각하듯이 말이다. 그러나 그들은 오히려 우리의 모습을 보고 자신의 신체를 학대하는 피학적인 미의 기준을 가진 사람들이라고 볼 수도 있을 것이다.

콤플렉스를 삶의 적이 아니라
동지로 만드는 법

우리는 콤플렉스라는 말을 흔하게 사용한다. 외모, 학벌, 재산, 가문, 부모 등 각자 가지고 있는 콤플렉스의 종류는 다양하다.

어떤 사람이 특정한 주제에 대해 유독 민감한 반응을 보이는 것을 통해 그가 어떤 콤플렉스를 갖고 있는지 알아챌 수 있다. 어머니 얘기만 나오면 금방 표정이 달라지거나 흥분하고 눈물을 흘리는 사람도 있고, 학벌 이야기만 나오면 말수가 적어지고 그 자리를 피하려고 하는 사람도 있다. 또 어떤 사람은 술만 마시면 부유한 사람에 대한 공격을 하고, 적대시하기도 한다. 그것에 대해 콤플렉스가 있기 때문에 무의식적으로 민감하게 반응하는 것이다.

콤플렉스라는 말은 카를 융으로부터 비롯되었다. 그는 단어연상검사(수십 개의 단어를 하나하나 불러줄 때마다 제일 먼저 머리에 떠오르는 단어를 응답하는 검사)를 할 때 반응시간이 느리거나 제대로 머리에 떠오르는 단어가 없거나, 말을 더듬거나 얼굴이 붉어지는 반응이 나타난다는 것을 알게 되었다.

예를 들어 어머니에 대한 콤플렉스가 있는 사람이라고 한다면,

어머니나 부모라는 단어를 불러주었을 때 이러한 지연반응이 있을 수 있다. 그는 이렇게 어떤 단어에 민감한 이유는 피검자가 그 단어와 연관된 콤플렉스가 있을 것이라고 생각했다. 이런 이상반응은 피검자에게 무의식적인 정서반응을 불러일으키기 때문이라는 것이다.

그는 콤플렉스는 성격 전체 속에서 별개의 작은 성격 같은 것으로, 독립적이며 자체의 추진력을 가지고 있어 우리의 생각과 행동을 지배할 수 있는 것이라고 보았다. 그래서 콤플렉스가 심할 경우 사람이 콤플렉스를 가지는 것이 아니라 콤플렉스가 사람을 가진다고 보았다. 따라서 정신치료의 목적은 콤플렉스를 없애서 그 지배로부터 환자의 삶을 해방시키자는 데 있다고 했다.

하지만 콤플렉스가 반드시 개인의 적응을 방해하는 것만은 아니다. 정반대의 경우도 존재한다. 콤플렉스는 자신이 현재 처한 상황에서 벗어나는 원동력이 되기도 한다. 그래서 자신의 콤플렉스를 극복한 사람들에 대한 수많은 이야기가 존재한다.

미국 대통령 닉슨의 경우 자신의 가문, 학벌에 대한 콤플렉스를 극복하기 위해 부단히 노력해 대통령의 자리에까지 올랐다. 그러나 그는 최고의 자리에 올랐을 때도 그런 콤플렉스에 시달려 큰 실수를 저질러 사임을 하게 되었다.

모든 일에는 양면성이 존재하기 마련이다. 콤플렉스는 한 사람을 성공으로 이끌 수도 있고, 또 나락으로 떨어뜨릴 수도 있다. 그래서 자신이 가진 콤플렉스가 자신에게 어떤 긍정적인 효과를 줬

느지 살펴볼 필요가 있다. 무조건 콤플렉스가 나쁜 것이 아니라 그걸 극복하려고 자신이 많은 일을 성취했다는 사실을 잊어서는 안 된다. 그리고 콤플렉스로 이룬 것들에 대해 만족을 하고 그것을 즐긴다면 콤플렉스는 최상의 인생의 조언자이자 지지자가 되어줄 것이다.

ㅋ

DICTIONARY OF THE MIND

판에서 유래된 패닉,
공황장애

판(Pan)은 그리스 신화에 나오는 목신(牧神)이다. 그는 염소의 다리, 뿔, 수염을 갖고 태어났다. 이런 흉한 모습 때문에 인간뿐 아니라 신들은 그가 나타나기만 해도 혼비백산했다.

어느 날 판은 요정인 시링크스를 우연히 만나고 반해서 그녀를 겁탈하려고 했다. 그러자 시링크스는 놀라서 도망쳤다. 판은 집요하게 시링크스를 쫓아갔고, 다급해진 시링크스는 다른 요정들에게 도움을 청했다. 시링크스는 판에게 붙잡히기 직전 갈대로 변했다. 판은 시링크스를 영원히 자기 것으로 만들겠다는 생각으로 이 갈대로 피리를 만들어 그녀가 보고 싶을 때마다 그것을 불었다고 한다. 그래서 그 악기의 이름을 시링크스(Syrinx) 또는 팬 파이프(Pan-pipe)라고 붙이게 되었다.

정신과 질환 중에 패닉(Panic Disorder, 공황장애)이라는 질병이 있다. 아무런 유발인자나 어떤 심리적인 갈등의 배경 없이 예측을 할 수 없는 상황에서 갑자기 심한 불안증상이 엄습하는 질환을 말한다. 예를 들어 집의 거실에 앉아서 텔레비전을 보거나, 또는 운전 중 신호대기를 기다리다가 갑자기 심장이 뛰고 숨이 막힐 듯하면서 어지럽고 식은땀을 흘리며 손발이 차가워지고 마비될 것 같은 느낌이 든다.

이러한 증상이 나타난 사람은 자신이 심장이 멎어서 죽을 것 같거나 그렇지 않으면 뇌졸중으로 쓰러질 것만 같고 도저히 그냥 넘길 수 없는 불안과 공포에 사로잡히게 된다. 그러나 이런 증상은 수분에서 수십 분 이내에 가라앉으며, 응급실에 실려가 신체검사를 해도 이상이 없는 것으로 나온다.

이 증상이 한 번 일어나면 사람들은 매우 놀라고 공포에 사로잡히게 되어 이 질환의 이름을 목신 판의 이름을 따서 패닉이라고 붙이게 되었다.

이러한 공황장애가 예를 들어 엘리베이터, 자동차, 극장 안 등에서 일어나게 되면, 대부분의 사람은 자신의 증상이 일어났던 장소를 피하게 된다. 그래서 엘리베이터를 두고 걸어서 건물을 올라가는 불편을 겪기도 한다. 다행히 공황장애는 약물치료 등에 잘 반응하는 질환이다.

30여 년 전만 해도 공황장애 환자는 많지 않았지만 지금 임상에서 흔히 보는 질환이 바로 공황장애다. 공황장애는 더 빨리, 더 급하게, 더 많이 뭔가를 성취하고자 하는 데서 비롯된다. 그렇게 되면 교감신경이 과각성되어 항상 켜져 있게 된다.

공황장애는 몸이 위험한 상황에 대처하기 위해 만들어졌다. 생명의 위협을 받거나 남이 자신을 해치려고 할 때 교감신경이 활성화된다. 그렇게 되면 그 상황에서 벗어나기 위해 교감신경은 일단 불필요한 몸의 작용부터 멈추게 해서 위험과 맞서는 전술을 쓴다. 일단 호흡과 맥박을 빨리 뛰게 해서 위험한 상황에 빨리 대처하게 하고, 위장운동처럼 급하지 않은 작용은 멈추게 만들며, 말초혈관으로 가는 피를 심장과 폐에 공급해서 힘을 얻게 한다.

그런데 이런 현상이 매일매일 일어난다면 그것이 습관이 되고 만다. 항상 긴장감 속에 살고 데드라인에 목숨을 걸어야 하고 치열하게 경쟁해야 하는 현대인들은 항상 교감신경이 활성화되어 있는 것이다. 반대로 부교감신경은 휴식을 취하고 긴장을 풀 때 작용하는 신경이다. 위장운동이 활발해지게 하고, 피가 말초혈관으로 가게 하면 호흡이 느려지고, 심장박동수가 줄어들어 휴식을 취하는 것이다.

그런데 현대인들은 주로 교감신경을 쓰면서 살고 있기 때문에 결국 위험하거나 급하지 않은 상황에서 교감신경이 활성화되고 만다. 그래서 느닷없이 호흡이 가빠지고, 숨을 쉴 수가 없으며, 위장운동이 멈춰서 위경련이 일어나며, 말초혈관에 피가 공급되지 않아 온몸이 백지장처럼 하얗게 변한다. 그리고 숨이 가쁘고 심장이 빨리 뛰기 때문에 죽을 것 같은 느낌이 들어 응급실에 찾아가는 경우도 많다. 또한 심장이나 뇌에 문제가 있나 해서 여러 가지 검사를 받지만 아무런 이상이 나오지 않는다. 이런 공황발작이 반복되면 공황발작이 일어났던 장소를 피하게 된다. 밀리는 차안, 버스나 지하철, 비행기 안 등에서 공황장애가 자주 발생하기 때문에 다음부터는 교통수단을 멀리하게 된다.

그래서 명상이나 요가를 통해 항상 교감신경을 잠재울 필요가 있으며, 레저활동을 하거나, 여행을 떠나거나, 내가 지나치게 일에만 몰두하고 있는 것은 아닌지 생각해볼 필요가 있으며, 규칙적인 운동을 해야 한다. 이러한 활동들을 통해 몸과 마음을 이완하면 공황장애를 예방할 수 있다. 현재까지 알려진 공황장애의 치료법은 약물치료를 통해 교감신경의 흥분을 낮추고 부교감신경을 항진하는 방법이 있을 뿐이다.

페르소나의 양면성

'사람(person)'이라는 말은 라틴어의 '페르소나(persona)'에서 유래한 것이다. 페르소나란 고대 그리스 시대에 배우가 썼던 가면을 뜻하는데, 이때에도 가면(persona)을 바꾸어 가며 살아야 하는 것이 사람(person)이라고 생각했던 듯싶다.

카를 융은 인간이 가지고 있는 가면을 '페르소나'라고 지칭했다. 개인이 사회생활을 하기 위해서는 남들과 관계를 맺어야 한다. 남들과 관계를 맺기 위해서는 무언가 기능이 필요한데, 이때 필요한 것이 바로 페르소나다. 페르소나란 사회에서 정한 역할이라고 볼 수 있다. 직장에 가서는 직장의 일원으로, 집에서는 남편이나 아버지 또는 아내나 어머니로, 그리고 부모 앞에서는 자식의 역할을 해야 하듯이 한 사람 안에도 여러 가지의 페르소나가 혼재한다.

이러한 페르소나가 없을 때 사회는 혼란에 빠지게 된다. 예를 들면 부모가 부모의 역할을, 자식이 자식의 역할을 하지 않는다면 질서는 무너지기 때문이다. 범죄행위는 결국 사회 구성원으로 지켜야 할 페르소나를 벗어버릴 때 나타나는 것이다.

그러나 반대로 이러한 페르소나를 자신과 너무 동일시해도 문제가 생긴다. 자신의 개성은 무시된 채 무조건 사회에서 정한 역할만을 하기 때문이다. 특히 사회에서 정한 여자라는 페르소나는 매우 강압적이며, 뿌리 깊게 남아 있다. 사실 여성은 남성에게 순종하고 다소곳해야 한다는 등의 페르소나는 여성의 개성을 억압하는 장치로 만들어졌다. 그런데 많은 여성이 이것을 당연시한다. 또한 지나친 부모의 페르소나는 자식을 과잉보호하는 경우가 있고, 지나친 자식의 페르소나를 가질 경우 부모에게 의존해 자신의 발전이 없게 된다.

인간은 살면서 페르소나라는 가면을 쓸 수밖에 없지만, 적절한 두께의 가면을 쓸 때 가면의 무게에 휘둘리지 않게 된다.

여러 해 동안 온몸에 힘이 없고 갑옷처럼 두터운 무엇인가가 가슴을 둘러싸고 있는 느낌이 들고, 입맛이 없고 쉽게 피로해지는 증상을 가진 젊은 여성이 있었다. 이 환자는 여러 병원을 전전하면서 검사를 받았지만 아무런 이상이 없었다. 그런데 그 이유가 바로 착한 딸 페르소나 때문이었다. 환자는 어렸을 때 아버지가 사망해 어머니가 갖은 고생을 다해서 키웠다. 환자는 어릴 때부터 어머니에게 "너만 아니면 나는 벌써 죽었을 거다. 너를 희망으로 삼아 살아왔다"는 말을 들으며 자랐다. 환자의 어머니는 딸을 성공시키기 위해 궂은일을 하면서 무리하게 딸을 사립학교에 입학시켰고 명문대학에 보냈다. 그런데 딸이 대학을 졸업하고 직장에 다닌 지 얼마 되지 않아 아프기 시작한 것이다.

이 젊은 여성은 어머니의 노고에 대해 반드시 보답을 해야 한다는 의무감을 갖고 있으면서 자신이 그것을 잘해낼 수 있을지에 대한 부담감을 갖고 있었다. 다시 말해, 착한 딸 페르소나에 빠져버린 것이다. 그러나 아무리 노력해도 어머니의 만족감을 충족시켜주지 못하자, 그녀는 무의식적으로 몸이 아프게 된 것이다. 몸이 아프면 고통스럽지만 더 큰 이득이 있었기 때문이다. 어머니에게 받은 은혜를 갚지 않아도 되는 것이다.

이런 경우가 페르소나에 휘둘리는 경우라고 할 수 있다. 건전한 페르소나는 적절하게 자신의 역할에 충실한 것이다. 균형을 잡고 페르소나를 가지게 된다면 좋은 부모, 좋은 자식, 좋은 남편, 좋은 아내, 좋은 직장상사의 모습으로 살아갈 수 있을 것이다.

페티시즘이 나타나는 이유

성도착증의 일종으로 페티시즘(fetishism)이라는 것이 있다. 성도착
증이 주로 남성에게 나타나듯이 이 질병도 주로 남성에게 나타난
다. 이들은 성적 흥분을 위해서 사람이 아니라 무생물의 대상을 이
용한다는 데 문제가 있다. 성적 흥분을 위한 무생물의 대상을 바로
페티시(fetish)라고 한다.

페티시에는 여성의 속옷, 신발, 스타킹, 헤어핀, 손수건, 여성 신
체의 일부분인 긴 머리카락, 눈썹, 손톱, 발톱 등이 포함된다. 이들
은 이것을 몰래 여성에게 얻어서 성적 공상이나 혼자만의 성행위
의 도구로 이용한다. 물론 이런 진단을 내리기 위해서는 페티시만
으로 성적 만족을 얻어야 하고 사람과의 성관계는 없어야 한다.

그렇다면 왜 어떤 사람에게는 사람과의 성관계가 아니라 물건
이 성적 흥분의 대상이 되는 것일까?

프로이트는 페티시를 남근에 대한 대치물로 보았다. 그는 남자
아이는 어머니가 남근이 없다는 사실에 매우 경악한다고 생각했
다. 그리고 남자아이는 어머니가 남근이 없는 것은 아버지가 어머

니의 남근을 거세했기 때문이라고 생각하고, 자신도 아버지에 의해 자신의 남근이 거세당하지 않을까 라는 두려움을 가지고 자란다는 것이다. 그래서 남자아이는 어머니가 남근이 없다는 사실을 믿지 않으려 하고, 어머니의 남근을 포기하지 않으려고 한다. 그래서 페티시란 바로 여성의 남근을 상징한다는 것이다. 즉 소년은 무의식적으로 여성(어머니)이 남근이 있다면, 자신도 거세불안에서 해방될 수 있다고 생각하는 것이다. 그래서 페티시, 즉 여성의 남근을 성적 대상으로 계속 삼게 되어 성도착자가 된다고 생각했다.

프로이트는 이처럼 페티시가 여성이 잃어버린 그리고 소년이 생각하는 상상속의 남근의 대치물이라고 보았다. 그러나 넓은 의미에서 페티시는 인간이 제외된, 성을 상징하는 어떤 대상도 페티시라고 볼 수 있다.

페티시는 사실 성도착증이 없다고 해도 성의 대치물로 많이 이용된다. 그런 면에서 현대에는 성을 상징하는 페티시가 많이 존재한다.

우리는 은연중에 성행위와 성기를 상징하는 광고를 흔히 접할 수 있으며, 광고의 카피에도 성행위를 상징하는 문구가 포함된 경우가 많다. 또한 광고사진의 선정적인 부분들, 가수들의 율동과 무용에도 성행위를 암시하는 장면이 들어가 있다. 그리고 상품의 모양과 포장이 성적인 암시를 배경으로 하고 있는 것들도 있다.

이처럼 페티시가 확산되게 된 배경에는 성이 대담해진 면도 있지만, 또 한편으로 사람들이 실제의 대상인 인간과의 관계를 두려워하기 때문이기도 하다.

실제로 성도착증을 갖지 않은 사람들도 혼자서 성행위를 할 수 있는 도구를 찾기도 하고, 포르노그래피나 사이버섹스 등의 현대적인 의미의 페티시에 탐닉하고 있는 현상이 증가하고 있다. 즉, 혼자만의 섹스가 점차 보편적인 추세로 나타날 가능성이 높은 것이다.

또한 인간관계에 점점 수동적이 되고, 자신감을 갖지 못하며, 개인적인 생활에 파묻히게 되는 현대인들에게 페티시는 더욱 확산될 것이다. 그리고 미래의 섹스는 페티시의 천국으로 변할 가능성도 크다. 페티시는 자신이 필요할 때 항상 존재하며, 실제의 사람처럼 예측할 수 없거나 이별의 아픔을 겪지 않아도 되기 때문이다.

폐경기는 여성에게만 있는 것인가?

영국 빅토리아 시대의 의사 중에는 여성이 폐경기가 되면 정신병이 발병할 수 있다고 보기도 했다. 병적으로 비합리적인 생각, 경증의 히스테리와 우울증이 생기고, 술을 마시고 싶은 충동이 늘고, 도벽이 생기며, 살인을 저지를 가능성이 높아진다는 이유에서였다.

프로이트는 폐경기 자체가 질병의 상태는 아니지만, 잠재적인 위기의 시기가 될 수 있다고 보았다. 이전에 정상인 사람들도 이 시기에 신경증이 생길 수 있다고 생각했다. 그래서 폐경기의 여성은 매우 고집스러워지고, 호전적이며, 신경이 날카로워지고, 전형적인 가학적인 성향이 나타날 수 있다고 했다.

또한 어떤 이들은 폐경기를 변덕의 시기라고 정의했다. 이 시기에 자주 분노하고, 어린아이 같아지고, 자주 울고 우울해지며, 괴이한 식욕을 보인다고 주장했다.

이런 주장들은 그 근본 원인이 여성의 가장 큰 특징인 아이를 더 이상 낳을 수 없으며, 따라서 여성으로서 이제 무용한 존재라는 절망감 때문이라고 본 것이다.

그러나 이러한 학자들의 견해는 단지 일반인들이 가지고 있던 편견에 기초를 둔 것이라는 사실이 밝혀지게 되었다. 인류 역사에서 여성의 폐경기는 오랫동안 오해, 미신, 두려움을 동반해왔다.

여성 폐경기에 대한 가장 많은 오해는 폐경기에 이르면 우울증이 더 많이 생긴다고 보는 것이다. 실제로 여성의 우울증은 20대 초반에 가장 많이 발생하며 중년에는 줄어드는 경향을 보인다. 또한 중년에 발생하는 우울증은 폐경기로 인한 것이 아니라 남편과 자식에 대한 기대감이 충족되지 않아 생기는 경우가 많다.

실제로 여성들을 대상으로 한 조사를 보면, 대다수의 여성은 폐경기에 이전보다 더 자유로움을 느끼는 것으로 나타났다. 폐경기가 되면 여성들은 임신으로 인한 불안에서 벗어날 수 있으며, 양육으로 인한 책임도 어느 정도 벗어날 수 있다고 만족감을 느끼는 경우가 많다. 또한 과거에는 여성들이 폐경기가 되면 불감증에 걸리거나 또는 과다하게 성욕이 증가한다는 편견을 가졌지만, 조사의 결과에 따르면 성적인 태도는 거의 차이가 없는 것으로 나타났다. 오히려 많은 여성이 폐경기를 통해 재탄생의 기쁨을 맛보게 되었다고 말한다. 일례로 모하비 사막의 여성들은 폐경기를 지혜의 상징으로 여기며 이 시기에 일에서 해방되기 때문에 폐경기 증상을 보이지 않았다.

따라서 폐경기에 따르는 부정적인 증상들은 폐경기로 인해 유발되는 증상이 아니라 문화적인 영향에 의한 것임을 알 수 있다. 즉, 그 사회가 갖고 있는 편견이 여성들로 하여금 불안과 증상을 유발했던 것이다. 따라서 '폐경기가 여성으로서의 끝'이라는 생각은 매우 잘못된 인식이라 할 수 있다.

정신과 의사인 클라라 톰슨은 폐경기가 위험스러운 것은 두 가지 타입의 여성들에게만 적용된다고 말했다. "그동안 자신의 삶을 미루면서 산 여성과 남성에게 모든 것을 맞추어 사는 것을 제일 큰 가치로 생각하는 여성들이 그렇다."

우리는 일반적으로 폐경기가 여성에게 있는 것으로 알고 있는데, 남자에게도 폐경기가 있다는 주장이 있다. 남성에게 폐경기가 있는가 없는가 하는 논란은 계속되고 있는데, 그 이유는 남자는 호르몬 특히 남성 호르몬인 테스토스테론이 여성의 생식기 호르몬처럼 급격하게 줄어들지 않기 때문이다. 또한 노화에 따른 남성 호르몬의 변화로 인한 신체반응은 여성의 폐경기와 많이 다르게 나타난다. 따라서 남자에게는 급격한 폐경기는 없지만, 일부 남성에게서 남성 호르몬인 테스토스테론의 급격한 감소로 인한 남자의 폐경기가 나타날 가능성은 있다.

사실 남자도 노화에 따른 호르몬의 변화는 자연스런 현상인데, 여성처럼 급격하게 진행되지 않는다는 점에서 증상과 치료가 엄연히 다를 수밖에 없다. 여성은 생리가 끝나면 곧바로 여성 호르몬의 분비량이 급격히 떨어지기 때문에 폐경기 증상이 흔하게 나타나지만 남자의 경우 남성 호르몬인 테스토스테론의 변화는 아주 천천히 나타난다. 그런데 남자의 폐경기가 부풀려져서 언론이나 미디어에 소개된 경우가 많다.

남성의 폐경기는 노화에 따른 테스토스테론의 감소를 말한다. 남성 호르몬의 평균 수치는 4~6ng/mL이다. 만약 3.5ng/mL 이하면 남성 호르몬 수치가 병적으로 낮은 것으로 간주하고, 증상이 나타나면 남성 갱년기로 진단한다. 특히 40~50대부터 주로 나타나고 나이가 들수록 증가하는 추세다. 남성갱년기 증상으로는 성욕 및 성행위의 감소, 발기부전, 가슴에 불편함, 부종, 키가 줄어듦, 골절이 잦아짐, 뼈의 미네랄 감소 등이 있다.

　남성 호르몬 저하를 예방하려면 적절한 몸무게를 유지하고, 운동을 병행하며 숙면하는 것도 중요하다. 생활습관 개선뿐만 아니라, 필요에 따라 남성 호르몬 보충요법이 필요하다. 환자의 상태에 따라 바르는 제제, 코에 뿌리는 제제, 주사제 등 맞춤 치료가 이뤄진다.

프랑켄슈타인 요소가
던져주는 메시지

《프랑켄슈타인》은 유명한 시인인 퍼시 비시 셸리의 아내 메리 셸리가 쓴 소설이다.

이 소설이 나올 당시는 과학의 발달이 본격적으로 가속화되던 시기였다. 이런 과학의 발달로 인해 인간의 생명을 무한정으로 늘리거나 불멸이 가능해질 수도 있다고 점쳐지기도 했다. 인간의 오랜 숙원이었던 죽음과 노화를 정복할 수 있다는 기대감이 높아진 것이다. 따라서 죽음은 신의 영역이라는 기존의 종교적인 사고와 과학이 점차 갈등을 빚으며 종교적인 영역에 놓여 있던 많은 부분이 과학의 영역으로 넘어오게 되었다.

그런 면에서 이 소설은 오만한 인간에 대한 엄중한 경고를 담고 있다고 할 수 있다. 오만한 인간에 대한 경고는 그리스 신화에도 등장한다.

이카로스는 하늘 높이 날아올라 태양에 너무 가까이 가서 밀랍으로 붙인 날개가 녹아 에게해에 떨어져 죽었다. 또한 태양의 신 아폴론의 아들인 파에톤은 아버지의 태양수레를 몰다가 전 세계를 불바다로 만들고 자신은 제우스가 내린 벼락에 마차가 산산조각이 나면서 목숨을 잃었다.

이러한 신화들은 인간이 신의 능력에 가까워지려고 할 때 인간은 파멸되고 만다는 상징을 담고 있다. 《프랑켄슈타인》에서 빅터 프랑켄슈타인은 과학이라는 이름으로 새로운 생명을 탄생시키며 죽은 자를 저승의 세계에서 끌어낸다. 그는 인간의 한계인 죽음을 뛰어넘어 이상적인 인간을 창조하고 싶었던 것이다. 그러나 그는 자신이 만든 창조물에 의해 동생, 아버지, 아내, 친구를 잃고 만다. 빅터는 자신이 만든 괴물을 없애기 위해 추적을 하다 노쇠해져 죽음을 맞이하고, 빅터의 죽음을 본 괴물은 스스로 죽음을 선택하겠다고 하며 사라진다.

분자생물학, 면역학, 유전학 등의 발달로 인해 발명된 피조물이 창조자인 인간의 통제에서 벗어나 도리어 인간을 위협하고 파멸시킬 수 있다는 편견을 프랑켄슈타인 요소(Frankenstein factor)라고 한다.

그러나 이제 생명과학의 복제기술이 발달하고 인공지능(AI) 등 첨단과학의 눈부신 발전으로 이러한 프랑켄슈타인 요소는 편견이 아니라 사실이 될지도 모른다.

프랑켄슈타인 요소를 대표하는 영화가 있다. 바로 〈매트릭스〉다. 이 영화는 인간이 만든 기계들이 스스로 진화를 거듭하면서 인간을 양육하고 그 에너지를 통해 살아가는 세상을 배경으로 하고 있다. 인간들은 자신들이 자신의 삶을 살아가고 있다고 착각하지만, 사실은 기계가 프로그램을 짜놓은 대로 움직이는 것이며, 인간은 기계의 먹이에 불과하다는 사실을 보여주고 있다.

그런 면에서 이 영화는 섬뜩한 디스토피아를 담고 있다. 인간이 만들어낸 세계가 사실은 거짓이며 착각이고, 환상에 불과하다는 내용을 담고 있는데, 이는 실제로 우리가 만들어낸 매스미디어, 인터넷, sns 등이 이미 그 역할을 하고 있다고 볼 수 있다. 인간이 만들어낸 창조물이 결국은 우리 모두를 따라하게 만들고, 현대인들이 자신의 개성대로 사는 것 같지만 실제로는 인터넷이 우리에게 모든 것을 가르치고 있음을 우리는 모르고 있는 것이다.

앞으로 인공지능 등 첨단기술이 더욱더 진화하면 인간은 점점 더 기계에 기대서 살게 될 것이다. 그 끝은 어쩌면 프랑켄슈타인처럼 자신이 만든 피조물에 의해 비극을 맞는 결말이 될지도 모른다.

프로이트의
정신분석 분야에 대한 업적

다윈의 진화론을 모르는 사람은 없을 것이다. 그런데 처음으로 진화론을 발견한 사람은 다윈이 아니다. 다윈은 그 당시 학자들에게 널리 알려져 있던 진화론에 대한 학설을 입증하기 위해 광범위한 자료를 수집했으며, 이를 잘 정리한 업적을 가지고 있다. 마찬가지로 프로이트도 정신분석 또는 정신치료를 처음으로 발견하고 실행했던 사람은 아니다.

프로이트는 처음에 최면술을 통해 환자를 치료했다. 프로이트는 환자에게 최면을 걸면 환자들은 의식이 억압하고 있던 무의식이나 과거의 아픈 기억들을 떠올린다는 사실을 알게 되었다. 히스테리 환자의 경우 이런 자신의 억압했던 기억을 이야기하기만 해도 증상이 없어진다는 사실도 알게 되었다. 이로써 '말로 하는 치료'가 처음으로 탄생하게 된다.

프로이트는 나중에 이런 최면치료를 그만두고 환자가 떠오르는 생각을 무조건 이야기하는 '자유연상'이란 방법을 창안했다. 자유연상이란 환자는 카우치에 누워 있고, 치료자는 머리맡에 앉아 있는데, 치료자가 어떤 생각이 떠오르는지 묻고, 환자는 이야기를 하는 것이다. 예를 들면, 오늘 기분이 안 좋았던 일이 지금 떠올랐다면 그 얘기를 하면 되고, 치료자에 대해 갖는 감정 등 지금 떠오르는 것은 무엇이든 이야기를 하는 것이다. 그러면 치료자는 그것에 대해 방해하지 않고 듣기만 한다. 그리고 그 환자가 말했던 모든 부분을 적어서 나중에 환자의 심리 상태를 분석하는 것이다.

서구사회에서 정신치료자의 근원은 가톨릭 성직자에서 찾아볼 수 있다. 이들은 고해성사를 통해 신도의 마음의 갈등을 마음껏 표현할 수 있도록 했으며, 또한 위로와 지지를 통해 신자의 마음을 안정시키는 역할을 했다. 신도는 자신이 품고 있던 고민이나 갈등을 표현해냄으로써 카타르시스를 맛볼 수 있었다. 또한 당시에는 심한 정신질환을 갖고 있던 사람들은 귀신이 들렸다고 여겨 성직자가 귀신을 쫓는 의식을 행하기도 했다.

그러나 개신교가 등장하고 가톨릭이 쇠퇴하면서 고해성사의식도 함께 약화되었다. 그러면서 일반인들과 의사들은 이러한 가톨릭의 고해의식의 치료적인 의미에 대해 관심을 가지게 되었다.

처음에 종교에서 시작된 고해성사는 정신분야 학문의 발전으로 인해 정신과에서 그 역할을 어느 정도 떠맡게 되었다. 환자가 하지 못했던 이야기, 숨기고 싶은 이야기, 열등감, 후회, 자신이 죄라고 여기는 부분을 이제 정신과 의사에게 이야기하게 된 것이다. 그런 과정이 체계화되고 여러 정신과 의사들이 면담법을 개발하면서 프로이트, 카를 융, 해리 설리반 등의 학파가 생기게 되었다. 그들은 자신의 방법을 통해 환자가 자신의 숨겨진 이야기를 하는 것만도 치료효과가 있음을 알게 되었다.

이것을 소위 환기요법(ventilation)이라고 한다. 우리는 친한 사람에게 속을 털어놓을 경우 한편으로 비난이나 소문을 걱정하게 된다. 그런데 자신과 아무런 이해관계가 없는 치료자에게는 그런 걱정 없이 자신이 담고 있던 비밀이나 자책감, 후회 등 쉽게 남에게 말할 수 없는 이야기들을 털어놓을 수 있다. 또한 치료자로부터 그것은 큰 문제가 아니며, 그것은 누구나 겪고 있는 정상적인 것이라는 위안을 받게 된다. 또 불필요한 죄책감과 죄의식을 털어낼 수 있게 된다. 그것만으로도 큰 치료효과를 얻게 되는 것이다.

플라시보 효과가 알려주는
우리 몸과 마음의 관계

1950년대 미국 의료계에서는 협심증의 치료로 유선동맥을 결찰하는 수술이 유행했다. 유선동맥을 결찰하면 협심증의 원인이 되는 관상동맥에 더 많은 피가 흘러 증세가 호전될 것이라고 생각했기 때문이다. 이 수술방법이 처음 나왔을 때 65~75%의 환자가 수술 뒤 협심증의 호전을 보였다. 하지만 이 수술방법에 의문을 품은 의사들이 플라시보 수술을 시행하게 되었다.

현재로서는 도저히 윤리적인 문제 때문에 시행할 수도 없는 일이지만, 협심증 환자를 대상으로 가짜 수술을 진행했다. 의사들은 협심증 환자의 피부만을 절개하고 다시 꿰매고는 유선동맥 결찰수술을 했다고 알려주었고, 일부 환자에서는 실제로 유선동맥결찰수술을 시행했다. 유선동맥결찰을 한 환자의 76%와 가짜수술을 한 환자 전체에서 수술 후 협심증이 상당한 호전을 보였다. 또한이런 호전은 가짜수술을 한 환자에서 8개월 동안이나 지속되었다.

이런 연구결과로 인해 유선동맥결찰 수술이 협심증 치료에 아무런 효과가 없는 것으로 판명되었다.

플라시보 효과는 환자에게 아무런 효과가 없는 약물 투여, 수술, 처치 등을 했을 때 환자들의 증상이 호전되는 것을 말한다. 이런 플라시보 효과에 대한 연구는 광범위하게 이루어졌으며, 다음과 같은 결과를 보여주고 있다.

1. 플라시보 효과에 대한 연구에서 1/3의 환자가 호전을 보였다.
2. 플라시보는 특히 환자의 통증 또는 불안을 없애주는 강력한 효과를 보이지만, 다른 증상에도 효과가 있는 것으로 나타났다.
3. 플라시보는 몸에 실제로 문제가 있는 기질적인 환자의 증상과 심리적인 증상 모두에서 효과를 보였다. 따라서 가짜약으로 효과가 있다고 해서 꼭 심리적인 증상만은 아니라는 것이다.
4. 플라시보는 환자의 혈당수치에도 영향을 주는데, 이를 통해 환자의 주관적인 증상에만 효과가 있는 것은 아니라는 점을 알 수 있다.
5. 플라시보는 마치 치료약물과 같은 정도의 강도와 기간 동안 효과를 보인다.
6. 플라시보는 마치 기존의 약물처럼 부작용도 나타난다.
7. 플라시보는 그 효과가 특정한 성격에 나타나는 것이 아니라 환자가 처한 상황에 더 영향을 받는다.
8. 어떤 환자에서는 플라시보라는 사실을 알려주었음에도 불구

하고 계속적으로 효과가 있었다.

이러한 사실들을 통해 한 가지 사실을 확인할 수 있다. 플라시보 효과는 몸과 마음을 별개의 존재로 보는 관점에서 완전히 벗어나는 계기가 될 수 있다는 점이다. 우리가 어떻게 생각하는가에 따라 가짜약도 신체질환에 효과가 있다는 것은 곧 몸과 마음은 유기적으로 연결되어 있음을 보여준다.

몸과 마음이 떼려야 뗄 수 없는 관계라는 것은 우리가 흔히 겪는 일이다. 매우 긴장하거나 싫은 것을 억지로 해야 할 때 배가 아프거나 몸에 어떤 증상이 나타나는 경우를 누구나 경험해보았을 것이다. 또한 피부과 질환인 건선이나 아토피만하더라도 스트레스를 받은 후에 악화되며, 스트레스를 받은 뒤 2-3년 내에 암이 발병하는 경우가 많다. 그리고 은퇴한 노년층에서 암이나 심근경색 등이 많은 이유 중의 하나는 갑작스런 생활의 변화(아무것도 하지 않고 자신이 쓸모없다는 생각)가 휴식보다 더 큰 스트레스로 작용하기 때문이다.

결론적으로 우리의 몸과 마음은 서로 별개의 존재가 아니라 유기적인 존재다.

피부와 심리의 연관성

피부는 신체를 보호하기 위해 온몸을 감싸고 있다. 따라서 피부는 가장 넓게 외부에 노출된 신체 기관이라고 볼 수 있다. 현대에는 피부의 미용적인 면만을 강조하지만, 피부는 본래 생명을 유지하는 데 중요한 기능을 하고 있다.

피부는 체온을 조절하고 외부의 자극을 감지하는 역할을 한다. 신체가 다쳤다고 한다면 일차적으로 피부의 손상으로부터 시작된다. 피부는 외부에서 신체에 해가 되는 자극을 감지하는 면도 있지만, 마음(특히 감정)의 영향을 많이 받는 기관이기도 하다. 예를 들어 얼굴이 붉어지는 것은 부끄러움을 느낄 때 나타나는 현상이며, 붉으락푸르락한다면 매우 화가나거나 흥분해서 나타나는 현상이다. 또한 피부가 가려울 경우 이것은 지루하거나 참지 못할 상황에 놓여 있을 때 나타날 수 있다.

피부의 가장 큰 특징은 바로 노출되어 있다는 것이다. 즉, 가장 먼저 눈에 띄는 부분이다. 따라서 이런 노출된 부분에 변화가 생기거나 병이 걸리면 시선을 끌 수 있는 장점을 갖고 있다.

ㅍ

그래서 어떤 피부질환의 경우 남들로부터 관심을 받고, 보살핌을 받기 위해 의도적으로 만들어지기도 한다. 또한 자신의 죄책감을 해소하기 위해 무의식적으로 자신의 피부를 긁어 손상을 입히는 경우도 있다.

특히 청소년들은 스트레스를 풀 수 있는 방법이 제한되어 있고 고립되어 있는 경우가 많아 청소년들에서 자해가 발생하는 경우가 많다. 그들은 칼로 자신의 팔목을 긋거나 가렵지 않은 곳을 계속 긁어 피가 나게 하는 등의 행동을 한다. 특히 우울증을 앓고 있는 청소년들에게서 자해가 많이 나타나는데, 손목에 칼로 그은 상흔이 역력하게 여러 개 보이는 경우가 많다.

그들은 자신에게 벌을 줌으로써 스스로에게 면죄부를 주고, 자해를 하고 나면 도리어 마음이 편해진다는 역설적인 이야기를 많이 한다. 우울증은 죄책감이나 자책감을 동반하기 때문에 자신을 고통스럽게 하는 것을 자신에 대한 처벌이라고 생각하는 것이다.

그러나 자해가 심한 경우 팔의 인대가 끊어질 정도로 칼로 심한 손상을 입혀 평생 한쪽 손을 거의 쓰지 못하는 사례도 있으며, 극단적인 자해는 바로 자살이다. 따라서 자해의 징조가 있으면 전문적인 기관에서 상담 및 약물 치료를 해야 한다.

DICTIONARY OF THE MIND

헤라를 통해 들여다보는
여성의 자존감

그리스 신화를 읽다 보면 제우스의 바람기 때문에 항상 고통을 당하는 여신이 등장한다. 바로 결혼의 신인 헤라다. 헤라와 제우스는 사실 남매지간이었지만 제우스가 작은 새로 변해 헤라에게 접근해서 결혼하게 된다.

제우스는 신과 인간을 막론하고 마음에 드는 여성이 있으면 무조건 취했다. 이때마다 헤라는 남편인 제우스에게 직접적으로 불만을 터뜨리지 못하고, 또 다른 희생자인 여성에게 분풀이를 했다. 그래서 제우스가 좋아한 칼리스토를 곰으로 바꾸어 버렸으며, 이를 전혀 모르던 칼리스토의 아들은 어머니인 곰을 죽이려 했으나 이를 지켜보던 제우스에 의해 둘은 하늘의 별자리가 된다. 또한 헤라는 제우스가 인간인 세멜레를 사랑하고 세멜레가 디오니소스를 임신하자 간계를 꾸며 제우스의 빛에 쪼여 불에 타죽게 한다.

헤라는 결혼의 수호신답게 제우스의 끊임없는 방종에도 불구하고 불행한 결혼생활을 감내한다. 그녀는 제우스가 자신에게 관심이 없고, 수없이 염문을 뿌려도 개의치 않고 가정을 지키려 한다.

남편을 두고도 다른 남자들과 바람을 피운 아프로디테와는 상반된 면이라고 할 수 있다.

헤라는 자신의 개인적인 위치보다는 바로 올림포스의 주신인 제우스의 아내라는 직함을 매우 소중히 여겼다고 볼 수 있다. 이러한 헤라의 태도는 가부장제가 확립된 고대 그리스 시대 사람들의 생각을 반영한 것이다. 그 당시에도 가정의 중심은 남편이며, 남편은 아내를 두고도 다른 여성을 사귈 수 있다는 불평등한 관계에 대한 의식이 여성들에게 주입되었다. 또한 헤라가 제우스에게 느낀 분노와 배신감을 죄 없는 제우스의 연인에게 향하는 것을 통해 여성의 적은 여성이라는 의식이 형성되었음을 알 수 있다.

그래서 헤라는 제우스에 대한 불만과 질투심에 싸여 있으면서도 결혼관계를 파기하지 못하고 껍데기뿐인 가정이라도 지키며 여성으로서의 도리를 다한다.

사실 그리스 신화를 읽으면서 헤라가 되고 싶은 여성은 아무도 없을 것이다. 그러나 사회의 이러한 여성상에 대한 기대는 여전히 여성들에게 어린 시절부터 '자신의 생각'이라는 착각으로 자리 잡게 한다. 여성들은 자신의 입장이 이성적으로는 무언가 잘못되고, 불평등하다는 점을 알고 있지만, 관습과 사회적인 억압으로 인해 헤라가 가진 특성을 벗어날 수 없는 경우가 많다. 특히 헤라와 많은 부분 동일시하는 여성들의 경우 남편의 심한 폭력, 알코올 중독, 잦은 외도를 견뎌내며 결혼관계를 유지하려고 한다. 사회와 사람들의 시선은 이혼녀에 대해 호의적이지 않기 때문이다.

또한 어린 시절부터 남성이 집안의 중심이며 여성은 남편을 잘 내조하는 것이 미덕이라는 교육을 받고 자란 여성들은 사실상 자신이 홀로 서는 방법을 배우지 못하는 경우가 많다. 이렇게 되면 무의식적으로 의존성이 자리 잡고 독립에 대한 큰 어려움을 겪게 된다.

또한 정도는 심하지 않지만 무의식적으로 남편을 통해 자신의 자존심을 유지하고, 자신의 정체성을 갖는 여성이 많이 있다. 이런 여성들은 의식적으로는 자신이 남편과 독립된 생활을 한다고 생각하지만, 많은 부분 남편으로부터 자신감을 빌려오게 된다. 따라서 남편의 수입이나 직위가 떨어지면, 자신의 자존심까지 손상을 받게 되고 절망감에 빠지게 되는 것이다.

사실 자신에게서 헤라의 모습을 발견하는 것은 그리 쉽지 않다. 그러나 중년의 시기에 접어들면 많은 여성이 자신과 다른 헤라를 자신의 내면에서 발견하게 된다. 여성들은 남편과의 관계가 무덤덤해지고, 자식들도 품을 벗어나게 되면 자신의 정체성에 대해 본격적으로 고민하기 시작한다. 이때 '나는 가족 이외에 나 자신을 위해서 무엇을 했는가?'라는 생각이 밀려들면서 헤라를 조금 벗게 된다.

헤라의 원래 모습은 제우스에게 복종하는 나약한 신은 아니었다. 헤라는 처음에는 '하늘의 신'으로 숭배받았는데, 제우스를 모시는 문화가 헤라를 모시는 문화를 정복하면서 둘은 강제로 결혼하게 된 것이다. 그러면서 헤라의 위치는 제우스에게 복속을 하게 되고, 남편에게 의존하고 질투만 하는 성격을 부여받게 된 것이다.

따라서 엄밀하게 말하면, 여성들 안에 존재하는 헤라를 벗는 것이 필요한 것이 아니라 헤라가 가진 원래의 모습, 남성신에게 복속되기 전 '하늘의 신'으로 당당하게 군림했던 그 모습을 자신 안에서 회복하는 것이 중요하다.

헤르마프로디토스가 상징하는
인간 내면의 여성성과 남성성의 혼재

아프로디테는 원래 대장장이의 신 헤파이스토스와 결혼했지만 그녀의 남성 편력은 매우 유명하다. 아프로디테는 헤파이스토스 몰래 헤르메스와 관계를 가져 아이를 낳는다. 이 아이가 헤르마프로디토스로, 헤르메스와 아프로디테의 이름을 모두 따서 붙인 것이다.

아프로디테는 헤르마프로디토스를 낳고서 이 사실을 숨기기 위해 이다산의 요정에게 보냈다. 그는 이다산의 요정들에게 양육되었다. 헤르마프로디토스는 15세가 되었을 때 세상을 여행하다가 한 연못에 이르렀다. 그 연못에는 살마키스라는 요정이 살고 있었다. 살마키스는 헤르마프로디토스를 보자마자 사랑에 빠졌다. 그래서 구애를 했지만 그는 거절했다. 그러나 살마키스는 포기하지 않고 연못에서 목욕을 하고 있던 헤르마프로디토스를 끌어안고는 "하나가 되게 해달라"고 신들에게 기도했다. 결국 둘의 몸은 붙어버리게 되어 헤르마프로디토스는 남성과 여성의 기능을 모두 지니게 되었다.

그래서 난소와 정소를 모두 갖고 태어나는 신체적인 질환을 자웅동체의 몸을 갖게 된 헤르마프로디토스의 이름을 따서 '헤르마프로디티즘'이라고 한다. 심리적인 헤르마프로디토스는 흔히 양성애자를 가리키기도 하고, 어떤 의미에서는 전통적인 남성적인 면과 여성적인 면을 모두 갖고 있는 사람을 일컫기도 한다.

헤르마프로디토스의 모습은 모든 사람들에게 존재하는 양성적인 면을 표현하고 있다. 실제로 남성에게도 여성적인 면이 있으며, 여성에게도 남성적인 면이 존재한다. 그래서 카를 융은 남성에게는 여성적인 속성인 아니마가 있으며, 여성에겐 남성적인 속성인 아니무스가 존재한다고 생각했다.

그러나 전통적인 문화에서는 남성들은 어릴 때부터 여성적인 면인 감정과 따뜻함이 남성답지 않다는 이유로 억압되었고, 여성들은 남성적인 면인 사고와 이성이 여성답지 않다는 이유로 억압되었다. 살마키스가 헤르마프로디토스와 절대로 떨어지지 않겠다고 했지만, 사회와 문화는 잣대를 들이대며 둘 사이를 갈라놓아 남성과 여성을 반쪽의 인간으로 만들어버리고 말았다.

하지만 음양의 이치에서 알 수 있듯이 우리 마음은 남성적인 부분과 여성적인 부분이 조화를 이루어야 한다. 예를 들어 어떤 남성이 자신 안에 존재하는 여성성인 아니마를 무시하고 산다면, 지나치게 저돌적이고, 성공지향적이며, 자만심에 젖어 있게 된다. 그런 상태가 계속되면 자신 안에 존재하는 남성성으로 인해 가정에서는 권위적인 가장, 직장에서는 자신의 명령만 따를 것을 고집하는 독불장군이 되고 만다. 이는 본인 자신도 피곤할 뿐만 아니라 주변 사람들에게도 피해를 주게 되며, 인간관계에 악영향을 미친다.

반면 자신 안에 존재하는 여성적인 영역인 아니마를 살펴보고 그것을 확장한다면, 자신의 일을 잘해내면서도 여성의 특질인 권위적이지 않고, 남을 보살피고, 다른 이를 위해 헌신하는 면이 나타나게 된다. 그렇게 된다면 음양의 성공적인 조합이 일어나 앞만 보고 달리다가 가족에게서 고립되고, 자기 자신에게도 소외되는 결과를 피할 수 있다. 40대의 돌연사도 자신의 마음과 몸을 돌보지 않고 앞만 보고 달린 결과다.

반면 여성들 안에 존재하는 남성적인 속성인 아니무스는 여성들이 갖기 쉬운 소극적인 면, 위축되어 살게 되는 면을 보완하고 남성의 부속품이라는 생각을 막아주는 역할을 한다. 그런데 역사적으로 이제 여성들이 아니무스를 활발하게 자극하기 시작했고 그것을 활성화하기에 이르렀다. 여성은 수동적으로 남성의 보조역할을 하거나 내조하는 사람이라는 의식이 상당히 줄어들었기 때문이다. 이는 여성 안에 존재하는 남성적인 역할인 아니무스가 활성화되는 문화가 형성된 것으로 볼 수 있다.

따라서 남성들은 지나치게 남성적인 역할에 빠지지 말고 자신의 아니마를 보살펴야 하며, 여성들은 소극적인 태도에서 벗어나 자신 안에 존재하는 아니무스를 깨워야 한다. 그러면 자신이 가진 진정한 능력을 발휘할 수 있을 뿐만 아니라, 마음도 조화를 이루어 균형적인 삶을 살 수 있다.

현재가 과거를 바꿀 수 있을까?

우리는 이미 지나가버린 과거를 어쩔 수 없다고 생각한다. 이미 지나가버린 과거를 어떻게 바꿀 수 있겠는가?

그런데 과거는 현재 우리가 인식하는 것에 따라 계속 바뀌게 된다. 과거가 현재에 의해 바뀌게 되는 간단한 예가 있다.

어린 시절 부모가 언제나 공부를 강요하고 생활을 통제했던 사람이 있다고 하자. 그는 당시에는 숨도 쉴 수 없을 만큼 답답하고 힘들어서 자신은 왜 이런 부모를 만났나 하는 생각을 했다. 그리고 그런 부모의 강압적인 태도가 너무 마음에 들지 않았다. 그렇게 학창시절을 보내고 나서 성인이 되어서도 그는 학창시절 부모가 억압적으로 공부를 시킨 것에 대해 분노감이 치밀곤 했다. 그리고 부모에 대해서도 좋지 않은 감정을 갖고 있다. 그런데 부모님이 나이가 들면서 점점 노쇠해지기 시작하면서 강압적이고 무자비했던 부모가 아니라 나약하고 병든 노인으로 보이기 시작하는 것이다. 그러면서 그동안 부모님을 미워하던 마음이 점점 옅어지고 부모님에 대한 연민이 생기면서 부모님을 이해하게 되었다.

부모님 두 분 모두 가난해서 배우지 못한 한이 있어 자식인 자신에게 그렇게 공부를 하도록 강요하고 좋은 성적을 받도록 관리를 한 것이라는 생각이 든 것이다. 그리고 부모님이 그렇게 공부하라고 닦달한 덕분에 좋은 대학에 들어가고 좋은 직업을 얻어 여유롭고 인정받는 삶을 살게 되었다는 생각이 든 것이다. 그가 청년시절까지 돌아본 과거는 암울하고 답답하고 부모에 대한 미움밖에 없었는데, 지금 그가 느끼는 자신의 과거는 더 이상 답답하고 암울하지 않다. 과거의 고생 덕분에 지금의 내가 있고, 젊을 때 고생은 사서도 한다는데 그런 고생이 현재의 자신을 있게 한 것을 생각하니 자신의 과거는 어떻게 보면 참 운이 좋았고 좋은 부모를 만났다는 생각까지 드는 것이다.

또 다른 한 가지 예가 있다. 성공한 중소기업의 사장이 있다. 그는 사업을 시작해서 어느 정도 성공을 했지만, 욕심이 생겨 더 많은 돈을 벌고 싶었다. 그런데 사업을 무리하게 확장하는 바람에 부도를 맞았다. 그는 지나간 과거를 돌아보며 왜 그렇게 욕심을 냈을까, 왜 그렇게 무리하게 사업을 확장을 했을까 하고 큰 후회를 했다. 부도가 난 직후 그는 과거에 대해 후회와 절망만 할 뿐이었다.

그런데 다시 시작하는 마음으로 더 열심히 일해 사업을 크게 일구어 전보다 훨씬 성공한 중소기업이 되었다. 이제 그의 과거는 달라졌다. 현재가 바로 과거로부터 이어져 왔으며, 과거의 경험들이 자신에게 피가 되고 살이 되었다는 생각에서 과거의 절망감과 자기 비하는 완전히 사라지게 되었다. 이는 현재가 어떤가에 따라 과거가 달라진다는 것이다.

　우리는 과거를 바꿀 수 없다고 생각한다. 하지만 과거는 현재가 어떤가에 따라서 암울한 고통이 되기도 하고 아름다운 추억이 되기도 한다. 그래서 비참한 과거를 바꾸고 싶다면, 현재를 바꾸자.

　만약 과거가 싫다면, 바로 현재가 싫은 것이다. 반대로 과거가 좋고 아름다운 추억이라면, 바로 현재 만족스런 삶을 살고 있는 것이다.

ㅎ

형제간의
경쟁 콤플렉스와 독점욕

형제간의 경쟁 콤플렉스는 어린 시절에 근원을 두고 있다. 아이들은 대개 동생이 생기는 것에 대해 매우 기뻐한다. 그러나 먼저 태어난 아이는 어떤 경우 부모의 관심에서 벗어났다고 생각해서 새로 태어난 동생에 대해 질투를 느낀다.

그러나 부모가 큰아이에게 동생을 위한 큰 희생을 강요하지 않는한 이런 양보의 시기는 빨지 지나가고, 참을 만한 정도가 된다. 그런데 부모가 새로 태어난 아이에게 모든 관심을 다 쏟는 경우가 있다. 또한 먼저 태어난 아이가 자신에게 관심을 기울여 달라고 요청할 때 벌을 주거나 거절하는 경우가 있다. 그러면 형이나 누나의 입장에서는 동생이 자신과 부모 사이에 끼어든 침입자로 생각된다.

따라서 경쟁 콤플렉스를 가지고 있는 사람들은 가족, 연인, 친구, 동료 사이의 관계를 전쟁으로 생각한다. 그래서 자신이 향후 자식을 낳더라도 과거의 기억이 떠올라 아내가 아이에게 모든 관심을 가지게 될까봐 걱정해 아이를 배척하는 경우도 있다. 이런 콤플렉스에 사로잡힌 사람은 자식에게 배우자의 사랑을 뺏길까봐

딩크족이 되기도 한다. 또는 계속 피임을 하며 자식을 낳지 않으려 하는 사람도 있다. 또는 자식을 낳았더라도 아이와 경쟁을 하는데, 육아에 소홀히 하고, 배우자가 자식에게만 관심이 있다고 속상해 하며 불만을 가진다.

이런 콤플렉스를 가진 사람의 특징은 자신이 모든 관계에서 제 1순위에 오르려는 집착을 갖고 있으며, 자신의 위치를 차지하려는 사람이 있으면 용서하지 않는다. 또한 자신이 만나는 모든 사람이 자신의 위치를 질투해서 자신의 자리를 빼앗으려 한다고 생각하면서 자신의 위치를 지키기 위해 지속적으로 경쟁한다. 따라서 이런 콤플렉스를 가질 경우 인간관계는 항상 피곤할 수밖에 없다.

이런 사람들은 자신이 모든 것을 독점할 수 없다는 사실부터 인정해야 한다. 그리고 관심과 사랑은 나누는 것이라는 점을 알아야 한다. 누군가 자신에게 많은 관심을 가지게 되면, 누군가 소외되는 사람도 존재한다는 사실을 잊어서는 안 된다. 그리고 남들에게 관심을 받고 싶어 하는 욕망은 관심을 받을수록 수위가 높아지고, 실제로 그 관심은 아무런 의미도 없다는 것을 인식할 필요가 있다. 사람들의 관심이란 것은 순간적이고 영원하지 않기 때문이다.

ㅎ

훔쳐보기에 내재된
위험한 심리

미국의 가수 마돈나는 비운의 왕세자비 다이애나의 죽음 대해 이렇게 말했다.

"언론뿐 아니라 우리 모두가 손에 다이애나의 피를 묻히고 있다. 나를 포함해 모든 사람이 다이애나의 사진이 실린 신문, 잡지를 샀으니 우리 모두의 잘못인 셈이다."

관음증(voyeurism)이라는 말은 마치 시사용어처럼 이제는 넓은 의미에서 사용되고 있다. 그러나 정신과에서 보는 협의의 관음증은 성도착증의 범위에 들어간다.

관음증은 다른 사람의 벌거벗은 모습이나 성행위 장면을 훔쳐보며 만족감을 얻는 것을 말한다. 대개 훔쳐보는 도중에 또는 자신이 보았던 장면을 회상하며 성적흥분감을 가진다. 관음증 환자는 자신이 보았던 사람과 성행위는 하지 않으며, 보는 것만으로 만족한다. 이것은 남성에게만 있고 여성은 아직까지 보고된 환자가 없다. 정신분석가인 페니켈은 어린 시절 부모의 성관계를 훔쳐보았던 경험이 성인이 되어 관음증으로 나타난다고 보았다.

그러나 이런 병적상태의 관음증이 아니라 넓은 의미의 관음증은 단순한 훔쳐보기로 볼 수 있다. 사람들은 누구나 다른 사람에 대한 호기심을 갖는다. 특히 은밀하게 감추어진 부분에 대해 호기심은 더욱 커지게 된다. 이러한 호기심은 단순히 남과 비교하고 싶은 심리에서 출발할 수도 있지만, 자신에 대한 자신감이 없기 때문이기도 하다.

훔쳐보기는 상대방에 대해 물리적인 피해를 주지 않기 때문에 어떤 면에서는 문제가 되지 않을 수도 있지만, 그 이면에는 파괴적인 측면도 존재한다. 훔쳐보기의 특징은 신체는 사적공간을 침범하지 않지만, 우리의 시각이 다른 사람의 사적공간을 둘러보며 침범하는 것이다.

그러나 사람들에게는 보이지 않는 심리적인 경계가 있으며, 이런 경계를 지키는 것이야말로 개인의 사적이며 은밀한 부분에 대한 보호라고 할 수 있다. 사람들은 외부의 시야에서 벗어나 자신의 공간을 가질 수 있을 때 편안함과 안정감을 갖기 때문이다.

인간은 사회적인 동물이지만, 또 한편으로 공동체에서 벗어나 자신만의 공간을 가지고 마음 놓고 행동할 수 있는, 퇴행할 수 있는 공간도 필요하다. 사회에서 요구하는 기준에 맞지 않는 행동을 해도 되는 본능적인 공간이 있어야 사람들은 자신이 쓰고 있는 페르소나를 벗고 몸과 마음을 쉴 수 있게 된다.

따라서 훔쳐보기의 표적이 되는 곳은 바로 이런 페르소나를 벗고 본능적이고 퇴행할 수 있는 공간인 화장실, 침실 등이 될 수밖에 없다. 또한 사람들의 시선이 닿았을 때 사람들이 가장 당혹스러워하는 장소가 바로 훔쳐보기의 묘미를 극대화한다. 즉, 반대로 남들로부터 주시를 당했을 때 부끄러움을 가장 크게 느끼는 공간이 되어야 하는 것이다.

훔쳐보기의 공격적인 측면이 여기서 드러난다. 상대방이 무방비 상태에 있을 때 시각이 폭력의 도구로 이용된다. 그래서 훔쳐보기는 사람들이 갖는 가장 수동적인 공격의 방법이다.

대부분의 사람은 이런 훔쳐보기의 욕구는 있지만, 선뜻 그것을 실행할 용기는 내지 못한다. 그로 인한 죄책감과 비난을 감당할 수 없기 때문이다. 그러나 훔쳐보기는 이미 일반인들에게 일상화되고 말았다. 바로 언론을 통한 무자비한 사생활의 침범이다. 또한 카메라는 공공의 이익이라는 명분으로 어디든지 침입하고 있다.

그 한 예가 방송매체의 시사프로그램이다. 이들은 사회고발을 한다는 명목으로 청소년의 성문제, 매춘부 문제, 술집의 변태영업을 다룬다. 이런 프로그램은 표면적으로 땅에 떨어진 도덕성을 개탄하고 있지만, 또 한편으로 일반대중이 낯부끄러워 접근할 수 없는 곳을 파헤치면서 우리의 훔쳐보기를 만족시킨다.

더욱이 많은 방송사의 시사프로그램이 몰래 카메라를 이용해 촬영하는 것이 종종 눈에 띈다. 취재를 위해 어쩔 수 없는 부분이 있기는 하지만, 이것은 시청자들에게 목적을 위해서는 수단과 방법을 가리지 않을 수 있음을 암암리에 주입할 수 있으며, 다른 사람의 사생활 침해가 죄악시되지 않도록 할 수 있다. 심지어 몰래카메라를 자신도 이용해보고 싶다는 충동을 부추길 수도 있다.

실제로 화장실에 몰래카메라를 설치하고 훔쳐보거나 핸드폰을 이용해 여성의 치마 속을 촬영하는 범죄를 심심찮게 볼 수 있다. 사회적으로 지위가 있는 사람들도 이런 범죄행위를 저질러 구속되는 뉴스를 보고는 한다.

우리 모두에게는 남의 은밀한 부분을 훔쳐보고 싶은 본능이 내재해 있다. 훔쳐보거나 지하철에서 몰래 여자의 신체부위를 찍는 사람들은 스릴과 성적인 만족을 얻기 위해 그러한 행위를 하는 것이지만, 사람들은 각자 눈에 보이지 않는 경계를 갖고 있기에 그 경계를 침해해서는 안 된다. 누군가 내 사진을 찍어 인터넷에 올리거나 내 치부를 공개한다고 생각해보자. 그러면 그런 태도가 얼마나 자신의 권리나 경계를 침범하는 행위인지를 깨닫게 될 것이다.

ㅎ

희생양이 언제나
존재하는 이유

희생양이란 말은 고대 히브리의 희생양 의식에서 비롯되었다. 원래의 히브리 의식에서는 두 마리의 염소와 두 명의 신이 등장한다. 첫 번째 신은 선한 신인 야훼였고, 두 번째 신은 아자젤인데, 세월이 지나면서 아자젤은 타락한 천사로 여겨졌다.

첫 번째 염소는 야훼에게 바쳤는데, 염소를 죽여 그 피는 사원을 정화하는 데 사용했다. 이 피는 분노한 신을 달래고, 이스라엘 자신의 비행과 모든 죄에 대한 속죄를 위해 바쳐졌다. 이 염소의 시체는 사원 밖으로 보내져 불에 태워졌다.

두 번째 염소는 아자젤에게 바쳤는데, 제사장이 이 양의 머리에 대고 "이스라엘 자손들의 모든 잘못, 모든 비행과 모든 죄는 이곳에 들어가라"고 외쳤다. 그리고 양은 이스라엘의 모든 죄를 떠안고 광야로 보내졌다.

이처럼 희생양은 신의 분노를 가라앉히고 사회를 치유하기 위해 선택된 동물을 의미했다. 다시 말해, 희생양은 치유인자였다. 자신들의 악행과 비행, 잘못을 모두 희생양에 투사해 없애거나 광야로 돌려보냄으로써 건강하게 지낼 수 있게 되는 것이다.

또한 신과의 관계도 부활하게 된다. 동물을 희생함으로써 구성원들은 자신들의 죄를 용서받게 되고, 죄책감을 덜 수 있게 되는 것이다. 왜냐하면 자신들의 죄는 염소의 피와 광야로 방출한 염소가 모두 걸머지고 떠나버렸기 때문이다.

이런 히브리의 의식에서 만들어진 희생양은 세월이 흐르면서 동물이 아니라 사람이 대신하게 되었다. 어떤 개인이나 또는 소수집단이 나머지 사람들의 죄를 덜어주고, 책임을 벗게 해주고, 죄책감에서 벗어나게 만드는 역할을 담당하게 된 것이다.

역사적으로 희생양은 개인일 때도 있었고, 혹은 소수집단인 경우가 대다수였다. 중세에는 마녀사냥이라는 명목으로 기독교가 지니고 있던 그림자를 모두 마녀로 지목된 여성들에게 투사해 그들을 화형에 처했다. 현대에는 독일인들이 자신의 순수성과 우수한 민족성을 지킨다는 명목으로 그들의 그림자를 모두 유대인에게 돌리고 수많은 유대인을 학살했다. 우리나라도 희생양의 그물에 걸린 적이 있는데, 강진으로 인해 사망자와 행방불명자가 14만 명, 이재민이 340만 명에 달한 관동대지진 때 일본인들은 재난의 불안과 공포에서 벗어나고 민심을 안정시키기 위해 조선인들을 희생양으로 선택해 학살했다.

이러한 희생양 만들기는 집단에서 뿐만 아니라 심지어 가족 내에서도 일어나기도 한다. 부모가 자신의 병적인 부분을 떠넘기기 위해 자식을 제물로 삼는 경우도 있고, 어떤 경우에는 아내나 남편

ㅎ

이 자신의 우월성을 유지하기 위해 상대를 병적인 상태로 모는 경우도 있다.

가족 내에서 희생양으로 선택된 사람들은 희생양을 만든 가족의 문제를 모두 걸머지게 되고, 항상 열등감과 자신이 무가치하다는 생각에 시달리게 된다. 또한 자기주장을 하지 못하게 된다. 자기주장은 다른 가족에 대한 공격으로 보일 수 있기 때문이다. 그래서 이들은 "안돼"라는 말을 하지 못하고, 모든 문제는 자신에게 어떤 잘못이 있기 때문이라고 자책한다.

희생양은 곧 내면의 그림자를 다른 대상에게 투사하는 것이다.

〈뮤리엘의 웨딩〉이란 영화를 보면 뮤리엘의 아버지는 가족들에게 군림하기 위해 자식들은 무능하고, 아내는 무식하다고 탓한다. 그러면서 자신은 다른 여자를 만난다. 뮤리엘은 가족의 희생양을 떠맡고 제일 골칫거리이자 문제아로 취급받는다. 그런데 그녀는 집을 떠나 친구와 살면서 자신은 바보가 아니며, 무능하지도 않다는 사실을 깨닫게 된다. 깨달음을 얻은 뮤리엘은 아버지 앞에서 단호하게 자신의 주장을 하고 자신이 하고 싶은 일을 하겠다고 말한다.

우리 자신도 누군가의 희생양으로 희생되지 않기 위해서는 자신이 스스로를 지키고 주체적으로 삶을 살아야 한다. 우리 각자는 존재 가치를 지니고 있으며, 그 가치를 발휘하는 것은 부모나 가족도 아니고 바로 자기 자신이다.

우리 마음은 내 진정한 모습으로
살아갈 때 가장 행복합니다

30여 년 동안 진료실에서 만나온 우리 마음들을 통해
내 마음을 진단해보고 감정을 조절하는
마인드 솔루션!

알아두면 평생 쓸모 있는 마음에 관한 모든 것

보이지 않는 심리를 읽는 마음사전

초판 1쇄 발행 2023년 11월 15일
초판 5쇄 발행 2025년 01월 27일

지은이 김상준
펴낸곳 보아스
펴낸이 이지연
등 록 2014년 11월 24일(No. 제2014-000064호)
주 소 서울시 양천구 목동중앙북로8라길 26, 301호(목동) (우편번호 07950)
전 화 02)2647-3262
팩 스 02)6398-3262
이메일 boasbook@naver.com
블로그 http://blog.naver.com/shumaker21
유튜브 보아스북 TV

ISBN 979-11-89347-21-5 (03180)